시골의 재발견, 치유농업

지친 도시인들을 위한 힐링 가이드

김정환·이윤식·이진한·이희조 지음

매일경제신문사

상처 입은 대한민국을 위해

누구나 힐링이 필요하다. 사람은 상처만 입고 살아갈 수 없다. 하지만 살아가는 과정은 상처 입는 일의 연속이다. 일터와 가정, 학교에서 사람들끼리 부딪치면서 울고, 찔고, 넘어진다. 상처 입는 것을 피할 수는 없다.

중요한 것은 상처 입는 것보다 상처가 회복되는 과정이다. 그 안에서 우리는 새로운 면역력을 얻고, 또 다른 상처에 의연하게 대처할 수 있는 자양분도 얻는다.

문제는 바쁜 도시 생활 속에서 상처 입을 일이 너무나 많아졌다는 점이다. 경제적으로는 풍요로워지고, 의료기술 발전에 수명은 늘었다. 1인당 국민총소득(GNI)은 2023년 3만3745달러로 경제 선진국 문턱인 4만달러를 바라보고 있다. 1970년 62년에 불과했던 기대수명은 83년으로 껑충 뛰었다. 하지만 예전보다 더 두꺼운 지갑을 안고, 오래 살게 됐다고 해서 우리가 행복해진 것은 아니다. 정신적인 여유가 급속히 고갈되는 각박한 생활 속에서 삶의 질은 갈수록 거칠어지고 있다.

한국경제인협회에 따르면 한국의 갈등지수는 경제협력개발기구(OECD) 조사 대상 30개국 가운데 3위로, 국제적으로 비교해도 사회 갈등이 심각한 수준에 이르렀다. 한국보건사회연구원이 각국 삶의 질을 반영해 내놓은 국가행복지수에서도 한국은 비교 대상 146개국 가운데 59위로 중하위권으로 쳐졌다.

지친 국민이 상처 입은 마음을 어루만져주는 치유 활동에 눈길을 돌리고 있는 것은 당연한 일이다. 전국 치유농업 시설은 353곳으로 팬데믹 이후 본격적으로 늘기 시작했는데, 최근 5년 새 무려 50% 급증했다. 산림자원을 활용해 국민의 심신을 달래주는 치유의숲도 48곳까지 늘었다. 최근에는 바다를 이용해 면역력을 높이는 해양치유시설까지 등장하며 치유산업 영역이 빠르게 확장되고 있다.

도시인들을 위한 힐링이 전부가 아니다. 치매 노인, 장애인, 정신 노동자, 학교 폭력 피해자를 위한 전용 치유 프로그램까지 속속 나오며 치유산업은 저변을 넓혀가고 있다. 최근 MZ세대 사이에서 도시에 바탕을 두되 시골 생활을 즐기려는 '러스틱 라이프(rustic life)' 트렌드가 강해진 것도 치유를 갈구하는 흐름의 연장선이다.

치유산업 규모는 갈수록 커지고 있다. 충남대학교 산학협력단이 농촌자원의 경제적 편익, 치유농업에 대한 국민의 지급 의사 금액 등을 조사한 결과 국내 치유농업의 사회 · 경제적 가치는 3조7000억원에 달하는 것으로 추산됐다.

치유농업이 고부가가치 농촌산업으로 발돋움하기 시작한 것은 비교적 최근이다. 2017~2020년 정부 차원에서 생애주기별 맞춤형 치유농업 서비스 설계가 이뤄지기 시작했고, 2021년 치유농업법이 시행되며 비로소 산업 정책 기반이 조성됐다. 아직은 시장이 성장 초기 단계라는 얘기다.

국민 역시 어디에 가면 양질의 치유 프로그램을 경험할 수 있는지 제대로 알지 못하는 경우가 많다. 치유농업이라는 새로운 시장은 생겼지만, 이 시장을 체계적으로 분석한 대중서를 찾아보기도 어렵다.

이 책은 지친 도시인들을 위해 전국 주요 '힐링 놀이터'를 소개한다. 농촌진흥청과 산림청, 각 지방자치단체가 추천한 전국 권역별 치유시설을 엄선해 실었다. 원예, 과수 활동, 해먹 명상부터 동물과 교감하는 프로그램까지 다양한 치유시설을 연령대나 가구 환경에 맞게 찾아갈 수 있도록 알차게 꾸몄다.

삶이 힘들어질 때마다 책장을 열면 신체적·정신적 자양분을 얻어 다시 도전할 수 있는 삶의 길을 찾도록 도움을 줄 것이라고 확신한다.

치유농업을 고부가가치 농촌산업으로 발전시킬 수 있는 정책적인 시사점도 담았다. 치유산업은 이제 막 꽃피우기 시작한 신생 산업이다.

대다수 치유농업 시설이 도시와 농촌의 중간 지점에 자리를 잡고 있다. 지방 소비 불씨를 살리고, 생활 인구를 확보해 지방 인구 소멸에 대응하기 위한 효율적인 수단이 될 수 있다는 뜻이다. 또 농촌 자원을 활용해 도시인들에게 새로운 경험을 주는 특성 때문에 부가가치가 높은 제조업과 서비스업으로 발전할 수 있는 여지도 충분하다. 만성적인 저부가가치 서비스업이 산업 발목을 잡는 상황에서 치유농업은 국내 산업의 질을 한 단계 끌어올릴 수 있는 디딤돌이 될 수 있다.

때마침 정부는 2024년 치유산업 발전 방안을 세워 본격적인 산업 로드맵을 마련한다는 방침이다. 대통령 소속 농어업·농어촌특별위원회도 치유산업 워킹그룹을 통해 향후 범부처 의제 개발에 나선다.

치유산업의 성장 경로를 망라한 이 책이 산업 발전 전략을 수립하는 과정에서 작은 밀알이 됐으면 한다. 바쁜 취재 활동 중에 묵묵히 전국 치유산업 현장을 누빈 매일경제신문 이윤식, 이진한, 이희조 기자에게 감사의 마음을 전한다. 질 높은 치유 프로그램을 취재할 수 있도록 지원을 아끼지 않은 농촌진흥청, 산림청과 각 지방자치단체 관계자분에게도 감사드린다.

이 책이 단순한 치유농장 소개서에 그치지 않고, 향후 농업 정책 당국이 참고할 지침서가 될 수 있도록 많은 조언을 해준 한국개발연구원(KDI) 국제정책대학원 김동석, 윤춘근, 김조은 교수님께도 심심한 감사의 인사를 드린다. 특히 김동석 교수님은 직접 귀촌하신 경험을 바탕으로 서적 방향을 잡는 데 큰 도움을 주셨다. 이 자리를 빌려 다시 한번 감사의 말씀을 전하고 싶다.

2024년 4월 **매일경제 편집국 경제부 김정환**

CONTENTS

I 장

새로운 농촌자원, 치유농업

각박한 도시 생활 vs 힐링 자원 각광

치유가 필요한 곳에는 항상 상처가 있다. 우리나라는 유달리 상처가 많은 나라다. 직장 내에서는 물론 세대 간, 지역 간에도 갈등이 치열하다. 매일 벌어지는 전쟁과도 같은 일상은 국민의 일상생활을 반영하는 통계 지표에서도 뚜렷하게 드러난다.

한국경제인협회가 경제협력개발기구(OECD) 가입 30개국을 대상으로 정치, 경제, 사회 분야 지표를 종합해 주요국 갈등 정도를 산출한 결과를 보면 한국의 갈등지수는 조사 대상 30개 국가 중 3위(2021년 기준)로 갈등이 심각한 수준인 것으로 나타났다. 멕시코, 이스라엘 다음으로 높다.

한국경제인협회는 2021년을 기준으로 부의 불평등 정도와 인구 밀집도, 뉴스에 대한 정치적 통제 등을 바탕으로 사회 구성원 간 갈등을 측정해 국가갈등지수를 산출했다.

일, 가정 간 양립이 어렵고 절대 노동 시간도 많은데 업무 강도까지 만만치 않은 현실이 반영된 것이다.

각박한 생활 속에 삶의 질은 거칠어졌다. 한국보건사회연구원이 각국의 삶의 질을 반영한 국가행복지수(2019~2021년 평균값)를 분석한 결과 한국은 10점 만점에 5.935점을 받아 비교 대상 146개국 가운데 59위에 그친 것으로 나타났다. 1위인 핀란드(7.821점)와는 1.8점 넘게 차이가 난다.

반면 의료 기술 발달과 고령화 여파에 수명은 늘었다. 삶은 힘들어지는데 건강한 삶에 대한 욕구는 계속 늘어난 것이다. 통계청에 따르면 2022년 우리나라 국민의 기대수명은 82.7년으로 OECD 평균(80.7세)을 뛰어넘었다. 오롯이 건강한 상태로 살아갈 수 있는 건강수명이 73.1세인데, 이와 9.6세나 차이가 난다.

우리나라는 기대수명이 늘면서 건강수명도 따라 늘어나는 추세를 보인다. 세계보건기구

국가갈등지수

국가	점수(점)	순위(위)
멕시코	69.0	1
이스라엘	56.5	2
한국	55.1	3
라트비아	50.1	4
일본	46.6	5
미국	43.5	6
뉴질랜드	43.1	7
영국	41.4	8
그리스	40.6	9
스페인	39.5	10
포르투갈	39.1	11
이탈리아	37.9	12
호주	37.4	13
아일랜드	37.3	14
에스토니아	37.2	15
캐나다	31.1	16
헝가리	30.3	17
독일	29.8	18
오스트리아	28.5	19
스위스	27.9	20
벨기에	27.3	21
프랑스	25.8	22
체코	24.1	23
폴란드	23.4	24
네덜란드	23.2	25
덴마크	18.3	26
노르웨이	17.9	27
슬로바키아	17.5	28
스웨덴	15.7	29
핀란드	13.1	30

*2021년 기준. 사회구성원 간 갈등을 지표화 것으로 높을수록 갈등 수준이 높음. *자료: 한국경제인협회

(WHO) 통계에 따르면 우리나라 국민의 건강수명은 2000년 67.4세에 불과했지만 2019년 기준 73.1세로 비교적 짧은 기간에 5.7세나 늘어났다.

기대수명과 마찬가지로 건강수명은 OECD 37개국 평균(70.3세)과 비교해도 높은 수준이다. 건강수명은 일본이 74.1세로 가장 길고 한국, 스위스, 이스라엘, 스페인이 그 뒤를 잇고 있다. 통계청은 "건강수명의 연장은 한국인의 건강 수준이 양적인 측면에서뿐만 아니라 질적인 측면에서도 향상되고 있음을 보여준다"고 분석했다.

하지만 마음이 병들어 가는 속도는 기대수명이나 건강수명이 늘어나는 속도를 압도한다. 보건복지부의 2016년 정신질환 실태조사를 보면 정신질환을 경험한 국민은 25.4%다. 국민 4명 중 1명꼴로 정신질환을 앓아본 경험이 있다는 얘기다. 우울증 유병률 역시 11.2%로 높았다.

정신 건강 상태를 단적으로 측정할 수 있는 지표는 스트레스다. 문제는 겉으로는 건강해 보이는 사람도 스트레스를 받는 정도는 점차 심해지고 있다는 점이다.

우리 국민이 느낀 스트레스 인지율(최근 2주 동안 스트레스를 느낀 적이 있다는 비율)은 우리 사회 주축인 30·40대에서 가장 크게 나타났다. 통계청에 따르면 40대의 스트레스 인지율은 무려 54.9%에 달했고, 30대(51.5%)와 50대(49.2%)도 높은 수준에 달한 것으로 조사됐다.

사회생활 속에서 찌든 피로와 갈등을 피해 치유

를 받으려는 사람이 늘고 있는 것은 어떻게 보면 당연한 일이다.

원예, 작물, 숲길 같은 농촌 자원을 활용해 지친 도시인들의 심신을 회복시켜주는 치유농업 시장이 최근 뜨고 있는 이유다.

삶에 지친 도시민과 농촌 생활을 경험하려는 수요는 물론 최근에는 장애인, 치매 노인, 학교폭력 피해자 등을 위한 치유 프로그램까지 등장하며 고부가가치 농촌 신산업으로 발돋움하고 있다.

농촌진흥청에 따르면 전국 치유농업 시설은 2017~2020년 234곳에 그쳤지만, 코로나19 국면이 본격화한 2021년 254곳으로 늘기 시작해 2022년에는 353곳까지 확대됐다. 5년 새 무려 50.9%가 늘어난 것이다.

한국농촌경제연구원 원장을 역임한 김창길 대통령 소속 농어업·농어촌특별위원회 위원은 "현대사회는 스트레스 사회라고 일컬어질 만큼 일상의 많은 국면에서 스트레스에 노출돼 있어

정신 건강, 치유(healing)에 대한 수요가 커지고 있다"며 "코로나19 팬데믹을 거치면서 치유는 세계적 의제로 부상하고 있고, 건강에 관한 관심이 급격히 증가했는데, 국민 소득이 증가하면서 치유에 대한 사회적 수요가 커지고 있고, 건강한 삶을 목적으로 긴장 완화와 스트레스 감소 등을 통한 심신의 건강과 삶의 질 향상을 도모하는 치유산업이 크게 대두되고 있다"고 평가했다.

치유 농장은 물론 산림 자원을 활용해 국민의 심신 안정을 돕는 시설을 찾는 발길은 크게 늘었다. 치유의숲이 대표적이다. 산림청에 따르면 전국에는 모두 48곳 치유의숲이 조성돼 운영되고 있다. 치유의숲과 국립산림치유원의 프로그램에 참여한 이용자는 2012년만 해도 3만 1215명에 그쳤지만, 2017년 20만명을 넘어선 후(21만2018명) 꾸준히 늘어 2022년에는 36만6027명까지 증가했다.

치유산업은 최근 해양 치유로도 영역을 넓혀 가고 있다. 해수나 해양 광물, 해조류 등 해양 자원을 활용해 체질 개선이나 면역력 향상, 항노화 치유를 제공해 국민 건강을 증진시키는 활동이다.

2022년부터 남해, 서부 해역에서 해양 치유 자원 조사가 이뤄지면서 산업이 형성되고 있다. 경북 울진군 구산 해수욕장에 2025년 준공을 목표로 아토피, 알레르기, 피부질환 치유 프로그램에 특화된 해양치유센터 설립이 추진되는 등 관련 시설 건립이 이뤄지기 시작했다.

2000~2019년 건강수명

단위: 세

○ 전체 ○ 남자 ○ 여자

	2000	2005	2010	2015	2019
전체	69.7	72.2	72.9	73.7	74.7
남자	67.4	69.9	70.9	72	73.1
여자	64.9	67.2	68.7	70.2	71.3

*자료: WHO, World Health Statistics(2022년 12월 인출)

전국 치유농업시설 추이	단위: 곳
2019년	234
2020년	234
2021년	254
2022년	353

*자료: 농촌진흥청

치유농업 프로그램 참여자	단위: 명
2020년	1400
2021년	2만4000
2022년	8만4000
2023년	12만

*자료: 농촌진흥청

팬데믹 이후 치유 농장에 관심을 두는 국민은 부쩍 늘었다. 우리 국민 열 명 중 두 명은 치유 농장 형태의 프로그램을 경험한 것으로 조사됐다. 정다은 단국대학교 교수팀이 소비자 600명을 대상으로 진행한 치유 농장 이용과 만족에 대한 소비자 인식 조사 결과에 따르면 응답자의 21%는 치유 농장 방문 경험이 있는 것으로 나타났다.

치유 농장 방문 일수는 당일 방문이 49.2%로 가장 많았다. 농장 방문 이유로는 휴양(38.9%)이 가장 많았고, 신체와 정신 건강 회복이 34.9%로 뒤를 이었다. 특히 치유 농장에 다시 방문할 의사가 있다고 답한 응답자는 81%에 달해 치유 농장에 대한 만족도가 크게 높았던 것으로 조사됐다.

다만 치유 농장 방문 경험이 있는 소비자들은 개선해야 할 점으로 명상 또는 산책 공간과 산책로 확보(14.7%), 치유 프로그램 개선(12.7%), 자연환경 및 경관 개선과 치유 전용 시설 확충(11.5%), 볼거리와 지역색 확보, 농장의 치유 전문성 향상(11.2%)을 손꼽았다.

지친 도시인들이 늘며 치유 농장이 급증하고,

정부의 정책적 관심 역시 늘고 있는 현상을 반영할 때 치유 농장에 대한 기반 기술과 프로그램에 대한 투자는 앞으로 지속해서 증가할 것으로 관측된다.

치유농업 강국 유럽, 국가 차원 육성

치유농업의 핵심 가치는 지속 가능성이다. 도시인들은 치유 활동을 통해 건강을 챙기며 삶의 지속 가능성을 강화할 수 있다. 농촌 역시 치유농업이라는 새로운 고부가가치 소득원을 통해 마찬가지로 지방의 지속 가능성을 높여 나갈 수 있을 것으로 기대된다.

유럽 농업 강국들은 일찌감치 이 같은 치유 농장의 지속 가능성에 착안해 산업화에 박차를 가했다. 국립산림과학원이 2013년 펴낸 '네덜란드의 그린케어 및 케어팜 정책사례와 시사점' 보고서와 농촌진흥청 국립원예특작과학원의 '한국·네덜란드 치유농업 총서'에 따르면 치유농업은 네덜란드에서 본격적으로 발달하기 시작해 전 세계로 확산하고 있다.

네덜란드와 노르웨이에는 치유 농장이 1100여 곳이나 퍼져 있는 것으로 조사됐고, 이탈리아(700여 곳), 벨기에(600여 곳)도 농촌 자원을 활용해 활발히 치료, 재활, 교육에 나서고 있다.

국제적으로 봤을 때 치유농업 선두 주자는 단연 네덜란드다. 네덜란드는 일찌감치 치유농업을 지원하기 위해 품질관리와 인증제도를 운영하며, 국민건강보험과 연계하는 프로그램을 도입

해외 선진국의 치유 산업 지원 정책

네덜란드
품질관리 및 인증제도 운영
국민건강보험 연계

독일
건강보험 직업병 치료 항목에서
예산 지원

영국
국가 치유농업 계획 수립, 프로그램
개발(멘토링, 퍼실리테이터)

프랑스
치유농업 제공자 교육훈련, 운영
비용에 대한 지방정부의 보조

일본
장애인 고용, 노인복지 중심 농림
수산정책에 포함

했다.

특히 교육과 치유산업을 조합한 청소년을 대상으로 한 치유 농장이 유명하다. 학교를 그만둔 학생들이 치유 농장의 농업 활동 프로그램에 참여하면서 스스로 능력이 있음을 깨달을 수 있도록 지방자치기관과 청소년 보호 당국이 정책적인 지원을 펼치고 있다.

독일은 녹색 작업장에 건강보험을 적용해 직업

병 치료 항목에 대해 예산 지원에 나서고 있는데, 특히 치매 노인이 일상생활에서 원만히 생활할 수 있도록 돕는 치유 농장이 유명하다. 치매 노인들은 소규모 농장에서 개인 맞춤형으로 요리, 농작업, 장작 패기 같은 평범한 일상생활을 하는데, 정부도 일정 부분 이용료를 지원하는 방식을 채택하고 있다.

아울러 독일에서는 해양 치유 휴양지인 '쿠어오르트(Kurort)'도 활발하게 운영되고 있다. 연방법과 각 주 법령을 통해 350여 개 쿠어오르트 인증을 관리하고 있다. 독일 휴양치유협의회(2020년)에 따르면 독일은 해양 치유산업을 통해 일자리 51만개를 창출한 것으로 조사됐다.

노르웨이는 정부 부처 간 통합위원회를 구축해 치유농업에 대한 품질관리 제도를 도입했고, 벨기에는 2004년부터 민간기관인 '치유농업 지원센터'를 세워 치유 농장을 지원하고 있다.

프랑스는 치유농업 제공자에 대한 교육 훈련과 함께 운영비를 지방 정부가 보조하는 제도를 운용하고 있다. 프랑스는 농업은 물론 독일처럼 해양 치유에도 특화한 프로그램을 갖고 있다. 프랑스는 해양요법을 대중적으로 활용하는 리조트와 관광지가 집중돼 있는데, 정부는 엄격한 품질 기준에 따른 '프랑스 탈라소(France Thalasso)'라는 인증 시스템까지 도입했다.

이탈리아는 6개 부처가 협력해 전담 법률을 제정하고, 전국적으로 사회적 포럼을 구성해 치유농업 산업에 활력을 불어넣고 있다. 아시아 지역에서는 일본이 장애인 고용과 노인복지 정책

을 연계해 시너지 효과를 내고 있다.

영국은 정부 차원에서 국가 치유농업 계획을 만들어 치유농업 서비스 대상을 설정하며 세부 지원 프로그램을 개발하고 있다.

특히 정원을 갖추는 문화가 잘 자리 잡은 영미권에서는 식물원과 병원에서 적극적으로 치유 프로그램을 도입해 큰 효과를 보고 있다.

영국은 세계 최대 규모 온실인 '이든 프로젝트(Eden Project)'를 활용해 치유 서비스를 제공하고 있다. 이든 프로젝트는 2001년 영국 콘월 지방의 폐광 위에 세워진 온실로, 지구에서 사라져 가는 식물을 모으고 복원하는 23㏊ 크기의 대형 식물원이다.

산림청에 따르면 이든 프로젝트는 지역 1차 의료기관과 협업해 시민들을 육체적, 정신적으로 치유하기 위한 전담 프로그램을 도입했다. 식물원 자체가 하나의 거대한 도심 치유 농장인 셈이다. 이든 프로젝트는 맞벌이 가정 가운데 주 양육자가 조부모인 가정의 아이들을 대상으로 음악 치유 프로그램을 제공하고 당뇨병이나 폐질환 환자의 빠른 회복을 돕기 위해 식물원을 걷는 처방 프로그램도 도입했다.

호주 왕립 어린이 병원은 어린이 입원 환자와 그 가족들을 대상으로 정원에서 힐링할 수 있는 서비스를 도입했고, 미국 시카고 식물원은 장애인을 대상으로 식물원 안에 있는 시설에서 신체, 인지 감각을 높일 수 있는 맞춤형 프로그램을 진행해 시설 이용자들 사이에서 큰 호응을 얻고 있다.

도약하는 웰니스 관광 산업

선진국에서는 한발 더 나아가 치유농업을 명상, 스파 등 관광 목적의 고부가가치 힐링 비즈니스로 키워내려는 움직임이 빨라지고 있다.

웰니스(Wellness)는 웰빙(Well-being), 행복(happiness), 건강(Fitness)을 합친 개념이다. 미국 의학자 핼버트 L 던이 1961년 신체, 정신과 사회적 건강이 조화를 이루는 상태라고 정의하며 처음 개념이 정립되기 시작했다.

힐링 산업 분석기관인 미국 글로벌 웰니스 인스티튜트(Global Wellness Institute)에 따르면 전 세계 웰니스 산업 시장 규모는 4조4000억달러로 추산된다. 전 세계 경제(GDP)의 5.1%에 달하는 규모다.

미국이 1조2157억달러로 전 세계에서 시장 규모가 가장 크고, 중국(6827억달러), 일본(3036억달러), 독일(2239억달러), 영국(1584억달러), 프랑스(1331억달러)가 뒤를 잇는다.

이는 한국 관광 산업 발전에도 시사하는 바가 크다. 한국관광공사에 따르면 2022년 한국을 방문한 인바운드 관광객은 미국이 69만명으로 1위를 차지했고 일본(2위, 43만명), 중국(3위, 22만명)이 그 뒤를 잇는다. 웰니스 시장 규모가 가장 큰 나라가 한국을 찾는 비중도 높은 것이다.

국내 치유농업이 웰니스 산업으로 발전할 때 인바운드 관광 수요를 더 높일 수 있는 여지가 충분할 것으로 관측된다.

웰니스 관광객은 일반 관광객보다 해외여행에서는 35%를, 국내 여행에서는 177%를 더 많이 지출하는 것으로 조사됐다. 2020년 기준 웰니스 관광객이 한 번 여행을 갈 때 평균적으로 소비하는 지출액은 해외의 경우 1601달러, 국내의 경우 619달러인 것으로 집계됐다.

웰니스 산업 가운데서도 핵심은 웰니스 관광이다. 전 세계 웰니스 관광 시장은 2022년 기

국가별 웰니스산업 시장 규모 비교

단위: 십억달러

	2017	2019	2020

미국 1215.7
중국 682.7
일본 303.6
독일 223.9
영국 158.4
프랑스 133.1

*자료: 글로벌 웰니스 인스티튜트

준 6510억달러로 팬데믹 기간이 걸쳐 있던 2020~2022년 연간 36% 고성장을 했다. 2022년 웰니스 목적의 관광은 8억1940만건이 이뤄져 2021년(6억8000만건)을 크게 웃돌았다.

웰니스 관광은 대표적인 고부가가치 산업으로도 주목받고 있다. 전체 연간 관광 건수에서 웰니스 관광이 차지하는 비중은 7.8%에 불과했지만, 지출 규모를 놓고 비교하면 전체 관광 시장의 18.7%를 차지한 것으로 나타났다.

글로벌 웰니스 인스티튜트는 웰니스 관광 시장이 2022~2027년 연간 16.6%씩 불어나 2024년 1조달러를 넘어선 후 1조4000억달러까지 성장할 것으로 내다봤다.

웰니스 관광은 포스트 팬데믹 국면에 고부가가치 산업으로 빠르게 성장하며 주목받고 있다.

정부도 치유농업과 웰니스 관광을 접목해 경제효과를 높이는 방식으로 발전 계획을 모색하고 있다.

문화체육관광부는 '올해의 웰니스 관광도시'를 선정해 국비 5억원을 내주는 방식으로 지원하고 있다.

서비스 품질 개선을 위해 치유 관광 산업 종사자를 대상으로 역량 교육을 하고, 치유 관광 관계자 간 정기 협의체를 운영하는 데 따른 네트워크 구축도 지원하면서 웰니스 관광 기반을 형성하고 있다.

다만 늘어나는 치유 관광 시설과 수요에 발맞춰 종합계획을 수립해 산업적 생태계를 구축하고, 세부 지원 방안을 가다듬을 필요가 있다는 지적이 나온다.

한국, 치유농업 지원…3900억원 경제 효과

한국 정부도 치유농업의 파급 효과에 눈을 떠 정책적인 측면에서 관심을 기울이고 있다. 국내에 치유농업이 형성되기 시작한 때는 1990년대 초로 거슬러 올라간다. 1994년 농촌진흥청이 생활원예를 주제로 원예 치유 프로그램을 개발해 적용하기 시작한 게 효시다. 2007년에는 경기 양평에 국내 최초로 치유의숲(산음자연휴양림)이 조성되기도 했다.

이후 2013~2014년에는 정부 차원에서 치유농업 현황과 특성을 분석하기 시작했다. 국내 산업 도입 전략이 마련됐고, 원예 치유 프로그램도 대상자에게 맞게 맞춤형 프로그램으로 발전했다. 2015~2016년에는 치유농업의 제도적 기반을 마련하는 작업이 본격화했다. 치유 프로그램이라는 용어가 정립됐고, 치유농업 연구개발 및 육성에 관한 법률안(치유농업법)이 작성됐다. 2017~2020년에는 정부 차원에서 생애주기별로 맞춤형 치유농업 서비스 설계가 이뤄졌고, 치유농업 서비스 설계와 활성화 전략이 준비됐다. 일부 지방자치단체에서는 조례를 만들어 치유농업 활성화에 나섰다. 2017년에는 강원도에서, 2018년에는 경상북도에서 치유농업 육성과 지원에 관한 조례가 제정됐다. 이후 2020년 치유농업법이 제정되며 법적 정의와 지원 근거가 생겼다.

다만 치유농업이 산업으로 무르익기 시작한 것은 치유농업법이 시행된 2021년 이후부터다. 2021년 3월 치유농업법이 시행되며 정책이 본격화했다.

법률상 치유농업은 '국민의 건강 회복 및 유지·증진을 도모하기 위해 이용되는 다양한 농업·농촌자원의 활용과 이와 관련한 활동을 통해 사회적 또는 경제적 부가가치를 창출하는 산업'으로 정의된다. 치유농업 시설은 치유농업과 관련된 활동을 할 수 있도록 이용자의 치유 효과와 안전을 고려해 적합하게 조성한 시설로 개념이 정립됐다.

치유 농장에서 활용하는 농촌 자원은 각종 식물이나 자연환경에만 국한되지 않는다. 최근 치유 프로그램에 동물, 곤충이나 음식, 농촌 문화까지 폭넓게 활용하는 사례가 늘고 있다. 치유농업 서비스 분야는 수확 활동 등 농촌 자원을 직접 경험하는 경우와 다과 제작을 비롯해 각종 활동에 나서는 경우로 구분된다.

치유 서비스의 목적에 따라서는 예방, 치료, 재활 분야로 분류할 수 있다. 예방 분야에는 치유

곡성치유의숲

농장과 같은 농장형 치유농업 시설이, 치료 분야에는 치유마을 같은 마을형 시설이 포함된다. 재활 목적의 시설로는 보건의료, 사회복지기관 유형이 포함된다.

정부는 2021년 7월 지방 농촌진흥기관과 대학을 대상으로 치유농업을 전담하는 농업사를 육성하기 위한 전문 교육기관을 지정하며 전문가 양성 제도를 운용하고 있다. 2021년 11월에는 치유농업사 시험이 국가 자격시험으로 시행되기도 했다.

정신 건강을 증진하는 치유 프로그램은 2019년 10종에서 2022년 40종으로 늘었고, 대상자 맞춤형 프로그램은 같은 기간 9종에서 18종으로 확대됐다. 농촌진흥청은 2021~2023년에 전국 32곳을 농촌 치유마을로 지정해 국립농업과학원에서 연구개발한 치유형 농촌 관광 프로그램을 도입하기도 했다.

정부는 지역별로 치유 농장 품질을 관리하기 위해 치유농업센터를 2021년 2곳에서 2025년 17곳까지 늘린다는 방침이다. 공간 조성 기술이나 농장 시설, 재배 도구를 비롯한 산업 기술 개발에도 나선다는 계획이다.

농촌진흥청은 2022~2026년 정부의 각종 치유농업 지원에 따라 3900억원의 파급 효과가 나타날 것으로 내다보고 있다. 세부적으로 2545억원의 생산 유발 효과, 1349억원의 부가가치 유발 효과와 1889명의 고용 유발 효과가 발생할 것으로 추정된다.

최근에는 해양 치유로까지 치유산업 범위가 넓어지고 있다. 해양수산부는 2021년 해양치유관리단을 지정한 후 해양 치유 자원을 조사하고, 관련 프로그램을 보급하고 있다. 정부는 단기적으로 해양 치유 자원 공급 체계를 마련한 후 지역에 맞는 특성화 프로그램을 개발해 해양치유센터를 확장해 나간다는 방침이다. 중장기적으로는 해양 치유 사업과 관련한 창업을 지원하고, 각종 인증 체계를 만들어 국내외 협력 네트워크를 구축한다는 계획이다.

사는 곳은 도시, 소비는 시골에서…
트렌드 변화

한때 귀농·귀촌이 유행처럼 번진 적이 있었다. 정부가 귀농·귀촌 정책을 집중적으로 펴기 시작한 2012~2013년 이후 지방에서 살려고 하는 일반인들이 크게 늘었지만, 최근에는 열기가 크게 줄었다.

농림축산식품부와 통계청에 따르면 농사를 짓기 위해 도시에서 시골로 옮겨간 귀농 인구는 2022년 1만2660명으로 전년 동기 대비 12.5% 급감했다. 귀농 인구는 관련 통계가 작성된 2013년 1만312명에서 꾸준히 늘어 2021년에는 1만4461명으로 역대 최대를 기록했지만 1년 새 역대 최대 감소율을 보이며 10여 년 전 수준으로 되돌아갔다. 거주지를 도시에서 시골로 옮긴 귀촌 인구 역시 2022년 42만1106명으로 1년 새 15%나 줄었다. 팬데믹 국면에는 소득이 줄어드는 등 경제적인 어려움이 가중되며 '시골살이' 수요가 증가했다. 하지만 엔데믹이 도래하면서 도시 지역 경기가 회복되며 시골에서 살려는 수요가 감소한 게 직접적인 원인이다.

코로나19 국면 이전까지만 해도 귀농·귀촌 붐은 뜨거웠다. 베이비붐 세대(1955~1963년생)의 은퇴가 본격화한 데다 전원생활을 추구하는 도시인이 늘고 정부, 지방자치단체에서 잇따라 귀농·귀촌 활성화 정책을 내놓으며 시골살이 수요가 늘어난 것이다.

하지만 베이비붐 세대는 은퇴 이후에도 치열한 경쟁에 휩싸였다. 소규모 영세 자영업으로 내몰린 후 결국 경쟁 대열에서 뒤처지며 도시를 떠나는 흐름이 많아진 것이다. 농업계에서는 베이비붐 세대가 경제적, 정신적으로 취약해진 상태에서 도시에서 시골로 이주하며 귀농·귀촌에 실패하는 사례가 늘어난 것으로 보고 있다.

귀농·귀촌인이 지역에 연고나 기반 없이 시골로 이주한 경우 지역사회에서 원만히 어울리지 못해 귀촌에 실패한 경우도 많다.

실제 농림축산식품부가 발표한 '2023년 귀농·귀촌 실태조사' 결과에 따르면 도시 출신자가 농촌으로 이주해 농사를 짓는 귀농은 전체 귀농 사례의 12.1%에 불과한 것으로 집계됐다. 반면 농촌에서 태어나 도시에서 생활한 후 다시 연고지로 이주한 귀농은 전체 귀농인 10명 중 8명(75.6%)으로 나타났다.

도시인이 농촌으로 삶의 기반을 옮기는 귀촌은 36.2%로, 농촌에서 태어나 고향으로 되돌아간 귀촌인 비중(44.8%)보다 낮았다.

농림축산식품부가 5년(2018~2022년)간 귀

농·귀촌한 6000가구를 대상으로 그 실태를 조사한 결과다. 귀농·귀촌 가구는 시골로 이주한 이후에도 대부분 경제활동을 이어가고 있는 것으로 나타났다. 귀농 가구의 58.3%는 농사일 외에도 경제활동을 하고 있었는데, 가욋일을 하는 것에 대해 대부분 소득을 더 올리기 위해서(81.5%)라고 응답했다. 본인이 가진 재능을 활용하고 싶다는 반응은 5%에 그쳤다.

귀촌 가구는 시골로 내려간 이후에도 92.6%가 경제활동을 계속한다고 답했는데, 경제활동을 하는 귀촌 가구 중 가장 많은 60.5%는 일반 직장에 취업한 것으로 조사됐다. 더욱 나은 자연환경과 정서적인 안정을 위해 도시에서 시골로 이주했지만 대부분 귀농·귀촌인이 일에서 손을 놓지 못하고 있는 것으로 풀이된다.

귀농·귀촌의 성과가 뚜렷하게 나타나지 않는 사이 새로운 농업 트렌드가 부각되기 시작했다. 최근에는 도시 생활을 완전히 정리하고 지방으로 내려가는 대신 도시에 근거를 두되 농촌 생활을 경험하려는 흐름이 생기기 시작했다. 즉, 도시에 살면서 시골에 내려가 농촌 자원을 즐기면서 소비하려는 트렌드에 힘이 실리기 시작한 것이다.

원예 치유사이자 예산 지역 치유 농장인 '오색꽃차'를 운영하는 안기화 대표는 "일, 가정 양립 문화가 팽배해진 상태에서 도시 생활에 지친 MZ세대(1980년대 초~2000년대 초 출생자)를 중심으로 시골에서 여유를 즐기려는 새로운 생활 양식이 유행하고 있다"며 "MZ세대를 중심으로 도시 생활을 포기하지 않으면서, 시골의 분위기를 즐기려는 흐름이 늘고 있는데 이 같은 수요가 치유농업 시장을 키우고 있다"고 분위기를 전했다.

요즘 MZ세대 사이에서 유행하는 '러스틱 라이프'(rustic life, 소박한 삶이라는 뜻) 트렌드도 비슷한 맥락으로 풀이된다. 러스틱 라이프는 시골 생활을 즐기면서 도시 생활에서 맛볼 수 있는 편리함도 가져가려는 현상이다.

'5도 2촌'(五都二村, 주중 5일은 도시에서 살고 2일은 시골 세컨드하우스에서 생활하는 것)이나 '불멍'(장작불을 피워놓고 멍하니 바라보는 것), '논밭 뷰'를 선호하면서도 도시의 문화생활을 놓지 않으려는 욕구가 강한 세대가 트렌드 변화를 주도하고 있다. 꽃을 보며 마음을 다독이는 '꽃멍' 유행이 일었던 것도 비슷한 현상이다. 이 같은 유행이 확산하자 한국화훼자조금협의회는 아예 MZ세대를 대상으로 인스타그램과 온라인 커뮤니티에서 꽃멍 캠페인을 펼치기도 했다.

줄어드는 귀농·귀촌

단위: 명

구분	귀농인 수	귀촌인 수
2013년	10,312	405,452
2014년	10,904	439,535
2015년	12,114	466,778
2016년	13,019	475,489
2017년	12,763	497,187
2018년	12,055	472,474
2019년	11,504	444,464
2020년	12,570	477,122
2021년	14,461	495,658
2022년	12,660	421,106

*자료: 통계청

여가활동 크게 늘어난 씀씀이…
77조원 역대 최고

개인 문화 활동이나 오락 등에 대한 씀씀이가 과거에 비해 크게 늘어난 것도 한몫했다.

매일경제신문이 한국은행의 가계 목적별 최종 소비지출 데이터를 분석한 결과 오락, 스포츠, 문화 활동에 대한 지출액은 2022년 77조2658억원으로 1년 새 28.4%나 늘어 사상 최고치를 기록했다. 전체 가계 지출에서 문화활동비 등이 차지하는 비중도 7.8%로 나란히 최고치로 치솟았다.

2020~2021년 팬데믹 사태 이후 여행하는 데 지갑을 여는 국민이 점차 늘고 있다는 점은 고무적이다. 특히 고소득 가구나 2030세대에서 여행에 대한 수요가 크게 늘며 지출이 늘고 있다. 문화체육관광부의 국민여행조사 데이터를 보면 1인당 국내 여행일수는 코로나19 사태가 터졌던 국면인 2020년 5.81일에 그쳤지만, 이듬해인 2021년 6.58일로 늘었다. 2022년에는 8.29일로 꾸준히 증가하는 추세다.

절대 여행일수로 따지면 여전히 코로나19 사태 이전인 2019년(10.01일)에 미치지 못하지만, 다채로운 여행을 경험하려는 비중은 크게 늘었다는 점이 유의미하다.

여행하는 데 가장 큰 관심을 보이는 계층은

1인당 국내 관광여행일수

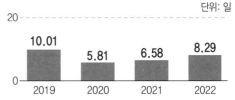

단위: 일

*자료: 문화체육관광부, 국민여행조사
*주 ① 국내 관광여행은 행정구역을 벗어나 다른 지역을 다녀온 모든 여행 중 관광·자연 감상 등 여가·위락·휴가 목적의 여행을 의미함.
② 각 연도 12월 현재 15세 이상 인구수(장래인구추계, 2020년 기준)를 기준으로 계산한 추정치임.

2030세대다. 2030세대의 국내 여행일수는 각각 10.39일, 10.96일로 전 연령층을 통틀어 가장 높은 수준이다. 여행을 다녀왔다는 국민의 비중(여행 경험률)은 2022년 91.8%로 코로나19 사태 이전인 2019년(85.0%)보다 더 높아졌다.

여행일수는 적어졌는데, 여행을 경험하는 국민이 늘었다는 것은 숙박 여행보다는 거주지 인근으로 기분 전환에 나서는 당일 여행이 그만큼 늘었음을 시사하는 대목이다.

소득이 높을수록 여행에 투자하는 경향도 컸다. 월 소득이 600만원 이상인 가구의 1인당 국내 관광 여행일수는 11.26일로 집계된 반면 월 소득 100만원 미만은 2.79일로 그 격차가 컸다.

100만원 이상~200만원 미만에서는 4.05일로 200만원 미만의 저소득층에서는 여행을 가는 경우가 두드러지게 낮았다. 2022년에 전반적으로 여행일수가 증가했는데, 소득 계층별로는 600만원 이상인 고소득 가구만 유일하게 2019년(11.31일)과 비슷한 수준으로 회복했다.

고소득자들의 국내 여행이 빠르게 늘면서 여가 생활 만족도가 높아지고 있는 현상은 치유농업 산업이 더 발전할 가능성을 보여준다.

여가 생활 만족도는 여가 활용을 놓고 국민이 느끼는 주관적인 만족 수준을 측정하는 지표다. 통상 여가 생활 만족도와 삶의 만족도는 높은 상관관계를 보이는데, 여가 생활에 만족하는 사람의 비율은 2009년 21.8%에서 2013년 27.1%로 높아진 후 이 수준을 유지하다가 2023년에는 34.3%로 2009년 이후 최고 수준으로 상승했다.

코로나19 사태로 여가 영역 지표들이 급격히 나빠졌던 2021년에도 여가 생활 만족도(27.0%)는 전년 대비 1.8%포인트 줄어드는 데 그쳤다. 다만 노인들의 여가 생활 만족도는 악화하고 있다. 60대 이상 연령층의 여가 생활 만족도는 25.2%에 불과해 다른 세대의 절반 수준에 그친다. 노인들의 여가 시간은 다른 연령대보다 길지만, 적극적인 여가 활동에 대한 참여도가 낮고 만족도도 낮기 때문으로 풀이된다.

한국이 세계에서 가장 빠른 고령화 속도를 보인다는 점에 비춰 보면 이들을 위한 다양한 여가 산업이 발전할 여지가 충분할 것으로 예상된다. 특히 노인층에서 여가 생활 만족도가 낮았지만

경제활동을 하는 이들이 매년 늘어나고 있다는 점은 유의미하다. 구매력을 갖춘 노인들을 중심으로 여가 활동에 나설 가능성이 충분한 것이다. 매일경제신문이 통계청 인구 데이터를 분석한 결과 경제활동에 나선 65세 이상 노인은 2022년 336만5000명으로 1년 새 8.1% 늘어 사상 최대를 기록했다. 노인들의 경제활동 참가율도 37.3%로 역대 가장 높은 수준으로 올랐다. 노인 10명 중 4명은 돈을 벌기 위해 일을 하고 있거나 구직 활동에 나서고 있다는 뜻이다. 노인들의 경제활동 참가율은 2000년 29.6%에 그쳤지만, 고령화 현상이 빠르게 나타나며 2020년 35%를 넘어서더니 2023년에는 40%에 육박했다.

한국은 경제활동을 하는 노인이 다른 국가와 비교해 많은 편이다.

OECD와 한국경제인협회에 따르면 한국 노인의 경제활동 참가율은 OECD 국가 중 1위로 미국(18.9%), 영국(10.5%)은 물론 초고령사회인 일본(25.6%)과 비교해도 크게 높다.

베이비붐 세대의 은퇴가 본격화했지만, 경제활동을 하는 노인은 더 늘어날 전망이다. 2025년 65세 이상 인구가 전체의 20%를 넘어서는 초고령사회에 진입할 것으로 관측되는데, 기대수명은 늘고 노인들이 노동 시장을 떠나는 연령은 갈수록 높아지고 있기 때문이다.

OECD에 따르면 한국의 실질 은퇴 연령은 평균 72.3세로 법정 정년인 60세보다 12.3세나 많아 OECD 38개국 중 가장 높다. 국민연금 수급

개시 이후에도 노인들이 노동 시장에 남아 경제활동을 계속하고 있다는 뜻이다.

노인들이 주체적으로 경제, 사회 활동을 늘려가면서 고령층 취업자는 많이 증가했다. 2022년에는 60세 이상 취업자 수가 역대 최대치를 찍었고 증가 폭도 가장 컸다. 통계청과 중소벤처기업부, 행정안전부에 따르면 2022년 60세 이상 취업자는 585만8000명으로, 관련 통계가 집계되기 시작한 1963년 이후 가장 많았다.

노인 취업자 규모는 매년 빠르게 불어나고 있다. 60세 이상 취업자 수가 100만명 선에서 200만명 선으로 가는 데는 14년, 200만명 선에서 300만명 선을 뛰어넘는 데는 11년이 소요됐다. 하지만 노인의 사회활동 증가로 300만명 선에서 400만명 선, 400만명 선에서 500만명 선으로의 이동 기간은 각각 5년과 3년밖에 걸리지 않았다.

도심 속에서 농업 활동을 하는 기반이 형성됐다는 것도 치유농업이 활발히 성장할 수 있는 배경이다.

집이나 아파트 단지에서 농작물을 키우는 도시농업이 확대되고 있다는 것 역시 도시인들이 치유농업에 친숙해지는 발판이 됐다.

농림축산식품부에 따르면 온라인에 등록된 실내 농작물 재배에 대한 정보량은 2019년 6만3668건에서 2021년 19만9038건으로 불과 2년 새 3배 이상 급증했다.

정부가 도시 농업을 육성하기 시작한 초기 국면인 2014년만 하더라도 전국 도시 농업 텃밭은 6

늘어나는 도시 농업 텃밭 단위: 곳

185524

101680

99808

92946

69244

2014 2016 2018 2020 2022

*자료: 농림축산식품부

만9244곳(668만㎡)에 불과했지만 2022년에는 18만5524곳(1052만㎡)으로 크게 확대됐다.

주택 근처 생활권에 있는 토지를 활용해 작물을 재배한 사례가 전체 면적의 25.4%로 가장 많았고, 도시 농업 농장이나 공원을 이용한 경우가 21.2%로 뒤를 이었다. 주택을 이용해 작물을 재배한 경우도 전체 면적의 10.7%에 달할 정도로 활용도가 높았다.

지방자치단체에서 도시 농업에 대한 지원이 늘어나고 있다는 것도 고무적이다. 각종 지원이 늘며 도시 농업이 성장하는 발판이 마련된 것이다. 2010년만 해도 도시 농업 관련 조례는 5개에 그쳤지만, 2018년 108개로 늘더니 2022년 134개까지 급증했다. 지방 도시농업지원센터는 2018년 29곳에서 2022년 55곳까지 늘었다.

농촌진흥청은 도시 농업의 경제, 사회, 환경적인 가치가 총 5조2367억원에 달하는 것으로 보고 있다. 세부적으로 도시 농업을 통해 생산된 작물과 전후방 산업을 감안하면 3조1090억원의 가치가 있는 것으로 추정됐다. 여기에 건강

이나 공동체, 문화, 교육 부문에 대한 가치는 1조3416억원에 달하는 것으로 분석됐다. 도심 작물로 인해 생태환경이 정화하는 등에 따른 환경적 가치는 7861억원으로 추정된다.

귀농·귀촌 인구가 줄어든 반면 치유 농장이 급증하고 있는 것은 도시 생활을 하면서 지친 마음을 달래려는 이 같은 세태가 반영된 단면이다. 전국 치유농업 시설은 2017~2020년 234곳에서 정체됐지만 팬데믹 국면에 급증하기 시작해 2022년 353곳까지 늘었는데, 특히 수도권과 인접한 충청남도가 63곳으로 가장 많고 경기(55곳), 강원(46곳), 경남(39곳), 충북(22곳), 제주(10곳) 등 치유농업 시설은 전국으로 빠르게 확산했다. 치유 농장 프로그램 참여자도 2020년 1400명에 머물다 팬데믹 기간에 급격히 늘어 2023년에는 12만명까지 증가했다.

충남대학교 산학협력단이 산림·원예자원 경제적 편익, 치유농업에 대한 국민 지급 의사 금액 등을 조사 분석한 결과 국내 치유농업의 사회, 경제적 가치는 3조7000억원인 것으로 추산됐다.

물질적 풍요 속 정신은 빈곤…
OECD 자살률 1위 현실

그동안 우리나라는 빠르게 성장하며 경제 면에서 큰 도약을 이뤘다. 이 과정에서 국민 소득 역시 크게 늘었다. 한국은행에 따르면 1인당 국민총소득(GNI)은 2017년 3만1734달러를 기록하며 사상 최초로 3만달러를 넘어선 후 2023년 3만3745달러까지 급격하게 증가했다.

2023년에는 달러로 환산한 명목 국내총생산(GDP)이 2.4% 늘어난 데다 달러당 원화 값도 안정을 되찾은 영향이 컸다. 글로벌 강달러 현상에 2022년 12.9% 추락했던 원화 가치는 2023년 1.1% 내려가는 데 그쳤다. 2023년 수출이 회복되며 경제 주체들이 해외에서 벌어온 소득이 늘어난 영향도 한몫했다.

매일경제신문이 최근 국민 소득 추이를 분석한 결과 한국은 2040년 4만167달러로 통상 선진국 문턱으로 인식되는 GNI 4만달러 고지를 처음 밟을 것으로 예측됐다. 한국이 처음 GNI 3만달러를 넘었던 2017년부터 2023년까지 연평균 증가율(1.03%)만큼 국민 소득이 늘어난다고 가정했을 때 시나리오다.

경제적인 풍요와 함께 육체적인 건강도 세계적인 수준에 진입했다. 1970년 62.3년에 불과했던 기대수명은 2021년 83.6년으로 크게 늘었

꾸준히 증가한 1인당 국민총소득(GNI)

연도	GNI (단위: 달러)
2011	25256
2012	25724
2013	27351
2014	29384
2015	28814
2016	29394
2017	31734
2018	33564
2019	32204
2020	32004
2021	35523
2022	32886
2023	33745

*자료: 한국은행

삶의 만족도와 부정정서 비교

단위: 점/10점

*주: 1) 삶의 만족도는 현재 삶에 어느 정도 만족하는지에 대한 0~10점 척도 응답의 평균값
　　 2) 부정정서는 어제 우울감과 걱정을 얼마나 자주 느꼈는지에 대한 0~10점 척도 응답의 평균값
　　 3) 2020년부터 조사 대상이 19~69세에서 19세 이상으로 변경됨
*자료: 한국행정연구원, 사회통합실태조사

다. OECD 평균(80.3년)을 크게 웃돈다. 인구 10만명당 영아 사망률은 이 기간 48.3명에서 2.4명으로 급감했다. 마찬가지로 OECD 평균 영아 사망률이 4.0명이라는 것과 비교하면 의료 건강 측면에서 큰 폭의 발전을 이뤘다는 점에는 이견이 없다. 국민의 신체 건강은 선진국 수준으로 접어들었다는 평가가 지배적이다.

문제는 물질적인 풍요 속에 정신 건강은 크게 악화하고 있다는 점이다. 국민 소득이 늘고, 기대 수명이 늘었다고 우리나라 국민이 점점 행복해지고 있다고 단언할 수 있을까? 그렇지 않다. 한국의 인구 10만명당 자살률은 2022년 기준 25.2명으로 OECD 1위라는 오명을 떼지 못하고 있다.

2000년 이후 OECD 국가의 자살률은 대부분 감소 추세지만, 유독 한국의 자살률은 역주행하고 있다. 한국의 자살률은 2000년 인구 10만명당 13.7명에서 지속해서 늘고 있는데, 2005

년에는 24.8명으로 5년간 인구 10만명당 10명 이상 크게 늘었다. 2011년에는 31.7명으로 역대 가장 높은 자살률을 기록한 후 다소 줄어드는 흐름을 보였지만 2017년 이후 다시 늘어나는 추세다.

한국인 삶의 만족도는 다소 개선됐음에도 불구하고 OECD 회원국 가운데 여전히 최하위권에 머물러 있는 것으로 조사됐다.

자살률만이 아니다. 국민의 삶의 질을 측정하는 각종 지표를 살펴보면, 우리나라 국민의 소득의 증가와 육체적인 건강을 좀처럼 따라가지 못하고 있다. 2024년 통계청이 발간한 '국민 삶의 질' 보고서에 따르면 2022년 기준 한국인 삶의 만족도는 10점 만점 중 6.5점으로 전년 대비 0.2점 소폭 상승했다. 삶의 만족도는 객관적 삶의 조건에 대한 주관적인 만족 정도를 보여주는 지표로 0~10점 범위에서 산출한다.

삶의 만족도는 2018년 6.1점까지 높아졌지만,

코로나19 국면인 2020년 6.0점에서 정체된 이후 다시 올라가는 모양새다. 다만 국제적으로 비교해 보면 한국의 만족도는 여전히 최하위권에 머물러 있다.

우리나라 삶의 만족도는 2020~2022년 5.95점으로 OECD 38개 회원국 중 35위에 그친다. OECD 평균(6.69점)과 격차가 상당하다. 우리나라보다 순위가 낮은 나라는 튀르키예(4.6점), 콜롬비아(5.6점), 그리스(5.9점)가 고작이다.

특히 2020~2021년 코로나19 국면을 거치는 동안 정신적인 고립이나 경기 침체로 사회 환경이 악화하자 우울증과 불안 장애를 호소하는 국민이 크게 늘었다.

보건복지부에 따르면 국내 정신질환 수진자 수는 2015년 289만명에서 2019년 368만명으로 늘더니, 팬데믹 국면인 2021년에는 411만명까지 불어났다. 특히 20대를 비롯한 MZ세대에서 정신질환이 늘어나는 속도가 가파르다. 20대 우울증 환자는 2018년 9만9796명에서 2022년 19만4322명으로 2배가량 증가했다.

정신질환이 늘면서 사회적 비용이 따라 늘고 있다. 정신질환 치료비는 2015년 4조1000억원에서 2021년 6조5000억원으로 증가하며 국민 부담마저 높이고 있다. 경찰청에 의하면 정신질환자가 저지른 범죄 역시 2012년 5302명에서 2022년 9875명으로 급격히 늘었다.

하지만 정신질환에 대한 정책 대응은 미흡한 수준이다. 다른 진료 과목에 비해 시설이나 인력, 치료 보상 수준이 미흡하고 퇴원 후에도 지속적인 치료를 받는 체계에 한계가 있기 때문이다. 실제 보건복지부는 중증 정신질환자 65만명 가운데 사례 관리 지원을 받는 질환자는 8만명에 그치는 것으로 집계했다.

더 큰 문제는 정신질환이 이보다 더 어린 연령층으로까지 확산하고 있다는 점이다. 최근 들어서는 10대 아동과 청소년들의 우울증과 불안감이 사회문제로 번지고 있다. 청소년들의 정신 건강 문제는 학교생활 부적응이나 학교폭력(학폭)과 같은 사회적 문제로 이어질 수 있다는 점에서 문제가 심각하다.

2021년 여성가족부가 학교 안팎에서 위기를 겪는 청소년들을 대상으로 조사한 결과 청소년의 26.2%가 우울감을 호소했고, 심지어 18.7%는 자해를 시도한 경험이 있는 것으로 나타났다.

학교 역시 정신 건강이 손상되는 현장이 된 지 오래다. 단적으로 학교폭력을 호소하는 초·중·고등학생의 비율이 10년 만에 가장 높은 수준으로 치솟았다.

2023년 교육부가 전국 16개 시도교육청과 학교폭력 실태 전수조사를 실시한 결과 학교폭력을 당했다며 피해를 호소한 학생들은 1.9%(5만9000명)로 집계됐다. 1년 전인 2022년(1.7%)보다 0.2%포인트 늘어난 것으로 2013년 이후 10년 만에 최대치다.

학교별로 세분화해 보면 초등학교의 피해 응답률이 3.9%로 가장 높았고, 중학교와 고등학교의 피해 응답률은 각각 1.3%, 0.4%였다. 피해 유형별로는 언어 폭력이 37.1%로 가장 높았고, 이어 신체 폭력(17.3%), 집단 따돌림(15.1%)이 많았다.

학교폭력 가해 응답률은 1.0%로 전년 대비 0.4%포인트 높아졌는데, 가해 응답률 역시 초등학교(2.2%)가 가장 높았다. 중학교와 고등학교의 가해 응답률은 각각 0.6%, 0.1%로 조사됐다.

정신 건강에 따른 타격은 고령층이라고 예외가 아니다. 오히려 기대수명 증가로 인한 급속한 고령화로 노인 건강이 악화하는 속도도 점차 가팔라지고 있다. 특히 노인들은 신체적 질병은 물론 각종 인지 기능 저하나 사회활동 감소, 경제적 어려움 등으로 우울증에 걸리기 쉽다.

보건복지부 정신 건강 실태조사에 따르면 70~79세의 우울장애 1년 유병률은 3.1%로 전 연령층 가운데 가장 높다.

노인들의 경제활동이 증가하고 있지만, 동시에 경제적으로 어려움을 호소하는 노인 계층도 늘고 있다. 이는 노인 건강 악화 속도를 가속화하는 요인 중 하나인 것으로 추정된다.

고령층의 경제력 약화와 이에 따른 정신 건강의 악화는 국제적으로 비교해도 열악한 편이다. 통계청과 OECD에 따르면 우리나라 노인인구의 상대적 빈곤율(중위소득 50% 이하에 해당하는 인구 비율)은 2021년 기준 39.3%로, OECD 37개 회원국 중 에스토니아에 이어 두 번째로 높은 수준을 기록했다. 전체 연령층을 통틀어 본 상대적 빈곤율이 14.8%라는 점에 비춰 보면

인구 10만명당 자살률

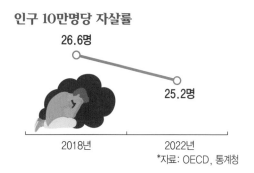

26.6명 (2018년)
25.2명 (2022년)
*자료: OECD, 통계청

20대 우울증 환자

9만9796명 (2018년)
19만4322명 (2022년)
*자료: 보건복지부

정신질환 수진자 수

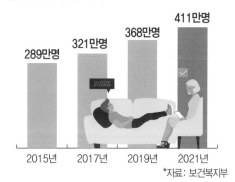

289만명 (2015년)
321만명 (2017년)
368만명 (2019년)
411만명 (2021년)
*자료: 보건복지부

정신질환 치료비

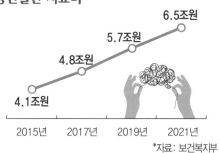

4.1조원 (2015년)
4.8조원 (2017년)
5.7조원 (2019년)
6.5조원 (2021년)
*자료: 보건복지부

크게 높은 편이다.

최근 국무총리실 산하 사회보장위원회가 사회보장 행정 데이터를 통해 분석한 결과도 비슷하다. 65세 이상 노인 2명 중 1명꼴로 빈곤에 시달리고 있는 것으로 조사됐다. 남성보다는 여성, 도시보다는 농어촌, 고령보다는 초고령에서 빈곤율이 더 심각했다.

전체 노인의 가처분소득은 연간 1170만원으로 집계됐는데, 빈곤 상태 놓여 있지 않은 노인 가처분소득이 1797만원인 데 비해 빈곤 노인은 804만원으로 2배 이상 차이가 벌어졌다.

시장 소득에서는 격차가 더 크다. 빈곤 상태가 아닌 노인은 1463만원으로, 빈곤 노인의 135만원에 비해 10배 이상 많았다. 빈곤 노인은 매년 사회보장급여 등을 통해 669만원을 보전받으며 살고 있다는 뜻이 된다.

빈곤 노인 가운데 남성이 39.7%, 여성이 60.3%로 여성이 1.5배 많았고, 대도시 노인 빈곤율은 42.1%, 중소도시는 47%, 농어촌은 57.6%로 조사됐다. 농어촌 노인일수록 빈곤 상태에 빠져 있는 경우가 더 많다는 얘기다. 특히 농어촌에서 살고 있는 80세 이상 노인 빈곤율은 67.5%로 급등했다.

나이가 들수록 삶의 만족도가 하락한다는 분석은 국책 연구기관인 한국개발연구원(KDI)에서도 제시됐다. 권다은 KDI 국제정책대학원 박사는 통계청 사회조사를 바탕으로 아동 · 청소년(13~19세), 청년(20~34세), 중장년(35~64세), 노년(65세 이상)으로 구분해 연령대별로 내면적 삶(주관적 만족감), 삶의 역량(교육 · 건강 · 여가), 사회적 삶(대인관계 · 가족관계), 물질적 삶(소득 · 소비 · 근로 여건)이 어떻게 변화하는지 살펴봤다.

KDI 분석 결과 아동 · 청소년, 청년, 중장년, 노년으로 연령층이 높아질수록 전 영역에서 삶의 만족도가 하락하는 추세를 보였다.

특히 주관적 만족감 분야에서 아동 · 청소년은 56.6%가 만족감을 보였지만 노년층에서는 29.9%만 만족감을 표해 어린 연령층에 비해 절반가량 낮았다.

여가 활동 분야에 대해서도 아동 · 청소년은 48.2%가 만족감을 드러냈지만, 노년이 만족한 비율은 16.6%에 그쳤다.

물질적 삶(아동 · 청소년 제외)에서도 노년의 만족도가 가장 낮았다.

권다은 박사는 '연령대별 삶의 질과 영역별 만족도' 보고서를 통해 "연령대별로 살펴보면 아동 · 청소년은 건강에 대해 만족하는 비율이 가장 높고 교육에 대해 만족하는 비율이 가장 낮게 나타나, 신체의 발달과 의무교육이 이루어지는 생애주기의 특성이 반영된 것으로 보인다"고 평가했다.

그는 "중장년의 만족도가 가장 높은 영역은 사회적 삶으로 가정을 형성하고 사회적인 관계를 확장해 가는 생애주기의 특성을 반영한 것으로 볼 수 있다"면서 "노년에는 물질적 삶과 삶의 역량(여가) 영역이 가장 취약한 것으로 드러났다"고 지적했다.

근래 들어 삶의 질에 대한 중요성이 강조되고 있는데 특히 한국인의 삶의 질은 객관적인 조건에 비해 낮은 수준으로, 삶의 질 제고를 위한 정책의 역할이 요구되고 있다는 게 권 박사의 분석이다.

노인 건강이 악화하는 추세를 단적으로 볼 수 있는 분야는 정부 재원이다. 국가적으로 문제가 되는 분야의 심각성을 살펴보기 위해서는 정부가 정책적인 대응을 위해 투입하는 자금 길목을 따라가 볼 필요가 있다.

일례로 고령화에 따른 복지 의무 지출이 급증하며 12대 분야 중 규모가 가장 큰 보건복지 고용 예산이 많이 늘어나고 있다.

2014년 106조4000억원이었던 보건복지 고용 예산은 2022년 217조7000억원으로 처음 200조원을 넘어서더니 2023년에는 226조원까지 늘었다. 8년간 연평균 9.4% 늘어난 것으로 12대 분야 예산 중에서도 증가율이 가파르다. 기획재정부는 보건복지 고용 예산이 2027년에는 273조4000억원으로 300조원에 육박하며 전체 총 지출의 37.1%까지 늘어날 것으로 내다보고 있다.

노인 부문 지출 항목 중에서는 특히 장기요양보험 지출 규모가 크다. 노인장기요양보험은 만 65세 이상 노인 또는 치매, 중풍을 비롯한 노인성 질환으로 6개월 이상 요양이 필요한 국민에게 시설 급여나 재가급여 재원을 지원하는 사업이다. 2023년 기준 지출액 2조2000억원에서 절대 규모가 점차 늘고 있다.

건강보험은 일반회계와 국민건강증진기금에서 각각 지원되는 의무 지출인데, 마찬가지로 고령화 여파에 보장성과 재정관리 기능 강화 추세가 이어지며 지속해서 재원이 늘어날 전망이다. 기획재정부는 건보 관련 의무 지출이 2023년 12조원에서 2027년 13조6000억원으로 연평균 3.2% 늘어날 것으로 관측했다.

상황이 이런데 정신 건강에 대응한 재원 배분 정책은 한계를 드러내고 있다. 2023년 정신 건강 정책 예산 3160억원 가운데 997억원은 정신요양시설 운영비 등에 투입되는 게 현실이다. 중증 정신질환자 치료나 요양에 정부 재원이 상당수 투입되면서 생활 속에서 정신 건강을 돌볼 수 있는 체계가 부족하다는 평가가 지배적이다.

치유농업 실증 효과…
학생 스트레스, 불안감 '뚝'

국민의 정신 건강은 국가적인 자산이다. 이 자산이 회복될 때 발생하는 사회적인 효용은 막대하다. 2020년 세계보건기구(WHO)는 정신 건강 분야에 1달러를 투자할 때 건강이나 생산성 향상 부문에서는 4달러의 수익이 나온다는 연구 결과를 발표하며, 보건의료 총 지출의 5%를 정신 건강에 투자하라고 권고했다.

이 과정에서 치유농업 분야의 역할이 상당히 커질 전망이다. 치유농업이 국민 정신 건강 분야를 증진하는 데 미치는 영향이 크다는 연구 결과가 잇따르고 있다.

치유농업이 정신 건강에 미치는 효과가 큰 집단 중 하나는 학생들이다. 청소년기에는 신체, 지식 능력과 함께 심리, 사회적 측면에서 전인적인 성장이 이루어지는 중요한 시기이기 때문이다.

치유농업 업계에서는 청소년이 자연과 소통하는 과정에서 창의성과 책임감, 기술을 익히면서 성취감과 긍정적 사고가 형성된다고 보고 있다. 신체 활동이 왕성한 청소년기의 특성상 농업 활동을 통해 긍정적으로 에너지를 발산하는 기회를 가질 수 있다는 것은 큰 강점이다.

일례로 농촌진흥청이 벼를 활용한 치유 활동이 청소년들의 심리에 어떤 영향을 미치는지 실증 분석한 결과가 있다. 농촌 관련 학습에 대해 긍정적으로 생각하고 있거나 교우관계가 좋지 못한 경우 또는 학업 성취도가 낮은 청소년 그룹에서 스트레스 감소 효과가 큰 것으로 조사됐다.

2021년 10월부터 11월까지 매주 2번씩 2주간 충청북도 음성군 일부 중학교 1학년 학생들을 대상으로 벼 도정, 떡꼬치 만들기, 볏짚 놀이, 가마솥 한상차림, 약선 치유 등 체험 활동에 나섰을 때 발생한 결과다.

치유 프로그램에 참여한 학생들을 대상으로 심층 면접과 설문조사를 해 보니 치유농업 경험 전 3.70점(5점 만점)이었던 자아존중감은 경험 후에 4.01점으로 크게 높아졌다. 자기가 사회적으로 뭔가를 할 수 있다는 자신감을 반영한 사회적인 유능성을 측정한 점수도 3.65점에서 3.87점으로 올랐다.

스트레스에 대한 대응력도 크게 개선됐다. 실험 결과 학생들이 받는 스트레스 수준을 보여주는 지표(스트레스 저항도)는 프로그램 경험 전 40.58bpm에서 56.58bpm으로 높아졌다. 스트레스 저항도 측정은 손끝에 모세혈관의 빛 반사 변화를 감지하는 심박동 측정기를 부착하고 심장 박동의 미세한 변화를 정밀 분석해 스트레스 상태와 혈관 노화에 따른 혈액순환 상태를 측정하는 방식으로 이뤄졌다. 스트레스 저항도가 높아졌다는 것은 외부 환경에 따라 반응하는 신체 적응력이 향상됐다는 뜻이다.

학교 안팎에서 위기 상태에 놓여 있는 아동, 청소년의 치유 효과 역시 높았다. 농촌진흥청은 2022년 학교생활에 적응이 어려운 청소년을 위해 부모와 함께하는 치유농업 프로그램과 목공 활동과 연계한 텃밭 정원 치유농업 프로그램을 개발했다.

농촌진흥청은 전라북도 전주교육지원청에서 초·중·고등학교 부적응 학생과 위기 학생의 전인적 성장을 지원하는 '위(Wee) 센터'와 대안학교, 농업기술센터와 함께 이 프로그램을 현장에 적용했다.

연구진은 이 프로그램 참여에 동의한 가족들을 대상으로 주 1회 2시간씩 총 12회 프로그램을 진행했다. 세부적으로 자녀가 느꼈던 우울한 정도를 △정상(0~15점) △대수롭지 않은 우울(16~20점) △중한 우울(21~24점) △심한 우울(25~60점) 등 네 단계로 나눠서 변화를 측정했는데 분석 결과 자녀의 우울 정도는 프로그램을 받기 전보다 39.2% 통계적으로 유의하게 줄

벼를 활용한 청소년 대상 치유농업 효과

요인	사전검사 평균	사후검사 평균
자아존중감 (5점 기준)	3.70점	4.01점
사회적유능성 (5점 기준)	3.65점	3.87점
스트레스 저항도	40.58bpm	56.58bpm

*스트레스 저항도는 스트레스 정도와 관련된 것으로, 외부 환경에 대한 신체의 적응력 지표. 값이 높을수록 외부 대응 능력이 좋음.
*자료: 농촌진흥청

어든 것으로 나타났다.

중한 우울 단계에서 정상 단계로 우울감이 2단계나 개선된 것이다. 식물에 대한 애착이 늘고 신체 활동은 늘며 신체 저하 요인은 48.6% 감소했고, 프로그램 참여 전에 자녀가 느꼈던 부모의 무관심에 대한 정도는 부모와 함께하는 활동을 통해 15.0% 개선됐다.

목공 활동과 연계해 텃밭에서 진행한 치유농업 프로그램은 특히 신체 활동에 긍정적인 영향을 줬다. 이 프로그램은 회당 2시간씩 주 1회로 모두 12회로 구성돼 대안학교 학생이 목재로 텃밭 공간에 이름표를 만들고, 식물을 직접 재배하는 활동에 참여하도록 설계됐다.

프로그램에 참여한 청소년들의 골격근량과 기초대사량이 각각 18.4%, 2.4% 상승해 통계적으로 유의하게 늘었다. 특정 환경을 회복할 수 있는지에 대한 회복 환경지각 점수는 16.4% 증가했다.

또 학교생활을 하며 적응하는 데 필요한 의사소통이나 자기통제 점수는 처음 참여할 때는 8.2점에 그쳤지만, 마지막으로 프로그램을 이수할 때는 18.4점으로 2배 넘게 향상된 것으로 나타났다.

요즘 아이들을 괴롭히는 각종 소아천식, 아토피피부염과 같은 환경 질환에는 숲 치료가 큰 효험을 발휘한다. 산림청이 천식, 아토피를 앓고 있는 환아들에게 치유의숲에서 치유 프로그램을 적용한 결과 폐 기능은 5.1% 개선됐고, 아토피 평가 지수(낮을수록 아토피 정도가 낮다는 뜻)는

고위험군 대학생 대상 치유농업 효과

구분	사전측정지수 (평균±표준편차)	사후측정지수 (평균±표준편차)	증감(%)
스트레스	3.05±0.99	1.56±0.40	48.9▼
우울	23.36±9.72	10.09±5.59	56.8▼
불안	50.00±10.68	31.82±8.54	36.4▼
자기효능감	74.82±12.46	83.45±13.06	11.5△

*자료: 농촌진흥청

15.9점에서 10.5점으로 5.4점 줄어든 것으로 나타났다.

치유농업의 효과는 어린 학생들의 전유물이 아니다. 대학생들에 대한 치유 효과도 컸다. 학교생활에 적응하거나 취업을 준비하는 과정에서 심한 스트레스를 받는 대학생들에게도 치유농업이 큰 역할을 하는 것으로 조사됐다.

스트레스 고위험군 대학생들에게 텃밭 정원을 위주로 짠 치유농업 프로그램을 적용한 결과 스트레스, 우울, 불안은 줄어든 반면 자기가 어떤 일을 성공적으로 할 수 있는 능력이 있다고 믿는 자기효능감은 높아지는 효과가 있는 것으로 나타났다.

대학생들에게 적용한 치유농업 프로그램은 신체 감각의 변화에 집중해 자기의 현재 상태를 인식하면서 스트레스를 주도적으로 조절하게 하는 명상 기법인 '마음 챙김(Mindfulness)' 방법이다.

대학생들이 스스로 작물을 가꾸는 과정에서 자기 마음 상태를 돌아보고 스트레스 조절 능력을 높이도록 구성한 프로그램이다. 주 2회, 3

시간씩 총 12회 프로그램을 진행한 결과 스트레스 고위험군 대학생의 스트레스 점수는 적용 전에 비해 48.9% 줄었고, 우울과 불안도 각각 56.8%, 36.4% 감소한 것으로 나타났다. 반면 자기효능감은 프로그램에 참여한 이후 11.5% 향상됐다.

흙을 만지고 식물과 접촉하는 경험이 '지금 내가 하는 행동이 중요하다'고 의식하게 만들며 자기 심리 상태에 오롯이 집중하도록 만든 것이다.

세부적으로 학생들은 프로그램 도입 단계에서는 회기별 일과를 소개하고, 30분간 스트레스에 대해 이해하는 시간을 가졌다. 이후 120분간은 텃밭 정원과 온실 식물을 가꾸면서 농작물을 통한 요리 활동에 나섰다. 또 나머지 30분간은 간단히 다과를 함께하며 참여자들끼리 프로그램에 대한 경험을 공유하는 자리를 갖는 방식으로 진행됐다.

치유농업이 근활력을 늘리고, 스트레스를 줄이는 효과가 있다는 사실은 과학적인 실험을 통해 속속 검증되고 있다. 치유농업의 치유 효과에 대한 과학적인 분석은 생활 습관 변화를 측정하고 사회, 경제적 가치를 평가하는 방식으로까지 점점 더 고도화하고 있다.

발달장애인, 노인 우울증 치유 효과도 '쑥'

치유농업 프로그램의 효과는 청소년, 학생들에게만 국한되지 않는다. 발달장애인들의 신체 기능을 높이고, 일상생활에서 활동하는 적응력을 높이는 데도 크게 이바지한다.

발달장애는 선천적이거나 발육 중에 생긴 대뇌 손상으로 지능이나 언어, 감각이나 운동 능력이 저하된 장애다. 발달장애인이 스스로 능력에 대해 자신감을 느끼고 부족한 영역을 발달시키면서 직업 훈련까지도 연계할 가능성이 큰 것으로 평가됐다.

농촌진흥청 연구진은 발달장애인의 신체 기능 향상을 촉진하고, 사회복지 전문가와 평가를 곁들인 치유농업 프로그램을 개발했다. 씨앗 뿌리기, 모종 기르기와 심기, 꺾꽂이, 수확에 이르는 농작물 기르기 과정을 12회로 구성한 것이다.

이 프로그램은 2022년 4~7월 전북 완주에 있는 발달장애인 주간보호센터와 연계된 치유 농장에서 20~60대 발달장애인을 대상으로 진행했다.

프로그램 운용 결과 시각과 손의 신경, 근육, 운동의 상호조정 반응(협응력)인 신체 조절 능력이 대폭 개선됐다. 발달장애인의 협응력은 프로그램 참여 전 5.61점이었지만 참여 후에는 3.99점으로 29% 개선됐다.

일부 참여자들 사이에서는 연속 운동을 빠르게 할 수 없는 증상(길항운동반복불능증)이나 운동 신경장애가 개선되는 효과도 포착됐다.

종전까지 장애인들을 대상으로 이뤄졌던 치유 연구는 심리 상태를 개선하고 정서를 안정시키는 프로그램들이 주류를 이뤘다. 하지만 이번 프로그램은 손 기능을 비롯한 신체 능력 개선에도 치유농업이 도움이 된다는 점을 실증 분석했다는 점에서 의미가 있다. 장애인들의 신체 능력이 높아지며, 취업 활동으로 원활히 연결될 가능성을 개척한 것으로 평가되기 때문이다.

마찬가지로 치유농업은 인지능력이 저하된 노인의 일상 회복을 위한 활동에서도 큰 가능성을 보였다. 보건복지부와 농촌진흥청이 2021년 치매 이전 단계인 경도 인지장애(인지 기능은 저하됐지만 일상생활을 하는 데 큰 문제는 없는 상태) 노인들을 대상으로 치유 프로그램을 개발해 현장에 적용했다.

보건복지부(2020년)에 따르면 국내 65세 이상 노인 5명 중 1명인 167만명이 경도 인지장애 환자인 것으로 추정됐다. 문제는 전국 곳곳

경도 인지장애 고령층 대상 치유농업 효과 분석

항목	사전	사후	z-value	p-vlaue
	M±SD	M±SD		
기억력	3.56±1.01	4.22±1.09	-2.449	0.014
장소지남력	3.11±1.27	4.22±0.67	-2.271	0.023
시간지남력	3.11±1.45	3.56±1.59	-0.604	0.546NS
주의집중력	1.78±1.20	2.00±1.50	-0.557	0.577NS
언어능력	2.67±0.50	2.89±0.33	-1.000	0.317NS
실행능력	1.67±0.87	2.33±0.71	0.000	1.000NS
시공간구성능력	0.33±0.50	0.11±0.33	-1.417	0.157NS
판단 및 추상적 사고력	1.56±0.53	1.89±0.33	-1.732	0.083NS
MMSE-DS 총점	17.78±3.56	21.22±3.23	-2.536	0.011

*자료: 농촌진흥청

에 있는 치매안심센터에서 경도 인지장애 노인을 대상으로 다양한 프로그램을 운영하고 있지만 대부분 활동이 실내에서 이뤄지며 인지능력을 높이기 위한 실외 활동이 제한적이라는 점이다.

이에 정부는 전라북도 광역치매센터와 함께 전라북도 정읍과 진안 지역 치매안심센터 노인을 대상으로 주 1회씩 회당 2시간 동안 모두 10회에 걸쳐 개발된 치유농업 프로그램을 실시했다. 그 결과 치매안심센터에서 사용하는 인지기능검사(MMSE-DS)를 받은 대상 노인들의 인지기능이 프로그램에 참여하기 전에 비해 19.4% 개선된 것으로 나타났다. 특히 기억력과 장소를 올바로 인식하는 능력(지남력)은 각각 18.5%, 35.7% 향상됐다. 또 노인들이 주관적으로 느끼는 기억장애 문제는 40.3% 줄었고, 우울감은 68.3% 줄어 정상 범위로 회복된 것으로 조

사됐다. 이 같은 효과가 속속 검증되며 현재 치유 농장과 치유의숲 현장 중에는 발달장애인과 치매 노인을 위한 전담 프로그램을 도입해 운용하는 곳도 늘고 있다.

일례로 산림청은 치매 예방과 항노화와 같은 건강관리 프로그램을 개발하고, 고령화 위기에 대응하기 위해 2022년 중앙치매센터와 협력해 치매센터 이용자들을 대상으로 산림치유 프로그램을 개발하고 있다. 치매안심센터의 치매 예방 사업과 연계한 프로그램을 통해 산림치유 접점을 늘려 나가려고 하고 있다.

정신 노동자·직업인 치유 효과 쏠쏠

스트레스를 많이 받거나 위험한 환경에서 일하는 정신, 육체노동자는 고단하다. 치유농업은 이들이 계속해서 일할 수 있도록 돕는 역할도 한다.

충남 예산군에 있는 오색꽃차 치유농원이 대표적이다. 이곳은 지역 재가노인복지센터와 협약을 맺고 메리골드와 같은 식용꽃으로 꽃차를 만드는 프로그램 등을 운용하는 등 정신적인 스트레스가 많은 업종에 치유 프로그램을 제공하고 있다.

노인 생활지원사로 활동 중인 이희진 씨는 "어르신들을 돌보면서 평소 스트레스를 많이 받는데 이곳에 와서 스카프에 꽃물을 들여보고 직접 만든 꽃차도 마시니 그동안 쌓였던 피로가 싹 가신다"는 반응을 보였다.

이 같은 효과는 국립식량과학원에서 개발한 식량작물 이용 치유농업 프로그램 효과를 검증하기 위해 2022년 충남 홍성군 치유농장에서 사회복지사들을 대상으로 진행한 치유농업 프로그램에서도 잘 드러난다.

사회복지사들이 홍성군 치유농장에서 1박2일 일정으로 콩 수확, 두부 순물 족욕, 콩 치유 인형 만들기, 두부 요리 시식을 체험해 보니 평균 스트레스지수(최저 50점~최고 150점)가 참가 전 98.1점에서 78.8점으로 19.3점 줄어든 것으로 분석됐다. 평균 피로도는 90.6점에서

78.9점으로 11.7점 감소했다.

전북 남원시 솔바람마을 농장에서 진행된, 영양교사들이 참여한 벼 활용 치유농업 프로그램 결과도 비슷하다. 논흙 밟기, 짚 공예와 쌀을 이용한 치유 음식 만들기 과정을 체험한 참가자들의 평균 스트레스지수는 102.7점에서 92.6점으로 10.1점 줄었고, 평균 피로도 97.8점에서 86.1점으로 11.7점 감소했다.

각종 위험에 노출된 소방관을 대상으로 치유농업 활동에 나선 결과도 마찬가지다. 농촌진흥청이 소방청과 협약을 맺고 2021년 9차례에 걸쳐 대전시 유성소방서 소방공무원을 대상으로 치유농업 프로그램을 실시한 결과 스트레스 호르몬이 줄어드는 긍정적 효과가 나타났다.

대표적인 고위험 직무군인 소방관은 직업 특성상 일반인보다 높은 외상 후 스트레스나 각종 불안 장애를 겪는 비중이 높다. 2020년 진행된 소방공무원 마음 건강 설문조사에 따르면 응답자의 5.1%는 외상 후 스트레스장애 증상, 23.3%는 수면장애 증상을 호소한 것으로 나타났다.

소방관들은 식물을 보고 만지고 느낄 수 있도록 채소와 허브 재배 텃밭을 조성하며, 향기 주머니를 만들거나 꽃 편지를 쓰는 프로그램에 참여했다.

이 프로그램에 참여한 소방관들의 뇌파를 분석한 결과 안정과 이완 관련 지표는 51% 높아진 데 비해 긴장과 스트레스 지표는 10% 줄었다. 또 체내 스트레스 호르몬은 참여 이전에 비해 23% 감소했다. 신체적 활동과 접목한 프로그램을 적용하니 시너지 효과는 더 크게 난 것으로 분석됐다.

최근에는 숲이 갖고 있는 다양한 자연환경 요소를 활용해 인체 면역력을 높이고 신체와 정신 건강을 회복하는 산림치유 효과가 주목받고 있다. 산림청이 산림 환경 요소가 인체에 미치는 영향을 분석한 결과 산림 경관을 바라볼 때 마음이 안정되면서 나타나는 뇌파(α파)가 많이 늘어나는 것으로 측정됐다.

도시에 있을 때 평균 22.4%였던 α파는 숲과 물을 볼 때 24.3%로 증가한 것으로 조사됐다. 사람 후각을 자극해 안정감을 주는 나무의 피톤치드(휘발성 유기 화합 물질) 농도가 증가하면서 α파는 9.8%에서 15.1%까지 증가한 것으로 나타났고, 숲길 2㎞를 30분간 걸었을 때 긴장, 우울, 분노, 피로, 혼란 등의 부정적 감정이 줄어든 반면 인지능력은 많이 개선되는 것으로 분석됐다.

II장

도시인의 힐링 놀이터, 어디 있나

방방곡곡, 알짜 치유농장 어디 있나

치유농업이 고부가가치 농촌산업으로 커지는 성장 궤적을 밟으며 코로나19 팬데믹 이후 전국에 치유농업 관련 시설이 크게 늘고 있다.

농촌진흥청에 따르면 국내 치유농업 시설은 2020년까지 234곳으로 정체 상태를 보였지만 팬데믹이 본격적으로 확산한 2021년 254곳으로 늘더니, 2022년에는 353곳으로 느는 추세다.

전국 치유농장 현황	단위: 곳
지역	농장
수도권	55
충청권	85
강원권	46
전라권	81
경상권	58
제주	10

*자료: 농촌진흥청

전국 치유농업 시설 추이	단위: 곳
2019년	234
2020년	234
2021년	254
2022년	353

이번 장에서는 농촌진흥청 치유농장 경진대회에서 수상했거나 문화체육관광부 웰니스 관광지로 선정된 곳, 농촌진흥청과 개별 지방자치단체, 산림청의 추천을 받은 치유농업 시설을 엄선해 소개한다.

원예, 과수 활동을 하고 꽃차, 허브차를 직접 만들며 스트레스 완화 효과를 주는 치유 과정은 물론 산양, 토끼, 말과 교감하는 동물 프로그램부터 숲속에서 산책하고, 해먹 명상을 하는 치유 활동이 있는 다양한 치유농업 시설이 운영되고 있다.

산림 자원을 활용한 치유의숲도 늘고 있다. 산림청에 따르면 전국에 총 48곳 치유의숲이 조성돼 운영되고 있다.

전국 치유농업 시설 가운데 양질의 프로그램으로 치유 효과를 높이는 숨은 치유 농장도 많다.

한눈에 보는 추천 치유농업 시설

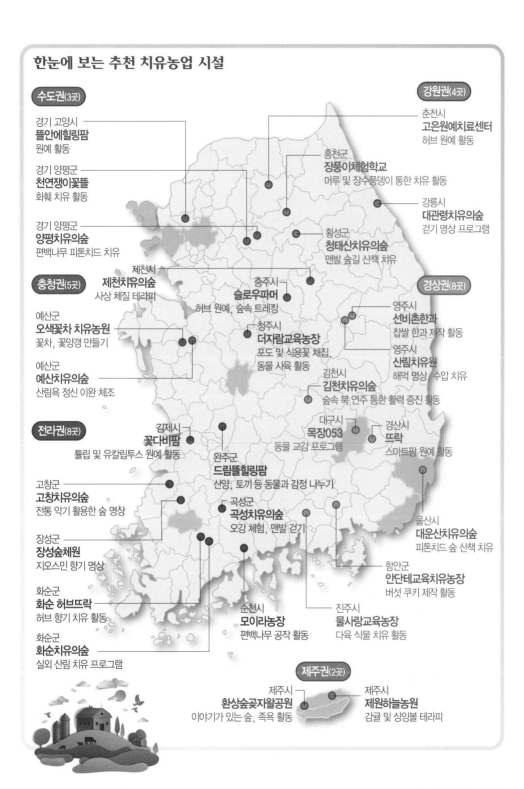

수도권(3곳)

경기 고양시
뜰안에힐링팜
원예 활동

경기 양평군
천연쟁이꽃뜰
화훼 치유 활동

경기 양평군
양평치유의숲
편백나무 피톤치드 치유

충청권(5곳)

제천시
제천치유의숲
사상 체질 테라피

예산군
오색꽃차 치유농원
꽃차, 꽃양갱 만들기

예산군
예산치유의숲
산림욕 정신 이완 체조

전라권(8곳)

김제시
꽃다비팜
튤립 및 유칼립투스 원예 활동

고창군
고창치유의숲
전통 악기 활용한 숲 명상

장성군
장성숲체원
지오스민 향기 명상

화순군
화순 허브뜨락
허브 향기 치유 활동

화순군
화순치유의숲
실외 산림 치유 프로그램

충주시
슬로우파머
허브 원예, 숲속 트레킹

청주시
더자람교육농장
포도 및 식용꽃 채집,
동물 사육 활동

김천시
김천치유의숲
숲속 북 연주 통한 활력 증진 활동

완주군
드림뜰힐링팜
산양, 토끼 등 동물과 감정 나누기

곡성군
곡성치유의숲
오감 체험, 맨발 걷기

순천시
모이라농장
편백나무 공작 활동

진주시
물사랑교육농장
다육 식물 치유 활동

강원권(4곳)

춘천시
고은원예치료센터
허브 원예 활동

홍천군
장풍이체험학교
머루 및 장수풍뎅이 통한 치유 활동

강릉시
대관령치유의숲
걷기 명상 프로그램

횡성군
청태산치유의숲
맨발 숲길 산책 치유

경상권(8곳)

영주시
선비촌한과
찹쌀 한과 제작 활동

영주시
산림치유원
해먹 명상, 수압 치유

대구시
목장053
동물 교감 프로그램

경산시
뜨락
스마트팜 원예 활동

울산시
대운산치유의숲
피톤치드 숲 산책 치유

함안군
안단테교육치유농장
버섯 쿠키 제작 활동

제주권(2곳)

제주시
환상숲곶자왈공원
이야기가 있는 숲, 족욕 활동

제주시
제원하늘농원
감귤 및 싱잉볼 테라피

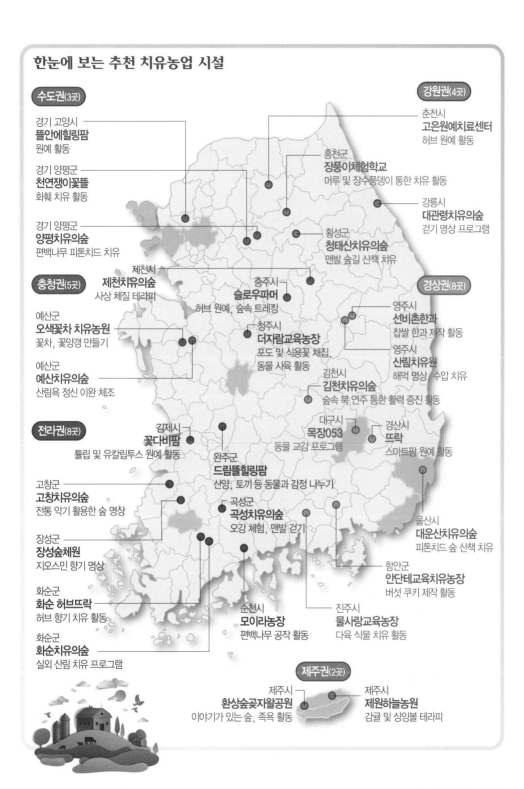

뜰안에힐링팜…
원예학원에서 꽃핀 고양 1호 치유농장

경기 고양시에 있는 뜰안에힐링팜은 큼지막한 온실 형태로, 고양시 1호 치유농장이다. 미닫이문을 열고 농장에 들어가는 순간 온실처럼 따뜻한 공기와 식물이 내뿜는 상큼한 향이 몸을 둘러싼다. 추운 겨울에도 낮에는 실내 온도가 25도 수준으로 높게 유지된다. 해가 지면 농장은 온열 기구를 환하게 켜 기온이 급격히 떨어지지 않도록 한다. 660평에 달하는 농장 내부에는 700종이 넘는 나무와 꽃이 심겨 있다. 농장 한가운데는 숲속 시내

뜰안에힐링팜은…

주소	고양시 일산동구 식사로 116
대표자	한소진
연락처	031-969-4445
교통편	서울 지하철 3호선 원당역에서 999번 버스 승차, '위시티 5단지' 하차 후 도보 15분
주요 프로그램	발달장애인·치매 어르신 치유, 원예 인문학 강의
가격	치유 프로그램 10명 이상 시 인당 2만5000원, 원예 인문학 강의 회당 20만원(재료비 별도)

를 떠올리게 하는 배수로가 있다. 물이 졸졸 흐르는 배수로로 분리된 땅은 다리로 연결돼 있다. 농장에 있는 식물과 배수로는 농장 주인인 이완호·한소진 뜰안에힐링팜 공동대표가 매일 세심하게 관리한다. 고양 시민들은 이곳을 '고양 수목원'이라고 부른다. 이 대표와 한 대표는 부부다. 두 사람은 20대에 원예학원에서 만나 사랑을 키웠다. 이 대표는 실습하러 온 학생이었고, 한 대표는 강사를 돕는 보조자였다. 둘을 이어준 것은 꽃에 관한 이야기였다. 부인 한 대표는 수강생들에게 꽃의 특성과 역사에 대해 이야기하기를 좋아했다. 고등학교 시절부터 꽃에 대한 관심이 커 대학도 원예학과로 진학한 그다. 농업체 경영인이 되고 싶어 했던 남편 이 대표는 한 대표의 꽃 이야기를 들으면서 꽃에 흥미를 느끼게 됐다. 꽃에 대한 지식을 바탕으로 재미있는 이야기를 풀어 나갈 줄 아는 한 대표에게도 자연스럽게 호감을 느꼈다. 두 사람은 연애 끝에 결혼하고 2001

년 뜰안에힐링팜을 세웠다. 이 대표의 경영 지식과 한 대표의 원예 지식을 동시에 활용할 수 있는 공간이었다. 추후 한 대표도 경영 지식을 쌓기 위해 야간 대학원을 다니며 경영학 석사 학위를 취득했다. 두 대표의 자녀도 한국농수산대학교에 진학해 원예 농업인의 꿈을 키우고 있다.

17년째 이어온 발달장애인 치유의 역사

한 대표는 뜰안에힐링팜에서 자신의 이야기 능력을 충분히 발휘할 수 있는 분야를 찾아냈다. 바로 치유였다. 저마다의 문제와 고민을 안고 농장을 방문하는 사람들에게 꽃과 나무에 관해 이야기를 해주면서 '힐링' 경험을 주기로 한 것이다. 뜰안에힐링팜은 식물이 내뿜는 향기와 피톤치드를 듬뿍 마시며 심신을 위로받을 수 있는 곳이니 치유농장으로 손색이 없었다. 치유농업은 한 대표가 딴 원예치료사 자격이 제대로 빛을 발할 기회이기도 했다. 뜰안에힐링팜의 주요 분야는 발달장애인 치유다. 매주 월요일부터 목요일까지 발달장애인의 신체 활동과 인지 활동을 중심으로 한 프로그램을 연다. 농장과 연계된 장애인 주간보호센터에서 17명 안팎의 발달장애인이 찾아와 프로그램에 참여한다. 뜰안에힐링팜의 발달장애인 치유 프로그램은 2007년부터 15년 넘게 진행되고 있다. 치유농업이라는 개념이 떠오르기 전 이미 시작에 나선 것이다. 이 같은 역사를 인정받아 뜰안에힐링팜은 2021년 보건복지부와 농촌진흥청의 시범 치유농장으로 선정됐다.

발달장애인들은 농장 곳곳을 돌아다니며 나무와 꽃을 구경하고 흙을 밟고 만진다. 한 대표의 설명을 들으며 각 식물의 모양과 자라는 형태를 관찰하고 모양과 형태의 이유를 공부한다. 꽃을 심고 분갈이를 하며 생명의 소중함을 깨닫고, 이 과정에서 책임감과 자존감을 키운다. 자신이 잘할 수 있는 일이 생겼다는 자신감을 통해 자신을 사랑하는 법을 배우는 것이다. 한 대표는 "프로그램에 참여하는 발달장애인의 부모님들이 '아이가 달라졌다'는 말씀을 많이들 하신다"며 "발달장애인들이 달라지면 그들의 가족도, 나아가 사회도 긍정적으로 변화한다고 믿고 있다"고 말했다. 뜰안에힐링팜은 발달장애인이 농업 생산에 직접 관여할 수 있도록 하는 방안도 구상 중이다. 장애인이 수동적인 위치에서 프로그램 대상이 되는 데 그치지 않고 능동적인 생산의 주체가 될 수 있게 하면 장애인에게도, 농장에도 도움이 될 수 있다는 판단에서다.

뜰안에힐링팜은 장애인이 만든 화분과 캔커피

를 1만원에 판매하는 '만원의 행복' 상품을 만들 계획이다. 이 상품은 발달장애인의 일자리 창출 효과를 불러오고, 상품을 사는 농장 방문객에게는 '착한 소비' 경험을 제공할 수 있다는 것이 한 대표의 설명이다. 지금도 뜰안에힐링팜에서는 다양한 식물 화분을 팔고 있다. '크리스마스 로즈'라 불리는 헬레브로스 화분과 식재료로 쓸 수 있는 파슬리 화분, 보랏빛 꽃을 피우는 싹소롬 화분이 효자 제품이다. 이 대표가 농장 한쪽에 마련된 생산 공간에서 온도와 습도를 세심히 점검하며 길러내는 식물들이다. 실제로 뜰안에힐링팜에는 정성스럽게 관리된 화분을 사기 위해 방문하는 이들도 많다. 이 대표와 한 대표는 전문적으로 관리해 만든 화분에 발달장애인의 판매 서비스라는 부가가치를 더해 상품으로 판매함으로써 장애인에게 주체적인 역할을 부여하면 좋겠다고 보고 있다. 장애인이 파는 물건은 무조건 질이 낮다는 편견을 깨겠다는 것이 두 대표의 뜻이다. 한 대표는 "발달장애인 중에는 경제활동을 하기에 충분한 지능과 체력을 가진 사람이 많다"면서 "세상의 빛을 보지 못하고 사라지는 그들의 능력이 아깝다는 생각에 만원의 행복 상품을 기획하게 됐다"고 말했다.

수세미로 치매 어르신 인지능력 키운다

치매 어르신 맞춤형 치유 프로그램도 있다. 식물을 활용해 치매 어르신의 인지능력 활성화에 도움을 주는 프로그램이다. 가령 한 대표가 덩굴식물인 수세미를 보고 치매 어르신에게 "옛날에는 수세미를 무엇을 하는 데 썼느냐"고 물으면 어르신은 과거 기억을 떠올리고 대답하는 과정에서 인지능력을 회복할 수 있다.

식물을 활용해 치매 어르신의 감각 자극과 촉각 자극을 향상시키고 소근육의 힘을 길러주는 방법도 자주 쓰인다. 한 대표가 수세미밭으로 어르신을 데리고 가 "팔 길이 정도의 수세미 5개를 따오세요"라고 한다. 그러면 어르신은 팔 길이가 어느 정도인지 가늠해보고, 따야 하는 수세미의 수를 헤아려 보면서 사고의 과정을 거치게 된다. 어르신은 따온 수세미 열매의 겉껍질을 직접 벗겨내면서 근육의 힘을 기른다. 치매 어르신을 위한 치유 프로그램은 뜰안에힐링팜과 치매안심센터가 함께 진행하고 있다.

이 대표와 한 대표는 치매 어르신과 발달장애인에게는 매주 뜰안에힐링팜에 오는 것만으로도 치유 효과가 있다고 설명한다. 일단 농장에 오면 프로그램 시작 전부터 '친구'를 만나 인사를 하고 이야기를 나누게 되는데, 이 활동이 치유의 첫발이다. 이들은 프로그램을 같이 수행하는 동료들과 수다를 떨고 농장 직원에게 자신의 근황을 알려 주면서 안정감과 사회성을 한꺼번에 높일 수 있다. 두 대표는 뜰안에힐링팜을 운영하는 게 쉬운 일은 아니라고 말한다. 빛과 온도, 습도에 민감한 식물을 각자의 특성에 맞게 관리해 늘 생생하게 살아 있도록 해야 하고, 각종 프로그램과 사업을 신설하고 이어 나가기 위해 여러 기관과 소통해야 하기 때문이다.

하지만 그보다 어려운 것은 프로그램 대상자의

마음을 읽는 일이라고 한다. 특히 뜰안에힐링팜은 발달장애인, 치매 어르신과 같이 남들과 다른 점을 가진 이들을 주요 대상으로 하는 치유농장인 만큼 프로그램 강사는 참가자에 대한 제대로 된 이해가 필요하다. 농장이 하는 대부분 프로그램에서 직접 사람들을 지도하는 한 대표는 "치유 농업 프로그램을 수행하는 데 있어 가장 중요한 것은 대상자에 대한 진심"이라며 "매 순간 프로그램 참가자의 마음을 읽으려 노력하고 참가자의 특성을 깊이 공부해야만 좋은 강사가 될 수 있다"고 강조했다. 크고 작은 어려움에도 두 대표가 뜰안에힐링팜의 공간과 프로그램을 유지하는 이유는 애정이다. 원예농업과 사회적 약자에 대한 애정은 뜰안에힐링팜을 포기하지 않게 하는 가장 큰 요인이다. 뜰안에힐링팜은 두 대표의 노력을 인정받아 2022년 열린 생활원예 중앙경진대회에서 치유농업 부문 우수상을 받았다.

원예 인문학 배우며 '심신 힐링'

일반인도 뜰안에힐링팜 치유 프로그램에 참여할 수 있다. 한 대표가 매주 목요일 오후 7시에 농장 내 교육장에서 진행하는 원예 인문학 강의가 대표적이다. 한 대표는 식물이 사람들에게 전하는 메시지가 있다고 설명한다. 식물의 언어와 식물이 주는 교훈을 우리 실생활에 적용할 수 있다는 것이 한 대표의 말이다. 서로 얽히고설켜 자라는 식물의 행태를 관찰하면 인간 세상에서 발생하는 갈등과 고민을 해결할 실마리를 찾을 수 있다는 것이다. 원예 인문학 강의는 매번

자리를 잡기 어려울 정도로 인기가 많다.

꼭 프로그램이 있을 때만 농장에 들어올 수 있는 것은 아니다. 뜰안에힐링팜은 늘 모든 사람에게 열려 있다. 프로그램이 없는 주말이면 식물을 구경하고 안락한 분위기를 즐기기 위해 농장을 찾는 고양시 주민들이 많다. 이들은 농장 내부 산책로를 거닐면서 꽃향기를 맡으며 대화를 나눈다. 각 식물에는 이름과 QR코드가 인쇄된 푯말이 걸려 있는데, QR코드를 인식하면 해당 식물에 대한 설명이 나오는 영상에 접속된다. 방문객은 이를 통해 식물을 코앞에서 보면서 자세한 설명을 들을 수 있다. 여러 색의 모래를 유리화분 안에 넣고 자갈을 올려 식물을 심는 화분 만들기 체험도 가능하다. 도심에서 근무하는 직장인이 평소에는 쉽게 접하기 어려운 환경이다. 이 대표와 한 대표는 뜰안에힐링팜이 지친 모두에게 쉼 공간이 되길 바라는 마음에서 농장을 개방형으로 운영하고 있다. 농장 안에는 10여 개의 테이블과 의자가 마련돼 있다. 방문객들은 농장을 마음껏 돌아보다가 테이블에 잠시 앉아 편히 쉬면 된다.

뜰안에힐링팜에서는 꽃과 나무를 훼손하는 행위를 제외한 모든 일을 할 수 있다. 뛰거나 웃어도 되고, 감정이 벅차오를 때는 눈물을 흘려도 상관이 없다. 농장 옆에는 닭장도 있다. 이곳에서는 닭들이 한가로이 모여 다니거나 알을 낳는 모습을 직접 볼 수 있다. 뜰안에힐링팜 치유 프로그램에 관심이 있다면 농장에 직접 방문하거나 전화로 문의하면 된다. 참가비는 2만~5만원이다.

천연쟁이꽃뜰…
발달장애인에게 세상을 보여주다

맑은 하늘이 훤히 올려다보이는 투명하고 튼튼한 온실 안에 나무와 꽃들이 가득 자라고 있다. 사방 어디를 둘러봐도 푸른빛인 이곳은 경기도 양평군에 있는 치유농장 천연쟁이꽃뜰이다. 온실 규모만 150평이 넘고, 휴식시설과 교육장을 모두 합하면 농장의 총 면적은 600평에 달한다. 열매 식물과 텃밭 식물 등 200가지가 넘는 식물이 이곳에 알록달록 터를 잡았다. 원래 농장 이름은 꽃뜰네이처팜이었는데, 2024년 명칭을 바꿨다. 천연쟁이꽃뜰에서 운영하는 치유 프로그램의 주요 대상은 발달장애인이다. 복지관에 다니는 장애인 약 20명이 일주일에 한 번씩 이곳을 찾는다.

이들은 소풍을 온 것처럼 온실과 정원을 돌아보며 꽃과 나무를 구경하고 향기를 맡는다. 모종을 심고 정원 관리를 직접 해보기도 한다. 이들은 1년에 48번 농장을 방문하고, 한번 오면 1시간30분 동안 머문다. 발달장애인은 치유 프로그램을 통해 자연을 느끼고 기분을 전환할 수 있다. 정성희 천연쟁이꽃뜰 대표는 "발달장애인은 약물 복용 영향으로 하루 종일 방 안에만 있는 경우가 많다"며 "하지만 농장에 오면 계절감을 온전히 느끼고 햇볕을 쬐는데, 이는 약물에 적응하도록 도움을 준다"고 말했다. 치매안심센터에서 온 어르신들을 위한 프로그램도 진행 중이다. 테이블야자 만들기 체험 활동이 대표적이다. 투명한 유리병에 작은 돌 같은 바닥재를 깔고 테이블야자를 심은 뒤 크리스털 스톤으로 장식하는 과정이다. 각자 만든 테이블야자 화병은 집으로 가져가 장식용으로 쓸 수 있다.

강요하지 않는 철학으로 꽃핀 치유 활동

정 대표의 치유 철학은 강요하지 않는 것이다. 천연쟁이꽃뜰 프로그램에 참여하는 발달장애인이나 고령층 중에는 적극적으로 치유 활동을 수행하지 않는 이들이 종종 보인다. 농장과 연계된 복지기관 선생님 손에 이끌려서 왔지만 '그냥

천연쟁이꽃뜰은…

주소	경기도 양평군 강상면 다래길 27
대표자	정성희
연락처	010-2773-0084
교통편	양평시장입구에서 40-1번 버스 탑승, '세월리다래골' 하차 후 도보 6분
주요 프로그램	농작물 재배 체험, 천연 제품 만들기
가격	1인당 2만원 안팎 (만들기 활동 시 추가 비용 발생)

쉬고 싶다'는 마음이 더 큰 경우다.

활동을 권해도 좀처럼 움직이지 않는 이들을 정 대표는 억지로 끌고 가지 않는다. 정 대표는 "아무런 활동 없이 농장에 앉아 있고만 싶다는 분은 그냥 그렇게 하도록 두는 편이다. 그게 그 사람에게는 '힐링'이기 때문"이라며 "수요자가 만족할 만한 일을 하도록 도와주는 것이 진정한 서비스라고 인식하고 있다"고 설명했다. 정 대표는 발달장애인의 재활에 관심이 많다. 발달장애인은 정 대표가 치유농장을 열게 된 계기이기도 하다. 정 대표는 원래 도시에서 20년간 수학 강사로 일했다. 업무에 치이다 보니 번아웃이 왔고, 제대로 노후를 대비해야겠다는 생각에 30대 후반에 국가 자격인 사회복지사 자격증을 땄다.

40대에 접어든 2011년에는 양평으로 거처를 옮겼다. 시골로 가야겠다는 판단에 무작정 이사를 했고, 2015년 농장을 세웠다.

양평으로 온 정 대표는 양평군 농기술센터에서 원예치료 과정을 수강했다. 이후 원예치료 분야에 대한 흥미가 커져 2014년 대학원에 진학해 원예치료학 석사 학위를 취득했다. 민간 자격인 원예복지사 자격증도 땄다. 정 대표는 "조성한 농장에서 직접 원예 치료 프로그램을 운영하면 좋겠다는 생각이 들었다"면서 "그때부터 농장을 치료 목적에 적합한 방향으로 꾸미기 시작했다"고 설명했다.

2017년에는 장애인복지관과의 협의 끝에 농장에서 발달장애인을 대상으로 재활 수업을 하게 됐다. 이전까지는 정 대표가 복지관을 방문해 원예치료 수업을 진행했다. 일회성 체험이 아닌 다회성 프로그램을 구성해 유치원이나 초등학교와 연계한 프로그램을 해 나가기도 했다. 이때 정 대표는 자신이 발달장애인이나 어린이들과 지내는 것을 불편해하거나 어려워하지 않는다는 사실을 깨달았다. 특수 대상자를 위한 치유농업에 본격적으로 발을 들여야겠다고 다짐한 순간이었다. 정 대표는 2016~2018년에는 인근 중학생을 대상으로 원예 심리치료 강의도 했다. 3개월간 한 주에 한 번씩 진행했다. 정 대표는 수업하며 파악한 학생들의 인지 발달 수준을 교사들에게 전해줬다. 당시 정 대표는 탁 트인 자연에서 수업을 진행하지 못했던 만큼, 방문 원예 치료에 한계가 있다는 느낌을 받았다. 이후 식물이 가득한 자신의 농장에서 수업해 보니 농장에서는 자연을 통한 진정한 치유가 가능하다는 판단이 섰다. 이에 천연쟁이꽃뜰을 2022년 치유농장으로 전환했고, 농장은 치유농업 지원 사업의 지원을 받을 수 있게 됐다. 천연쟁이꽃뜰은 양평군농업기술센터에서 육성하는 1호 치유농장에 선정됐다.

2023년에는 경기도 차원에서 시행한 치유농업 서비스의 시범 운영기관에 이름을 올렸다. 치유농업 서비스의 정확한 개념은 발달·정신장애인들의 정서·신체적 안정을 위한 서비스를 치유농장을 통해 제공하는 것이었다. 시범 운영 지역은 김포시와 이천시, 양주시, 양평군이었는데, 천연쟁이꽃뜰은 양평군 몫으로 포함됐다.

당시 발달·정신장애인들은 일주일에 한 번씩 농장을 방문해 △농장과 자연을 활용한 치유 활동 △농작물 재배 활동 △꽃차, 요리, 천연 염색 등 자연물 창작활동 △치유농장별 특화 서비스를 제공받았다. 본인 부담금은 한 달에 최대 6만원 수준이었다.

정 대표는 "휠체어가 다니는 길을 놓는 등 모든 사람이 안전하게 텃밭 활동을 할 수 있도록 도와주는 농장을 꾸리는 일을 상상만 하다가 실행에 옮길 수 있게 되니 기분이 좋았다"면서 "식물이 가득한 공간에서 많은 사람을 맞이하고 그들과 웃고 떠드는 내 꿈이 이뤄진 곳이 바로 천연쟁이꽃뜰"이라고 말했다. 정 대표는 2022년부터는 농장 인스타그램 계정(@kkotddul_healingfarm)을 통해 치유시설과 프로그램, 유지보수 공사 정보를 대중에게 알리고 있다. 프로그램에 대해 문의할 사항이 있으면 이 계정에 메시지를 보내 확인하면 된다.

직접 만들어 보는 천연 화장품

일반 도시민도 천연쟁이꽃뜰의 치유 프로그램과 시설을 이용할 수 있다. 도시민에게 특히 인기 있는 프로그램은 천연 비누 만들기다. 식물 재료를 활용해 천연 양초나 천연 화장품, 석고 방향제도 만들 수 있다. 정 대표는 천연 비누를 만들어 직접 판매하기도 한다. 천연쟁이꽃뜰 스토어에 접속하면 숯이나 황토, 칼렌둘라를 원재료로 해서 만든 비누를 각각 9900원에 구매할 수 있다. 이 비누들은 모든 피부 유형에 사용할 수 있다. 불필요한 화학첨가제가 들어가지 않았으며, 샴푸로도 사용할 수 있다. 유기농 순면 비누 망, 천연 설거지 비누와 수세미, 샤워용 수건도 인기 상품이다. 다육식물 테라리움을 만드는 프로그램도 진행한다. 테라리움은 유리로 밀봉된 화분인데, 실내 장식 용품으로 인기가 많다. 각종 만들기 프로그램 참가비는 회당 2만5000원 안팎이다. 마니아층을 위한 고급 재료를 활용하면 최대 10만원까지도 들 수 있다. 2022년에는 4주간 '보태니컬 가든 프로그램'을 진행했다. 다육식물과 실내식물, 분화 식물, 갈랜드 등 4개 주제로 나눠 식물에 대한 이해도를 높여주는 활동이 이뤄졌다. 식물 관련 지식과 식물 체험 활동이 모두 진행돼 참가자들의 만족감이 컸다.

도시민도 1년짜리 치유 프로그램에 참여할 수 있다. 작물 수확과 천연 물건 만들기 등 여러 활동을 여러 회기에 걸쳐 해볼 수 있다. 인바디나 혈압, 스트레스지수를 측정하면서 건강 상태를 점검해 보는 것도 가능하다. 농장을 방문할 때마다 각종 지표를 확인하면서 몸의 어떤 부분이 개선되거나 악화하고 있는지 알아볼 수 있다. 프로그램 가격은 한 달에 20만원 수준이다. 공무원이나 교사들을 위한 치유 프로그램도 종종 열린다.

천연쟁이꽃뜰은 2023년 12월에 일주일간 양평군 치유농업 홍보를 위한 전시 행사에 참여했다. 양평군농업기술센터에서 2022년부터 육성한 치유농장 20개소를 소개하고 농장별 치유 프로그램을 홍보하기 위해 마련된 행사였다. 각 농장의 치유 프로그램으로 만들어진 작품 100여 점과 사진 30여 개가 관람객을 맞았다.

천연쟁이꽃뜰 치유 프로그램의 결과로 탄생한 작품들도 이곳에 전시돼 많은 관심을 받았다. 작은 화분, 허브를 말려 묶어 놓은 스머지 스틱, 꽃을 붙여 만든 부채, 수생식물 등이 특히 눈길을 끌었다. 양평군은 2006년 전국 최초 친환경 농업 특구로 선정된 지역이다. 수도권 배후 지역이자 팔당 상수원 보호구역으로, 각종 규제로 인해 개발이 제한돼 있다. 양평군에서 치유농업이 발달할 수 있었던 것은 청정한 자연환경과 서울과의 양호한 접근성 덕분인 것으로 전해진다. 양평군에는 2022년 구성된 치유농업 연구회가 있다. 같은 해 2월부터 4월까지는 치유농장 품질인증 운영자 교육과정이 양평에서 운영됐다. 이듬해인 2023년 3월에는 양평군 치유농업 육성 5개년 기본계획이 수립됐다. 치유농업을 키워내려는 양평군과 농업 관계자들의 노력으로 천연쟁이꽃뜰이 설립된 이후 양평에는 여러 개의 치유농장이 새롭게 문을 열었다.

양평치유의숲…
선비의 숲에서 느끼는 옛 정취

빽빽하게 선 나무 사이로 갓을 쓴 사람들이 걸어가는 듯하다. 숲속으로 불어오는 산들바람을 맞으며 옛 풍류를 느낄 수 있는 이곳은 경기도 양평에 있는 국립양평치유의숲이다. 한상미 국립양평치유의숲 센터장은 "양평치유의숲이 위치한 양평 양동면은 선비문화가 발달했던 지역"이라며 "선비문화를 체험할 수 있는 프로그램이 인기가 많다"고 말했다.

한 센터장이 설명하는 것은 '풍림(風林)' 프로그램이다. 풍림은 좋은 경치를 이루고 있는 숲을 뜻한다. 경관이 멋진 숲에서 수양하고 마음을 치유했던 옛 선비들처럼 숲을 걸어보는 이색적인 프로그램이다. 참가자들은 실제로 갓을 쓰고 숲길을 걷고 자연을 예찬한다. 자유롭게 사진을 찍기도 하고, 진짜 선비가 된 듯 시를 읊어보기도 한다. 금광굴을 활용한 치유도 양평치유의숲에서만 할 수 있는 체험이다. 양평치유의숲에는 11개의 '황거마을 금광굴'이 있다. 조선시대 말기부터 금을 캐던 곳으로, 일제강점기를 거쳐 1980년대 후반까지 금 채굴이 이뤄진 곳이다. 황거(黃巨)라는 마을 이름은 황금이 많이 난다는 의미에서 붙었다. 양평치유의숲을 찾는 사람들은 금광굴이 가진 치유 인자를 통해 심신을 안정시킬 수 있다. 굴에서 나오는 신비한 소리와 시원한 바람, 신선한 향기, 고요한 어둠을 그대로 느낄 수 있는 것이다.

금광굴 체험은 호흡기 건강을 증진하는 데 특히 효과가 좋다. 코로나19 팬데믹이 퍼질 당시 기관지와 호흡기 건강에 대한 관심이 커졌고, 이때부터 금광굴 체험에 대한 인기가 확연히 높아졌다는 게 한 센터장의 설명이다. 도심은 미세먼지가 심한 날이 많은 만큼 도시민에게 금광굴 체험은 인기가 많다. 한 센터장은 금광굴 체험에 대해 "어둠은 평소에는 일상을 방해하는 요소일 수 있지만 자연에서는 다양한 생물이 살아갈 수 있도록 도와주는 장소"라며 "금광굴의 에너지를 활용해 치유할 수 있는 형태로 프로그램을 진행하고 있다"고 말했다. 양평치유의숲 광장에는

국립양평치유의숲은…

주소	경기도 양평군 양동면 황거길 262-10
연락처	031-8079-7942
교통편	경의중앙선 용문역 하차, '용문터미널'에서 2-1번 버스 승차, '금왕2리' 하차 후 택시 탑승
주요 프로그램	풍림 프로그램(선비 체험), 편백 향기 테라피, 칡잎 치유 명상(칡잎 코팅)
가격	1인당 1만원 안팎 (만들기 활동 시 추가 비용 발생)

제1호 갱도가 있다. 현재 안전사고 예방을 위해 입구는 막혀 있다. 제3호 갱도 입구에 가면 옛 광부들이 오가던 흔적을 볼 수 있다. 굴에서 나오는 바람을 맞을 수 있는 풍욕장도 있다. 산 중턱에 있는 다른 갱도에는 천연기념물로 지정된 붉은박쥐도 소수 서식 중이다.

편백 향기가 선사하는 힐링

편백나무 향기를 온전히 느낄 수 있는 편백 향기 테라피 프로그램도 인기가 좋다. 편백나무는 천연 항균물질인 피톤치드를 다량 포함하고 있다. 항균과 살균 작용이 뛰어난 만큼 웰빙 용품 소재로 많이 사용된다. 일본에서는 최고급 내장재로 쓰이며 '히노키'라고도 불린다. 내수성이 강해 물에 닿으면 고유의 향이 진하게 퍼져 잡냄새를 없애주는 효능도 있다. 양평치유의숲에서 진행하는 편백 향기 테라피는 편백나무를 주사위 형태로 깎아 만든 편백 볼을 가득 넣은 공간에 들어가 쉬는 힐링 프로그램이다. 편백 볼은 각졌지만 뾰족하지 않고 둥글게 다듬어져 있어 어린아이들이 마음껏 가지고 놀아도 위험하지 않다. 무게도 가벼워 여러 개를 손안에 품고 만지면서 손바닥을 지압할 수도 있다. 편백 볼풀에 들어갔다가 나오면 온몸에 퍼지는 편백나무 향은 덤이다. 신선한 향기가 편백나무의 큰 장점인 만큼 편백 볼을 이용한 아로마 테라피도 가능하다. 편백 볼 여러 개를 주머니에 담고 입구를 묶고, 이를 화장실이나 차량 내부에 놓으면 방향제 역할을 톡톡히 한다. 편백 볼 풀 체험은 아이들에게, 편백 볼 방향제 제작은 성인들에게 인기가 많다. 이처럼 양평치유의숲에서는 아이부터 어른까지 모든 사람이 편백나무를 활용한 치유를 경험할 수 있다. 편백나무로 만든 온열 치료실도 이용할 수 있다. 사우나처럼 온도가 높은 나무 방 안에서 편백나무 향을 맡으며 담소를 나누고 마사지를 할 수 있는 공간이다. 만들기 프로그램도 있다. 칡잎 치유 명상은 어린아이에게 특히 인기다. 면적이 넓고 테두리가 부드러운 곡선 형태인 칡잎에 원하는 색을 칠하고 코팅하는 프로그램이다. 코팅한 칡잎은 컵 받침이나 책갈피로 쓸 수 있다. 숲을 거닐면서 본 꽃이나 나무의 모습을 머그잔에 그려서 집에 가져가는 활동에 대한 관심도 높다.

기본적인 숲 걷기 프로그램인 슬로우드 테라피, 숲에서 갖가지 활동을 하는 수호림 테라피를 체

험하고자 하는 이들도 많다. 슬로우드 테라피는 숲을 걸으며 깊게 숨을 들이마시고 내쉬는 것이다. 수호림 테라피는 가족이나 친구와 함께 숲을 거닐고 각종 치유 체험 기구를 활용하면서 숲을 온전히 느끼는 프로그램이다.

숲을 산책하다 중간에 자유롭게 휴식을 취할 수 있으며, 인솔자가 건강에 좋은 호흡법을 알려준다. 숲길의 끝에는 평상이 있는데, 산책이 끝나면 평상에 앉거나 누워서 쉬거나 명상하면 된다. 슬로우드 테라피와 수호림 테라피는 일반인을 대상으로 한 치유 프로그램으로, 일상의 스트레스를 풀어주는 효과가 있다.

양평치유의숲을 대표하는 숲길은 목재 데크로드 '사부작길'이다. 총 길이는 755m이며, 선비 사(士)와 광부의 부(夫)에서 글자를 따와 이름을 지은 길이다. 선비 문화의 유서가 깊고 금광굴에서 금을 캐던 광부의 땀이 녹아 있는 길이라는 의미다. 사부작길의 다른 이름은 무장애나눔길이다. 이 길은 8도 미만의 완만한 경사를 이루고 있어 휠체어와 유모차가 다니기에 전혀 문제가 없다. 폭도 1.5m 이상으로 넓은 편이다. 무장애나눔길 조성 사업은 복지진흥원이 복권 기금의 지원을 받아 숲체원, 치유의숲 등 국립산림복지시설을 비롯한 전국의 숲에서 추진했다.

단체가 방문할 때는 산새 소리 내기 체험을 진행할 수 있다. '버드콜'을 활용해 새가 지저귀는 소리를 내고, 이를 통해 새들을 불러 모으는 프로그램이다. 버드콜은 와인 코르크와 비슷하게 생겼는데, 살짝 비틀면 새소리를 낸다. 버드콜 소리가 나면 직박구리와 박새, 딱새, 곤줄박이, 쇠딱따구리 등 양평치유의숲에 서식하는 새들이 모여든다. 이때 다양한 새를 관찰하고 여러 새가 지저귀는 소리를 들으며 즐거움을 느낄 수 있다. 한 센터장은 "새소리와 바람 소리, 나뭇잎이 흔들리는 소리와 같은 백색소음은 뇌파를 안정시킨다"면서 "숲을 떠나 일상으로 돌아가도 버드콜로 새소리를 내면서 마음의 안정을 찾을 수 있다"고 설명했다.

2021년에는 폐현수막을 ESG(환경·사회·지배구조) 비대면 산림치유키트로 재탄생시켰다. 정부 국정과제인 중소 벤처가 주도하는 창업과 혁신성장의 하나로 추진된 사업이었다.

비대면 산림치유키트는 양평치유의숲에서 사용한 후 모은 폐현수막을 활용해 나무와 한국산림복지진흥원 캐릭터 '포이'가 그려진 도안 위에 폐현수막 조각을 붙이는 모자이크 형식으로 구성했다. 이 사업은 업사이클 교구 제작 청년 창업기업 '위로'와 협력해 중소기업 판로 지원과 기후변화 대응 산림환경 보호 실천을 위해 마련됐다. 양평치유의숲이 ESG 가치를 실현한 사례는 또 있다. 2021년 출시한 '선비 도시락'이 대표적이다. 선비 도시락은 양평 지역의 문화적 가치인 선비의 풍류, 지역 특산품과 도시락 생산업체를 활용해 산림복지 생태계를 구축하기 위해 출시됐다. 도시락은 양평 특산품인 부추와 주요 농가 상품인 돼지고기를 주재료로 부추 주먹밥, 부추 돼지고기 말이, 돼지불고기 샌드위치, 부추 에그 샌드위치 등으로 꾸려졌다. 도시락 용기에는 생분해 펄프가 사용됐다.

어르신 건강, 감정노동자 치유 책임지는 숲길

양평치유의숲을 가장 많이 찾는 이들은 40·50대다. 고령화가 빨라지면서 최근에는 60대 이상의 방문도 늘었다. 웰빙이 주목받고 치유 프로그램에 대한 관심이 커지면서 도시민도 많아졌다. 고령층은 보건소나 지방자치단체 등과 연계해 프로그램을 진행하는 경우가 대부분이다. 55세 이상 어르신을 대상으로 생활 밀착형 산림치유 프로그램 8회기를 무상 제공한다. 건강 측정과 산림 운동, 산림에서의 명상과 휴식을 경험하도록 지원하는 것이다. 고령층의 건강 개선이 목적이며, 어르신은 체험 비용을 내지 않아도 된다. 건강 측정은 별도로 마련된 공간인 건강증진센터에서 하면 된다. 기본적인 체성분 측정뿐 아니라 혈압, 뇌파·맥파를 통해 스트레스 정도를 측정하는 HRV 검사도 가능하다. 교감신경과 부교감신경의 상태를 살펴 혈관이 얼마나 노화했는지도 파악할 수 있다. 어르신 산림치유 프로그램 비용은 숲 체험 교육 사업기금에서 충당한다. 보건소나 면 소재지 주민센터에서 15명가량의 어르신 그룹의 체험을 요청할 때 양평치유의숲 측과 일정을 맞춰 프로그램을 진행할 수 있다.

돌봄 종사자를 위한 프로그램도 있었다. 양평치유의숲은 2022년 서울시사회서비스원과 서울시 사회서비스 종사자 대상 산림복지 서비스 제공을 위한 업무협약(MOU)을 맺었다. 감정노동으로 지친 사회서비스 종사자에게 회복을 위한 맞춤형 산림치유 프로그램을 제공하는 내용이었다. 양평치유의숲은 반려견을 떠나보낸 이들의 아픔을 어루만져주는 프로그램도 진행했다. 2023년 지역 문제 해결 비영리민간단체(NPO)인 우리지역연구소와 함께 '펫 로스 증후군'(반려동물 상실 증후군) 극복을 위한 산림치유 소진 관리 사업을 운영했다. 주요 내용으로는 △숲을 걸으며 반려동물을 추억하고 자신의 감정을 소화해 나가는 '너와 함께 걸어온 길' △나무에 반려동물과의 추억을 새기고 새로운 시작을 다짐하는 '내가 걸어가야 할 길' △반려동물 상실 증후군 극복을 위한 마음 코칭 강연 등이 있었다. 양평치유의숲 방문자 수는 2020년 2만991명에서 2021년 2만4072명으로 늘어났다. 코로나 팬데믹 영향을 받아 방문자는 2022년 1만2617명으로 감소했지만, 2023년 1만7197명으로 다시 확대됐다. 한 센터장은 "코로나19 때 방문자 수 증가세가 잠깐 주춤했지만, 일상 회복 이후 수도권에서 찾아오는 이들이 상당히 크게 늘었다"고 설명했다. 프로그램 참여 가격은 시간당 5000원에서 1만원 수준이며, 한 프로그램은 하루에 2~3시간 진행된다. 다양한 프로그램을 하루에 모두 경험하고 싶다면 연달아 체험하는 것도 가능하다. 양평치유의숲은 산림복지 분야 인재를 키워내는 데도 힘쓰고 있다. 2022년에는 국립춘천숲체원, 송곡대학교와 함께 산림복지 지역인재 양성을 위한 MOU를 체결했다. △산림복지 전문 일자리 창출 및 재학생의 취업 역량 강화를 위한 지원 △관련 학과(간호학과·산림융합과·레저스포츠과) 대상 현장 실습 운영 △체감할 수 있는 취업 지원 서비스 제공을 위한 인적·물적 교류 확대 등이 주요 내용이었다.

더자람교육농장…
내가 직접 말아 먹는 꽃김밥

충북 청주에 있는 더자람원예교육농장은 청주를 대표하는 치유농장이다. 1500평에 달하는 농장에 들어서면 흰색 · 노란색 · 보라색 팬지와 새빨간 베고니아, 노란 메리골드가 줄을 지어 심어져 있는 모습이 보인다. 꽃들이 파란 하늘과 어우러져 저마다의 알록달록한 색을 뽐내는 듯하다. 이 꽃들의 특이한 점은 사람이 먹을 수 있다는 것이다. 다른 농장과 구별되는 더자람농장만의 특별한 테마는 식용 꽃이다. 더자람농장에서는 직접 식용 꽃을 따서 이를 재료로 한국 전통음식인 화전이나 김밥, 돈가스를 만들어 먹을 수 있다.

선물용 꽃차나 꽃식초를 만들어 편지와 함께 가져가는 것도 가능하다. 먹거리에 관심이 많은 이들이 시도해 보기 제격인 프로그램으로 도시민들에게 인기가 높다. 식용 꽃 체험 행사에 참여하는 이들은 식용 꽃으로 만든 음식의 맛과 향, 식감이 좋다고 입을 모은다. 도시에서 쉽게 접하기 어려운 재료를 사용해 자기 손으로 직접 음식을 만들어 보는 경험이 지친 마음을 위로해 준다고 한다. 식용 꽃향기는 편안함의 뇌파인 알파파를 증가시키고 심박수를 낮춰주는 효과가 있는 것으로 전해졌다. 식용 꽃 체험이 호평받은 것은 조동순 더자람농장 대표가 하루도 빠짐없이 식용 꽃밭을 세심하게 관리한 덕분이다. 조 대표가 재배한 식용 꽃은 농장 홈페이지에서도 상시 판매하고 있다.

더자람원예교육농장은…

주소	충북 청주시 상당구 남일면 가산리 139
대표자	조동순
연락처	043-284-3344
교통편	오송역에서 502번 버스 승차, '한국병원' 하차 후 215번 버스 승차, '남일초등학교' 하차 후 도보 20분
주요 프로그램	치매 예방 원예 체험, 농산물 수확 체험, 화분 만들기
가격	프로그램 일반인 3만원~5만원, 학생 · 장애인 2만원

40년 경력 원예 전문가가 운영

조 대표는 2015년 교육농장으로 더자람농장의 문을 열었다. 학생과 노인, 장애인을 중심으로 한 원예교육이 농장의 첫 테마였다. 당시는 치유농업이라는 개념이 제대로 정립돼 있지 않은 시기였지만, 조 대표는 방문객에게 교육뿐 아니라 치유 서비스도 제공해야 한다는 인식이 강했다. 조 대표는 "아이와 어르신, 장애인이 쾌적한 공간에서 농업을 체험한다면 그들의 정서 개선에 도움이 된다는 점에서 교육과 치유가 함께 이뤄져야 한다고 생각했다"고 말했다. 그는 국내 자타공인 원예 전문가다. 40여 년 전 청주농업고등학교 원예과 입학을 계기로 일찍이 식물에 대한 애정을 키웠다. 이후 충북대학교 원예학과를 졸업한

그는 2013년에는 건국대학교에서 원예치료학 석사 학위까지 받았다. 원예치료학 공부는 조 대표가 본격적으로 치유농업에 관심을 두게 된 계기였다. 조 대표는 한국원예치료복지협회 초대 충북지부장을 맡고 1급 복지원예사로 활동하며 전문성을 쌓았다. 더자람농장은 치매 전문 치유농장으로 널리 알려져 있다. 치유농업 시장 규모가 커지면서 특정 대상에 특화된 농장이 생겨나는 추세인데, 더자람농장은 치매 예방을 위한 프로그램에 강점이 있다는 평가를 받았다. 더자람농장은 2021년에 충북 지역 치매 전문 치유농장으로 선정됐다. 충북도가 농촌자원을 이용해 치매 예방과 치유를 돕기 위해 전국에서 처음으로 치매 치유농장 인증 제도를 도입한 이후 선정한 결과다. 이듬해인 2022년에는 농림축산식품부의 사회적 농장에 지정됐다. 농촌융복합산업 인증을 받고 청소년 진로 터전 농장에 위촉되기도 했다. 더자람농장은 치매안심센터, 노인 주간 보호센터와 연계해 노인을 대상으로 한 프로그램을 진행한다. 프로그램 참가자 중에는 치매에 걸리지 않은 어르신도 있고, 경증 치매를 앓는 어르신도 있다. 더자람농장의 치유 프로그램은 어르신이 식물을 활용한 소근육 운동을 할 수 있도록 돕고, 자연환경으로부터 위안을 받을 수 있도록 해준다. 어르신들은 농장에 오면 주로 텃밭에 머문다. 텃밭에 각종 들꽃과 풀, 나무 씨앗을 심고 정기적으로 와서 물을 준다. 씨앗을 땅속에 넣고 흙으로 덮고 꽃이나 나무로 길러내는 과정에서 인지 자극을 받고 주체성을 발달시킨다.

어르신들에게 특히 인기가 많은 프로그램은 '꽃 이름 숨바꼭질'이다. 어르신이 영상으로 여러 개의 꽃을 본 뒤 가장 좋았던 꽃 이름을 푯말에 적는다. 이후 농장을 돌면서 영상에서 봤던 꽃을 찾고, 푯말에 적어둔 꽃을 보면 푯말을 바닥에 꽂는다. 치매 예방과 가벼운 치매 완화에 도움이 되는 활동이다. 텃밭 활동은 발달장애인에게도 인지·신체 능력 면에서 효과가 있다. 이는 향후 발달장애인이 사회로 나갈 수 있도록 하는 밑거름이 돼준다고 조 대표는 설명한다. 치유 프로그램은 텃밭 만들기와 작물 심기, 테이블 꽃꽂이, 화전 만들기, 텃밭 수확 등 8회기로 구성된다. 프로그램 회기를 거듭할수록 조 대표는 어르신과 발달장애인의 친구가 되는 느낌을 받는다고 한다. 교육농장 시절에는 프로그램 참가자에게 식물을 보여주는 데 그쳤다면, 치유농장으로 전환한 후에는 농업에 직접 참가하는 활동의 비중을 크게 늘렸다는 것이 조 대표의 설명이다. 어르신들이 씨앗을 심고 흙을 만지는 공간의 이름도 '참여 텃밭'으로 바꿨다. 치유농업의 핵심은 '보는 것'이 아니라 '해보는 것'이라는 조 대표의 철학을 따른 결정이었다.

가족 주말농장으로 입소문

더자람농장은 평일에는 학생·노인·장애인 단체 방문객, 주말에는 가족 방문객이 주를 이룬다. 주말에 오는 가족 방문객에게 식용 꽃 요리와 함께 가장 인기 있는 프로그램은 농산물 수확 체험이다. 가족끼리 주말마다 농장을 찾아 감자나 고구마, 무, 배추, 땅콩과 같은 농산물을 재배해 수확

까지 함으로써 하나의 사이클을 완성하는 것이다. 프로그램에 참여한 가족들은 수확한 농산물을 그 자리에서 바로 씻어 먹기도 하고, 집으로 가져가 요리해 먹기도 한다. 농장 한쪽에 마련된 마루 공간에서 요가를 하거나 허브 족욕을 하는 이들도 많다. 농장 연못에 떠 있는 부레옥잠을 관찰하거나 꽃향기를 맡으며 힐링하는 것도 도시민이 심신을 보듬는 방법이다. 화분을 만들어 집으로 가져가는 프로그램도 참여 열기가 뜨겁다. 식물과 흙을 담은 유리 용기인 '테라리움'과 다육식물 행잉플랜트에 대한 관심도 크다. 2023년 말 진행된 크리스마스트리·리스 만들기 프로그램도 인기였다. 치유 프로그램을 통해 받은 안정감을 농장에서 끝내지 않고 생활 속까지 가져가겠다는 마음이 엿보인다. 실내 장식에 식물을 활용하는 '플랜테리어' 트렌드도 읽힌다. 조 대표는 "일반인 방문객 사이에서는 음식 만들기와 화분 제조처럼 결과물이 남는 프로그램이 제일 인기가 많다"고 설명했다.

학교에서 치유농업 현장 견학차 더자람농장을 찾는 경우도 많다. 현장 견학자들은 초등학생부터 대학생까지 범위가 넓다. 국적도 다양하다.

실제로 이탈리아 등 7개국에서 온 충북대학교 교환학생 30명은 2023년 5월 더자람농장에서 식용 꽃 화전 만들기 체험을 했다.

2022년에는 충북 증평군 농업인대학 치유농업과 학생 25명이 더자람농장을 방문해 현장 실습에 참여했다. 2017년에는 청주동중학교 학생들이 농촌 현장 교육과 직업 탐색을 목적으로 농장을 찾았다. 직장인을 위한 치유 프로그램도 마련돼 있다. 스트레스가 큰 의료진·소방관·경찰관 힐링 연수와 기업체 직원 연수가 진행된다.

경력 단절 여성 모아 식물관리 협동조합 설립

더자람농장은 식물관리사 직업교육에도 적극 나서고 있다. 총 12주의 교육과정을 거쳐 민간 자격인 식물관리사를 취득하도록 하는 프로그램으로 2022년부터 이어져 왔다. 약 2년 동안 더자람농장 교육을 받고 식물관리사를 딴 이들만 30명이 넘는다. 더자람농장은 경력 단절 여성을 위한 교육과 일자리 마련에 특히 집중하고 있다. 2024년 1월 경력 단절 여성들로 구성된 식물관리 회사 '잘자람협동조합'을 설립했다. 잘자람협동조합은 학교와 기업체, 관공서의 화단을 조성하고 관리하는 일을 한다. 협동조합 직원들이 요청 기관의 예산에 맞춰 직접 화단을 만들고 다듬는다. 조 대표는 최근 기후위기와 환경에 대한 중요성이 대두되는 만큼 향후 식물관리에 대한 수요가 계속 늘어날 것으로 보고 협동조합에 대한 지원을 늘려갈 계획이다. 예비 치유농장주들을 위한 치유 정원 디자인 컨설팅도

한다. 힐링 산업에 대한 사회적 관심에 정부 지원이 더해지면서 치유농업에 진입하려는 청년과 퇴직자가 느는 추세를 반영한 프로그램이다. 의뢰가 들어오면 조 대표가 직접 더자람농장의 운영 경험을 토대로 치유농장에 꼭 필요한 것이 무엇인지, 효율성을 극대화하는 농장 구조는 무엇인지 등 비법을 전수해 준다. 더자람농장에서는 농업 관련 축제가 열리기도 한다. 더자람농장은 2023년 10월 농림축산식품부와 충청북도, 청주시의 후원을 받아 '어울림과 나눔'을 주제로 한 사회적 농업 축제를 열었다. 악기 연주자와 합창단을 초청해 음악회를 열고 화전 만들기, 꽃꽂이, 힐링 족욕을 진행했다. 마지막은 농장에서 음식을 맛보는 프로그램이었다.

더자람농장의 모든 업무는 조 대표가 총괄하며, 남편과 딸이 조 대표의 일을 돕는다. 농장은 유튜브 더자람TV 채널도 운영한다. 농장 전경과 농장에서 진행되는 치유 활동, 프로그램 소개 영상을 올린다. 텃밭 만드는 법을 소개하는 영상은 조회 수가 4만회를 넘었고, 희귀 식물 관리법을 담은 영상도 조회 수 1만회를 기록했다. 식물을 활용한 힐링이 각광을 받으며 치유농업이 대중화하는 추세를 보여주는 대목이다.

프로그램 가격은 학생과 장애인은 2만원, 일반인은 3만~5만원이다. 일반인 방문객의 경우 두 가지 프로그램을 하면 묶음 할인이 적용된다. 식용 꽃 체험 프로그램은 화·목·토요일 오후 1~3시에 진행하며, 2인 이상일 경우에만 진행한다. 모든 프로그램은 홈페이지나 전화로 예약할 수 있다.

슬로우파머…
10만평 숲에서 자라는 먹거리

슬로우파머는…

주소	충북 충주시 수안보면 탑골1길 178
대표자	정성훈
연락처/ 이메일	koreaslowfarmers@naver.com
교통편	충주역에서 택시로 25~30분
주요 프로그램	힐링 숲 체험(트레킹), 산마늘 페스토 만들기, 허브 꽃차 만들기, 나만의 반려식물 만들기
가격	계곡 탐방 명상 트레킹 2만원, 청정 임산물 채취 2만원, 산마늘 페스토 만들기 2만원

충청북도 충주시 수안보면에 들어선 슬로우파머는 '순수자연주의 농장'을 표방하고 있다. 이곳은 먹거리 경작으로 시작된 농장이다. 10만평 규모의 넓은 숲에는 약용수, 산마늘(명이), 취나물, 두릅, 약용작물, 개복숭아 등이 재배되고 있다. 슬로우파머는 온천으로 유명한 수안보와 1㎞ 거리에 있다. 해발 200~550m에 위치해 청정 숲의 수려한 경관과 계곡을 마주한다. 계곡에는 가재, 버들치, 도롱뇽 등 맑은 물에서 자라는 생물들이 살고 있다. 8월에는 반딧불이를 볼 수 있다.

슬로우파머에 들어서면 가장 먼저 손님을 맞이하는 안주인은 이곳의 반려견 검정 리트리버다. 농장의 계곡 초입엔 치유 프로그램을 하는 교육장과 온실이 있다. 그 안쪽엔 숲속 놀이터로 슬랙라인, 바이킹 해먹, 밧줄 그네, 그물침대가 설치돼 있어 어른, 아이 할 것 없이 즐길 수 있다. 슬로우파머의 운영자인 정성훈(54), 황선아(53) 부부는 서울에서 태어나고 건축공학을 전공한 대학교 동기다. 정 대표는 서울에서 건축설계, 대기업 건설회사를 거쳐 신도시와 구도심을 개발 기획하는 업무를 했고 황 대표 역시 건축설계를 해왔다.

귀농의 꿈을 꿔온 정 대표는 2011년 귀농 교육을 받았다. 정 대표 부부가 2011년 처음 이곳을 찾았을 때는 토종 소나무인 적송과 참나무, 물오리나무 등과 산채류들이 이곳 산의 주인이었다. 귀농 교육을 마친 정 대표가 2012년 먼저 이곳에 내려와 기반 시설을 다지고 최대한 자연을 보전하면서 산마늘, 눈개승마, 삼잎국화 등을 재배했다. 아내와 가족들은 2014년 2월 내려와 지금까지 함께하고 있다. 슬로우파머는 정 대표가 처음 귀농을 할 때 쓰던 SNS 애칭이었는데 아예 농장 이름으로 정해졌다. 정 대표는 "슬로우파머를 풀이하자면 느린 농부라는 뜻"이라며 "귀농을 처음 시작할 때 농업에 대해 아무것도 모르니 천천히 가자는 의미에서 이렇게 정했다"고 말했다. 이곳이 치유농장으로 거듭난 건 2018년 농업진흥청 원예 치유농장 시범사업지로 선정되면서다. 이를 거쳐 이듬해 본격적인 치유농업 활동이 시작됐다.

숲 해설과 함께하는 걷기 여행

5~10월에 이곳을 찾는다면 계곡 탐방 명상 트레킹을 즐길 수 있다. 오동나무 지팡이를 하나씩 들고 숲 해설가 정 대표와 함께하는 트레킹이 이뤄진다. 트레킹을 하며 산나물도 채취할 수 있다. 슬로우파머 체험장에서 출발해 오솔길을 통해 명상장과 탑시크릿가든을 지나 연못과 두릅 자생지를 둘러보고 '바람의 언덕'을 거쳐 돌아오는 데는 1시간30분이 걸린다. 긴 트레킹이 부담스럽다면 이보다 짧은 30분, 1시간 코스도

마련돼 있다. 작은 계곡을 중심으로 펼쳐진 울창한 숲속을 거닐다 보면 '자연을 벗하는 즐거움이란 이런 것이구나'라는 생각이 든다.

트레킹 코스 곳곳에는 정 대표가 마련한 수종 소개 표지판이 서 있다. 신나무는 '아낌없이 주는 나무'로 표현했다. 잎과 줄기는 천연염색 염료체로 사용되고 잎에는 항산화 효능을 가진 폴리페놀이 많은 데다 뿌리껍질은 관절염에 좋다고 해서란다. 1년에 한 그루당 82ℓ를 채취할 수 있는 수액은 칼륨 함유량이 고로쇠 수액보다 2배 이상 높고 청량감이 좋다는 설명이 덧붙었다.

연못은 정 대표가 습지를 파 조성했다. 연못으로 올라가는 길 양옆으로는 산마늘이 자라고 있다. 여기서 다시 정 대표의 설명이 등장한다. 국내 자생 산마늘은 잎이 넓지만 중국산 산마늘은 잎이 길쭉하다고 한다. 여름에 이곳을 찾는다면 연못 주변으로 펼쳐진 노란 금계국을 볼 수 있다. 연못에는 가재와 버들치가 산다. 한바탕 에너지를 썼으니 배를 채울 시간이다. 슬로우파머의 농장에서는 식사가 가능하다. 산채 돼지고기 수육 정식(1만5000원)은 돼지고기 수육과 다래순, 뽕잎, 눈개승마, 삼잎국화, 두릅 등 농장에서 채취한 나물로 계절에 따라 3가지를 제공한다. 식사와 함께 꽃차, 과실차나 드립커피를 곁들일 수 있다. 목살, 삼겹살과 새우 등을 제공하는 산채 숯불바비큐 세트(4만5000원)도 있다.

산마늘 페스토 만들기…다양한 체험활동

슬로우파머는 먹거리 농산물 재배가 농장의 주

력 활동이다. 2012년부터 산마늘, 눈개승마, 삼잎국화를 농약이나 화학비료를 쓰지 않고 재배하고 있다. 한국임업진흥원으로부터 '청정숲푸드' 인증도 받았다. 땅에 농약 성분이나 비료가 없음을 인증받은 것이다. 해마다 245종의 잔류 농약 검사를 받고 있다고 한다. 2022년부터는 매년 국가브랜드 'K-Forest Food' 인증도 받았다. 취나물, 두릅, 머위, 우산나물 등 산나물들을 산에서 채취해 활용하고 있다. 농장 내에는 아예 가공장을 만들고 산마늘 페스토, 산마늘 장아찌, 두릅 장아찌, 머위 장아찌, 삼잎국화 장아찌 등을 만들어 판매하고 있다.

정 대표는 "청정 숲속에서 자라고 있는 산마늘, 눈개승마 등 산채류들은 밭에서 재배되는 것보다 건강하고 항산화 성분이 많아 혈관질환, 당뇨병 등에 효과가 있다고 알려져 있다"며 "이런 산채류가 자라는 숲은 치유의 공간이 되고 건강한 먹거리는 치유 음식의 기본적 재료로 활용된다"고 설명했다. 산마늘 페스토 만들기는 슬로우파머의 대표 체험 프로그램이다. 이곳에서 재배한 산마늘에 올리브오일과 호두, 잣, 치즈를 이용한다. 호두와 잣을 절구에 잘게 빻은 후 볼에 모든 재료를 넣어 올리브오일과 함께 잘 저어주면 페스토가 완성된다. 즉석에서 제공되는 빵에 산마늘 페스토를 올려 먹을 수 있다. 장 담그기 체험도 할 수 있다. 이곳에서는 꽃차와 된장, 간장, 장아찌를 직접 담그고 있다.

허브 꽃차 만들기, 산채 음식 체험 프로그램도 마련돼 있다. 4~11월에는 반려식물 만들기,

탑시크릿가든 행사가 있다. 2023년부터는 여름철에 작은 숲속 음악회도 열고 있다. 2024년에는 4월 중순부터 10월 말까지 진행된다. 겨울 시즌인 11월부터 3월 사이에는 아로마 향초 만들기, 아로마 디퓨저 만들기를 진행한다. 4월부터 11월 사이에 농장의 프로그램을 이용하면 농장 내 연못 주변에서 캠핑을 즐길 수도 있다.

어르신 치매 예방 · 학생용 프로그램도 다양

슬로우파머를 찾는 사람들은 크게 두 분류로 나뉜다. 일상생활에서 받는 스트레스로 쉼과 휴식이 필요한 사람들과 치매 등 정신질환, 발달장애, 시각 장애를 갖고 있는 분들이다. 숲속 활동과 휴식, 프로그램을 통해 정신적 스트레스, 긴장감 완화와 우울감 감소 등 효과를 기대할 수 있다. 또 자신감, 성취감, 자아 존중감도 늘릴 수 있다고 정 대표는 말한다.

슬로우파머는 2021년에 충청북도 치매 전문 치유 농장으로 선정돼 치매 어르신들과 함께 프로그램을 진행해 보건복지부 장관상을 받았다. 그해 생활원에 중앙경진대회에서 치유농업 프로그램 우수상으로 농촌진흥청장상을 받았다. 2023년에도 충북 광역정신건강복지센터 연계 마음치유농장으로, 또 청년 창업농 육성 장학생 의무교육 현장실습기관으로 인증을 받았다.

정 대표는 기억에 남는 방문객을 꼽아 달라는 질문에 2021년부터 이곳을 주기적으로 찾았던 한 치매 어르신을 꼽았다. 그 치매 어르신이 2023년 봄 돌아가시기 전 가족들에게 "슬로우파머에

꼭 다시 가보고 싶다"고 했다는 말을 전해 들었다고 한다. 또 다른 어르신도 손자에게 이 치유농장에 꼭 가보라고 말하고 돌아가셨다고 그 손자가 와서 알려 주기도 했다.

유치원생이나 어린 학생들을 위한 프로그램도 다양하다. '숲속의 생명들을 관찰하며 자연의 소중함 알기'는 유치원생을 대상으로 하며 숲속 걷기와 동식물 관찰하기, 찰흙으로 내 얼굴 만들기로 구성됐다. 초등학교 3~4학년을 대상으로 하는 '나의 농장이라면'은 산마늘에 대해 설명을 듣고 산마늘 밭에서 수확량을 계산하고 상품을 수확하고, 판매 전략을 세워 산마늘 박스를 만드는 프로그램이다. 초등학교 5학년을 대상으로 하는 '자연의 생명력 알기'는 숲속 트레킹, 단풍잎, 꽃잎 찾기, 자연의 편안함 느끼기 등으로 구성됐다.

슬로우파머는 서울시 수안보 연수원, 충주 문화관광재단, 한국전력 수안보 연수원 등과 업무협약을 맺어 체험·치유 프로그램 진행을 위한 인프라스트럭처를 구축하고 있다. 정 대표의 노력은 이에서 멈추지 않았다. 농장 운영과 치유농업 활성화를 위해 연간 100시간 이상의 교육을 수강하고 있고 2021년 한국열린사이버대학 통합치유학과에 편입했으며, 2022년 부산외

국어대 대학원 자연농숲치유학과에 입학했다. 2023년부터는 오이코스대 대학원 산림경영학과에서 전문 지식을 쌓고 있다.

카페, 숲속의 집도 들어서

10여 년 전 농업에 대해 천천히 알아가기로 했던 귀농 농부는 이제는 후배 청년 농업인들에게 노하우를 전수하는 어엿한 중견 농업인으로 성장했다. 정 대표는 2022년 충주시 청년농업인 정책자문단, 2023년 충북 치유농업 정책자문위원으로 활동한 경험이 있다. 또 한국임업진흥원 등에서 귀농·귀촌, 귀산촌, 산림복합경영·치유농업 운영 사례 등을 강의하고 있다.

슬로우파머는 2024년 한 차례 더 업그레이드된다고 한다. 숲속의 집, 캠핑장, 카페 등을 설치할 계획이다. 더 많은 사람들이 슬로우파머를 찾아 청정 숲속에서 다양한 치유 프로그램과 건강한 먹거리를 즐기도록 하겠다는 게 정 대표의 목표다. 체험교육장도 추가 신설해 보다 쾌적한 공간에서 치유 프로그램을 진행할 예정이다.

정 대표는 "슬로우파머에 와서 산림욕과 다양한 치유 프로그램을 즐기고 1㎞ 떨어진 수안보 온천에서 온천욕도 하면서 힐링하기를 바란다"고 말했다. 슬로우파머는 예약제로 진행되며 사전예약 없는 당일 방문은 불가능하다. 프로그램 참가 예약은 전화로 가능하고 문의는 홈페이지를 통해서도 할 수 있다. 프로그램 가격은 계곡 탐방 명상 트레킹, 청정 임산물 채취하기, 산마늘 페스토 만들기 등의 경우 1인당 2만원이다.

예산 오색꽃차…
직접 만든 메리골드 차로 '힐링'

오색꽃차 치유농원은…

주소	충남 예산군 덕산면 덕산온천로 147
대표자	안기화
연락처/ 이메일	010-5495-5231 hl2scm@naver.com
교통편	자차 이용
주요 프로그램	꽃 수확 및 꽃식초, 시럽, 양갱 만들기
가격	꽃식초, 시럽, 양갱 제작(2만5000원, 2인 이상), 꽃 수확 및 에코파우치 만들기(1만원), 모종 화분 심기(2만5000원), 꽃 수확 및 꽃에이드, 꽃차 시음 (1만원)

최근 찾은 충남 예산군 오색꽃차 치유농원. 3300㎡ 규모 꽃 농장에 메리골드, 팬지, 맨드라미 등 색색의 꽃이 흐드러지게 피었다. 정원 한쪽에는 꽃양갱을 만들려고 열심히 메리골드를 따는 가족 동반 방문객들의 발걸음이 분주하다. 치유농업 실내 교육장에서는 이미 농장에서 채취한 꽃을 들고 온 가족들이 직접 만든 에이드 음료를 앞에 두고 환한 웃음꽃을 피우고 있었다.

가족 단위 치유 농장 방문객만 있는 게 아니다.

지역 어르신들을 돌보는 재가노인복지센터 직원들 20여 명이 둘러앉아 직접 딴 메리골드로 꽃차를 만드는 작업이 한창이다.

따온 꽃을 익혀 곱게 꽃물을 만들어 직접 걸칠 스카프에 물을 들이려는 일행들의 손길이 분주하다. 서툰 솜씨로 스카프에 꽃물을 들이면서도 여기저기서 깔깔거리는 웃음이 터져 나왔다.

현장에서 만난 한 노인 생활지원사는 "어르신들을 돌보면서 평소 스트레스를 많이 받는데 이곳에 와서 스카프에 꽃물을 들여보고 직접 만든 꽃차도 마시니 그동안 쌓였던 피로가 싹 가신다"고 말하며 환하게 웃었다.

원예, 작물, 숲길 등 농촌 자원을 활용해 지친 심신을 회복시켜 주는 치유농업 시장이 부각되고 있다. 삶에 지친 도시인과 농촌 생활을 경험해 보려는 가족들은 물론 최근에는 장애인, 치매 노인, 학교폭력 피해자 등을 위한 치유 프로그램까지 등장하며 농촌 신산업으로 거듭나고 있다.

국내에서 치유농업 산업이 본격적으로 발전하기 시작한 것은 2021년 코로나19 국면 때부터다. 조용한 자연환경을 찾아 몸과 마음을 달래려는 국민 수요가 늘면서 당시 치유농업법이 처음 시행됐고 구체적인 산업 개념과 정부 지원 근거가 마련되며 고부가가치 농촌산업으로 각광받기 시작했다.

치유 농장은 가족 단위 방문객이 와서 체험하는 단순 체험 농장과는 결이 다르다. 아예 스트레스가 큰 업종 단체와 사전에 협약을 맺고 체계적으로 전문 치유 프로그램을 진행해주는 곳이 속속 생기고 있다.

생활지원사, 사회복지사 프로그램 특화

충남 예산에 있는 오색꽃차 치유농원이 대표적인 사례다. 이곳에서는 3300㎡ 규모 정원에 흐드러지게 핀 메리골드, 팬지, 맨드라미 등 색색의 꽃을 자원 삼아 각종 치유 프로그램을 진행하고 있다.

안기화 오색꽃차 치유농원 대표는 "햇볕 아래서 근심 대신 풀을 뽑는데, 끝도 없어 보이던 풀이 정리되는 모습을 보면 마음도 정리되는 기분"이

라며 "이런 기분을 많은 이들과 나누고 싶어서 치유 농장을 운영하고 있다"고 말했다.

그는 "일반인이나 학생들도 많이 찾지만 생활지원사, 사회복지사처럼 스트레스가 심한 업종의 종사자들이 주기적으로 찾아 감정 치유 활동을 하고 있다"고 설명했다.

오색꽃차 치유농원은 노인복지센터나 감정 노동자, 인지 장애인들을 위한 치유 프로그램으로 특화된 곳이다. 치유농업사 2급, 복지원예사 2급 자격증에 꽃차 마이스터 전문가 과정을 거친 치유농업 전문가 안 대표가 직접 설계한 프로그램을 운영하고 있다. 경증 인지 장애 어르신을 대상으로 치매안심센터와 협업해 만든 프로그램과 사회서비스원, 노인 돌봄 종사자를 대상으로 하는 치유농업 과정이 주력이다.

실제 현장에서는 지역 재가노인복지센터 직원들을 비롯해 육체적, 정신적으로 힘이 들어가는 직종의 단체와 손잡고 직접 딴 메리골드로 꽃차를 만들고 스카프를 물들이는 작업이 한창이다. 다만 최근에는 치유농업에 대한 일반인들 관심이 부쩍 늘며 청소년이나 부모를 동반한 가족 단위 방문객들도 크게 늘었다. 일반 방문객들도 전화나 이메일을 통해 사전 예약하면 꽃을 통한 치유 프로그램에 참여할 수 있다.

마음 안으로 들어온 꽃식초

오색꽃차 치유농원의 주력 프로그램은 직접 농장에서 꽃을 수확한 후 꽃식초와 꽃양갱을 만들며 심신의 안정을 되찾도록 설계됐다. 통상 60~120분이 걸리는데, 대다수 프로그램은 1인당 2만5000원 선에서 참여할 수 있다. 식용꽃을 직접 채취하고 세척하는 경험과 자연 발효식초와 사탕수수 원당을 이용해 건강한 먹거리를 만들어 보는 치유 프로그램도 인기다.

불을 사용하지 않는 안전하고 쉬운 과정으로 초등학교 고학년 아이들을 동반한 가족 참여자들 사이에서 인기가 높다.

식용꽃과 레몬으로 만든 꽃시럽과 물이나 탄산수에 희석해서 음용 가능한 꽃에이드를 만드는 과정과 계절감을 느낄 수 있는 다양한 재료를 활용해 오래도록 보관할 수 있도록 수제청을 만드는 프로그램도 있다.

특히 봄철에는 선물용으로 벚꽃 시럽을 넣은 꽃양갱을 만드는 프로그램에 참여하는 이들이 많다. 꽃차 마이스터가 직접 만든 꽃차를 티백에 나눠 담는 치유 프로그램도 있다. 꽃을 직접 채취해 에코백에 자연의 빛깔을 물들이는 과정은 가족 단위 참여자들이 많이 찾는다.

안 대표는 "치유농업 참여자들이 직접 꽃을 따 시럽이나 양갱 만들기, 염색 등 활동을 한다"며 "아이들을 동반한 가족 단위 방문객은 물론 나이든 부모님을 모시고 오는 젊은 층 방문이 부쩍 늘었다"고 분위기를 전했다.

안 대표는 한미은행에서 근무하다 1998년 외환위기 이후 퇴직한 은행원 출신 경영자다. 퇴직 후 악화된 건강을 치료하기 위해 예산 일대 땅을 구입해 주말농장으로 활용하다가 원예 치유에 눈을 떴다. 2021년 복지원예사 자격증을 딴 후

꽃을 활용한 치유 프로그램을 개발해 농장 사업을 차렸다. 최근 치유농업 트렌드가 확산되면서 연간 매출 목표도 크게 높여 잡았다.

오색꽃차 치유농원은 팬데믹 국면에 치유 농장에 대한 대중의 관심이 부쩍 늘며 일반인들 참여가 크게 늘었다. 원래 이곳은 2018년 원예 농업을 가르치는 오색꽃차 교육원으로 시작했는데, 이듬해 예산군 농업기술센터로부터 치유농업 육성 시범사업장으로 선정되면서 본격적으로 사업화에 나섰다. 코로나19 국면인 2020년 치유 농장으로 업종을 변경했고, 2022년에는 충남 교육 지원청 농촌 체험 우수학습장 인증을 받고, 예산군 1호 치유농업사 자격을 취득했다.

최근에는 신체 활동, 원예 활동, 먹을거리 체험 등 치유농업을 필요로 하는 수요자에 맞게 계절과 난이도를 조절한 맞춤형 프로그램도 설계해 제공하고 있다.

안 대표는 "치유농업은 농촌에서 찾을 수 있는 모든 자원을 활용해 신체와 정신을 회복하는 데 목적을 둔 산업"이라고 강조했다.

그는 "오색꽃차 치유농원은 농촌의 수많은 자원 속에서 꽃과 차를 중심으로 프로그램을 개발해 다양한 사람들이 자신에게 맞는 방식으로 몸과 마음을 돌볼 수 있도록 도움을 드리고 있다"고 설명했다.

예산치유의숲…
굴참나무와 반딧불이가 노니는 곳

국립예산치유의숲은…

주소	예산군 예산읍 치유의숲길 203-31
연락처	041-331-5970
교통편	예산버스터미널 정류장에서 411, 412, 413, 420, 430-1, 440, 454, 455, 456, 459 버스 탑승, 예산여중 정류장에서 하차 후 도보 45분
주요 프로그램	오감힐링 숲산책 등 일반인 대상 프로그램, 어린이, 노인, 직장인 대상 프로그램 운영
가격	치유 프로그램 2시간 기준 개인 1만원 (20인 이상 단체는 10% 할인)

충청남도 예산군 예산읍 국립예산치유의숲은 천혜의 자연환경을 유지하고 있는 관모산, 용골산 자락에 자리 잡고 있다. 134ha의 넓은 숲이 매력적이다. 이 중 소나무가 53ha, 상수리나 굴참나무 등 참나무류가 42ha를 차지하고 있다. 이곳은 2016년부터 4년간 조성 공사를 한 끝에 2019년 개장했다.

국립예산치유의숲 다목적광장은 반딧불이 서식지다. 이곳은 치유의숲이 산림치유 프로그램을 운영하고 자연생태 교육장으로 활용하기 위해 조성했다. 이곳에 설치된 안내판에서 늦반딧불이와 애반딧불이에 대해서도 알아볼 수 있다.

치유숲길에는 물길따라 힐링길(550m), 치유의숲 둘레길(1285m), 명상길(230m), 솔향기숲길(310m) 등이 있다. 이곳에서는 다채로운 산림치유 프로그램이 진행된다. 치유의숲 초입에 들어서면 양 갈래 길이 나타난다. 왼쪽은 물길따라 힐링길, 오른쪽은 치유의숲 둘레길로 이어진다. 두 길 중 어느 쪽으로 가도 치유의숲 치유센터로 갈 수 있다. 물길따라 힐링길은 왕복 40분, 치유의숲 둘레길은 조금 더 가파른데 왕복 1시간30분 정도 소요된다.

산책로 이곳저곳에는 산림치유 효과를 알리는 안내판이 설치돼 있다. 치유센터를 찾지 않는 일반 등산객들도 안내판을 읽으며 산림치유의 효능을 새삼 깨닫는다.

통상 숲 경험은 녹색의 식물을 보고 좋은 공기를 마신다는 의미에서 시각과 청각보다는 시각과 후각적 경험으로 인식되는데, 의외로 청각적 경험도 중요하다고 한다. 산림에서 발생되는 소리는 인간을 편안하게 하며 집중력을 향상시키는 비교적 넓은 음폭의 백색음의 특성을 가지고 있다. 산림의 소리는 계절마다 다른 특성을 가지는데 특히 봄의 산림 소리가 가장 안정된 소리의 특성을 보인다는 것도 흥미롭다.

음이온은 일상생활에서 산성화되기 쉬운 인간의 신체를 중화시킨다고 한다. 음이온은 산림의 호흡 작용, 산림 내 토양의 증산 작용, 계곡이나 폭포 주변과 같은 환경에 많은 양이 존재한다고 한다. 국립예산치유의숲 내에는 독립운동가 오정윤 자형 선생의 묘도 위치해 있다. 윤자형 선생은 1891년(고종 28년) 무과에 급제해 선전관을 지냈고 1905년 을사늑약 시 동지를 규합해 지리산에 들어가 을사의병을 진두지휘했던 인물이다. 1910년 경술국치 이후 만주로 넘어가 항일운동을 전개하다 1939년 생을 마쳤고, 1990년 건국훈장 애국장에 추서돼 이곳에 안치됐다.

예산치유의숲 중심시설지구는 877.7㎡ 규모다. 치유센터, 체험시설, 건강측정시설 등으로 구성된다. 치유센터에는 60석 규모의 강당, 체험실, 치유지도자실, 건강측정실, 데크로드 등이 마련돼 있다. 실내 산림치유 프로그램의 장으로 활용되고 있다.

데크로드는 완만한 산책로로 조성돼 경치를 감상하고 새소리와 계곡 소리를 들으며 걸을 수 있다. 길이는 154m에 불과하지만 계곡 위에 설치돼 높이가 상당히 높다. 키가 큰 나무들의 길게 뻗은 가지까지 감상할 수 있는 것은 데크로드를 걷는 또 다른 즐거움이다. 숲이 우리에게 주는 치유 효과를 체험하는 공간으로 활용된다.

체험공간으로는 숲길, 참나무 쉼터, 새소리정원, 전망대, 정자 등이 있다. 전망대에서는 관모산과 용골산 자락 주변 산림의 경관을 한눈에 내려다볼 수 있다. 건강측정실은 체성분 분석기, 자동혈압계, 신장계, 스트레스 측정기, 온열 반신욕기 등을 갖췄다. 방문객들은 자신의 신체를 객관적으로 측정하고 면역력을 높여 건강을 증진시킬 수 있다.

상시 프로그램으로 오감힐링 숲산책, 내 몸 편안 힐링 명상, 건강치유장비 체험 등을 운영한다. 오감힐링 숲산책은 일반인을 대상으로 자연과의 교감 활동, 힐링 명상, 오일 테라피 등을 진행하는 프로그램이다. 동식물과의 교감을 통해 자연과 자신의 소중함을 일깨운다.

내 몸 편안 힐링 명상은 면역 증진 스트레칭, 싱잉볼 명상, 티테라피 등으로 구성된다. 경관 치유와 스트레칭, 명상을 통해 심신을 안정시킨다. 건강치유장비 체험에서는 체성분 분석기, 자동혈압계, 신장계, 스트레스 측정기, 온열 반신욕기 등을 이용해 부위별 근육과 피로를 해소하며, 혈액순환을 촉진하고 스트레스를 해소시킨다. 전 연령대가 참여할 수 있다.

맞춤형 산림치유 프로그램으로는 나만의 자연물 미술공예, 숲라벨-비움숲, 숲이 보낸 처방전 등이 있다. 나만의 자연물 미술공예는 어린이와 노인을 대상으로 하는 프로그램이다. 나뭇잎 손수건 염색, 나무 딱따구리 만들기, 솔방울 장난감 만들기 중에서 한 가지를 선택해 체험해 볼 수 있다. 자연물을 접하며 자연 감수성을 높이고 심신을 안정시킨다.

숲라벨-비움숲은 공무원과 직장인들을 대상으로 하는 프로그램이다. 산림욕 명 때리기 체조(정신 이완 체조), 트리허그, 치유 명상 등을 진행한다. 숲길 걷기와 명상, 숲의 치유 자원 등을 통해 정서적 안정을 유도한다.

숲이 보낸 처방전은 경도 치매를 앓는 노인이나 치매 어르신을 모시는 가족들을 대상으로 한다. 조실버체조, 나뭇잎으로 내 감정 표현하기, 티테라피, 치유 명상 등을 진행한다. 전신을 이용한 가볍고 즐거운 리듬운동으로 활력을 불어넣고, 치매 등 노인성 질환을 늦추거나 예방한다. 나뭇잎 손수건 염색은 작물을 직접 키우며 성취감을 얻고 소근육을 발달시키는 프로그램이다. 생태 감수성을 키우고 기분 상태를 개선한다.

지역와 연계해 다양한 프로그램도 진행한다. 2023년에는 55세 이상 지역주민들을 대상으로 고령화 시대, 숲에서 건강한 습관 쌓기라는 요일별 산림치유 특화 프로그램을 운영했다. 5명 이상이 참여하면 산림치유지도사가 진행하는 숲 요가를 통한 신체·마음 이완, 싱잉볼 명상, 소도구 이용 근력 강화, 숲길 바르게 걷기 프로그램을 받아볼 수 있다. 혼자서도 참여 가능한 '혼자왔슈형'은 편백나무실에서 원적외선 반신욕과 혈액순환을 돕는 차를 마시는 형태로 진행한다.

예산군 보건소와 함께 힐링 숲 태교 프로그램도 운영하는데 임신부들 사이에서 호응이 좋다. 관내 임신 부부를 대상으로 진행한 숲 태교 프로그램은 숲 트레킹, 자연을 이용한 공예, 부부 요가, 싱잉볼 명상 등을 통해 임신부·배우자의 정서 안정을 돕고 신체 활력을 높이는 것을 목표로 하는 과정이다.

단체 이용객 위한 공간도 완비

국립예산치유의숲 숲길 산책은 별도 입장료 없이 자유롭게 이용 가능하지만 산림치유 프로그램을 이용하려면 전화 또는 온라인을 통해 사전 예약해야 한다. 개인은 숲e랑(sooperang.or.kr) 홈페이지에서 예약을 하면 된다. 20인 이상 단체 방문객은 숲e랑 홈페이지나 전화 상담을 통해 예약할 수 있다.

프로그램 이용료는 2시간 기준 개인은 1만원, 20인 이상 단체 방문객은 10% 할인된 비용으로 참여가 가능하다. 보호자를 동반한 36개월 미만 영유아는 이용료가 면제된다. 프로그램은 최소 3일 전까지 예약해야 한다. 단체 이용객을 위해 공간도 대여해준다. 강당(130㎡, 60명 수용)은 4시간 기준 21만원이다. 체험실1(73㎡, 28명 수용)과 체험실2(100㎡, 38명 수용) 이용료는 각각 19만원이다. 각각 4시간 기준 이용

요금이다. 이곳은 숙박시설이나 식당을 운영하지 않는다. 3㎞ 거리에 있는 예산읍 인근 숙박시설이나 식당을 이용해야 한다.

국립예산치유의숲은 통상 자가용이나 단체 버스를 통해 오게 된다. 자가용 이용 시 서해안고속도로를 타고 당진IC에서 합덕, 당진 방면으로 오른쪽 고속도로 출구를 통해 당진톨게이트에서 나온 뒤 가마못교차로에서 예산, 삽교호 방면으로 우회전을 한다. 예당평야로를 따라 5.1㎞ 이동한 뒤 중방지하차도 진입 후 예당평야로를 따라 20㎞ 이동하고, 벚꽃로296번길로 1.5㎞ 이동하면 된다. 예산수덕사IC 이용 시에는 예산수덕사IC에서 예산수덕사 톨게이트를 통해 나와 예산수덕사IC 교차로에서 아산, 예산 방면으로 왼쪽으로 주교지하차도로 진입한다. 벚

꽃로296번길 방면으로 우회전하고 벚꽃로296번길로 1.5㎞ 이동하면 된다. 전용 주차장에 차를 세운 뒤 중심시설지구까지는 걸어 올라가야 한다. 입장료와 주차료는 무료다. 대중교통을 이용할 경우에는 예산버스터미널 정류장에서 411, 412, 413, 420, 430-1, 440, 454, 455, 456, 459 버스를 타면 된다. 예산여중 정류장에서 내린 뒤 국립예산치유의숲까지는 3㎞ 걸어서 이동해야 한다.

타지에서 이곳을 찾는다면 주변 명소를 들르는 것도 좋다. 예산 응봉면에 위치한 예당호는 낚시뿐 아니라 산책하기에도 좋다. 저수지 둘레 산책길은 1시간 정도면 걸을 수 있다. 전시된 조각들과 함께 넓은 호와 숲 사이로 자연을 즐길 수 있다. 신암면에 위치한 추사 김정희 고택도 찾을 만하다. 조선 후기의 실학자이자 서예가인 추사 김정희의 생가인 추사고택은 그의 증조부인 월성위 김한신이 건립한 것으로 알려졌다. 솟을대문의 문간채, ㄱ자형 사랑채, ㅁ자형 안채, 그리고 추사 선생의 영정을 모신 사당으로 구성됐다. 덕산면 덕숭산에 있는 수덕사도 찾아가 볼 만하다. 백제 시대 말기 창건된 사찰로 불교문화재 600여 점을 소장 전시하고 있다. '의좋은 형제' 이야기의 실제 배경인 대흥면의 대흥 슬로시티도 매력적인 장소. 예당호수가 마을을 가로지르고 뒤로는 옛 백제 성터가 남아 있는 봉수산이 있는 아름다운 마을이다. 마을을 천천히 거닐며 서로의 곳간으로 밤새 볏단을 날랐다는 이성만·이순 형제 이야기를 떠올리게 된다.

제천치유의 숲…
퇴계 이황 장수법, 숲테라피로 재탄생

충청북도 제천시 청풍면에 자리 잡은 국립제천치유의숲은 산세가 수려하고 기암절벽이 절경을 이룬 금수산 자락에 자리한다. 넓이가 61.3㏊에 이르는 이곳은 침엽수와 활엽수가 어우러진 숲과 깨끗한 계곡을 품고 있다. 휴식과 힐링의 산림치유 활동 공간으로 제격이다.

한국산림복지진흥원이 운영하는 국립제천치유의숲은 '숲과 함께 국민 행복을 키우는 산림복지 전문기관'을 모토로 세워졌다. 향기, 경관, 피톤치드, 음이온 등 다양한 산림의 자연환경 요소를 활용해 이용객의 신체적, 정신적 건강 증진을 도모하는 맞춤형 산림 복지 서비스를 제공한다. 국립제천치유의숲은 2015년 산림청-경찰청 간 치유의숲 조성 협약이 체결되며 초석을 놨

국립제천치유의숲은…

주소	제천시 청풍면 학현소야로 590
연락처	043-653-0246
교통편	KTX 제천역에서 강저1·2·3단지 정류장까지 이동해 952번 버스 탑승, 상학현 정류장에서 하차 후 도보 15분
주요 프로그램	활인심방 숲테라피, 음양 걷기 숲테라피, 취약계층 대상 회기형 숲체험교육사업
가격	치유 프로그램 20인 이상 시 인당 1시간 4000원(개인 5000원)

다. 2016~2019년 4년에 걸쳐 조성 공사가 이뤄졌고 2020년 개원했다. 국립제천치유의숲의 주요 시설로는 4개의 숲길, 약초원, 전망대, 치유센터 1개동 등이 있다.

숲내음치유숲길은 0.5㎞(20분 소요), 자작나무숲길은 0.2㎞(5분 소요), 건강치유숲길은 0.4㎞(15분 소요)다. 임도, 계곡, 음이온치유숲길이 평행으로 뻗어 있다. 음이온치유숲길은 울창한 금수산의 계곡물이 흐르는 수변 공간이다. 풍부한 음이온이 존재하는 숲길로 심신 안정을 돕는다. 맑고 차가운 계곡물 소리를 따라 걸으면 저절로 힐링이 된다. 건강치유숲길은 해발 고도 540m에 위치해 금수산의 아름다운 경관을 한눈에 조망할 수 있는 편안한 데크로드 숲길이다. 햇빛, 산소 등 산림치유인자를 통해 치유 효과를 높일 수 있다.

숲내음치유숲길은 참나무 군락 내 야자매트로 조성됐다. 발의 감각을 깨우고 운동 효과를 높일 수 있다고 한다. 가을에 이곳을 찾는다면 참나무과 수종으로 이뤄진 숲길에서 멋진 단풍을 감상할 수 있다. 자작나무숲길은 흰색의 수피가 아름다운 자작나무가 식재된 공간이다. 간단한 산책을 즐길 수 있는 감상 휴식 숲길이다. 약초원은 한방약초와 산림치유를 접목한 프로그램을 제공하

는 공간이다. 마가목, 음나무, 백운동, 가시오가
피 등 약재로 쓸 수 있는 식물들을 관찰할 수 있도
록 데크길이 조성돼 있다. 힐링월은 목재로 이뤄
진 판에 기대 햇볕을 쬐며 명상을 할 수 있는 공간
이다. 전망대는 해발 530m에 위치해 있다. 치유
센터 앞 전망대로 금수산 자락을 한눈에 볼 수 있
다. 힐링정원은 치유센터 옆 작은 정원이다. 편
안하게 앉아서 쉴 수 있도록 조성했다. 지상 2층
건물인 치유센터에는 단체 프로그램을 진행할 수
있는 세미나실(40명 수용)과 운동요법실(15명 수
용) 그리고 개인 고객 프로그램이 진행되는 상담
요법실이 마련돼 있다. 건강측정실은 체성분 분
석기, 자동혈압계, 스트레스 측정기를 갖추고 있
다. 치유센터는 어린이, 노인, 장애인들이 이용
하는 데 불편함이 없도록 건물을 설계했다. '장애
물 없는 생활환경'(배리어프리) 인증도 받았다.
국립제천치유의숲이 다른 치유의숲과 차별화되
는 것은 활인심방 숲테라피다. 제천 한방 약초
원이라는 지역 특색을 살린 것이다. 퇴계 이황
이 명종 초 단양 군수로 부임했을 때 청풍(현재
제천의 한 지역)에서 배를 타고 단양으로 거슬러
올라오며 제천에 있는 돌 봉우리에 반해 '옥순봉'
이라고 이름을 지었다고 한다. 이후 옥순봉이라
는 이름은 현재까지 이어져 내려오고 있다.
활인심방은 퇴계 이황이 평생의 건강 관리법을 적
은 책이다. 조선 시대 평균 수명은 학자에 따라 30
대 중반에서 50대까지로 다양하게 추정되지만 퇴
계 이황은 70세(향년 69세)까지 살았으니 장수한
것은 분명하다. 이곳 국립제천치유의숲은 활인심

II 도시인의 힐링 놀이터, 어디 있나

방 속 비법 중 하나인 '거병연수육자결(去病延壽六字訣)'을 익혀 심신을 회복하는 프로그램을 제공하고 있다. 이는 여섯 글자를 소리냄으로써 병을 치유하고 장수하는 일종의 호흡법이다. 이는 취신기(吹腎氣) 가심기(呵心氣) 허간기(噓肝氣) 사폐기(呬肺氣) 호비기(呼脾氣) 희삼초(嘻三焦)로 구성된다. 신장이 좋지 않을 때는 '취', 심장이 기운을 도울 때는 '허', 간이 병들면 '휴', 폐에 이상이 있다면 '스', 비장이 좋지 않을 때는 '호', 삼초(목구멍부터 전음·후음까지의 부위)가 좋지 않을 때는 '히' 소리를 내며 호흡하는 방법이다. 제천치유의숲이 운영하는 산림치유 프로그램에는 활인심방 숲테라피, 사상체질 차테라피, 음양 걷기 숲테라피 등이 있다. 활인심방 숲테라피는 야외 숲길에서 2시간 동안 진행된다. 활인심방(거병연수육자결) 활동, 복식호흡, 명상 등이 진행된다.

한방 특화 맞춤형 산림치유 프로그램

음양 걷기 숲테라피는 야외 숲길에서 걷기 테스트, 음양 조화 체조, 테마별 근력 강화 걷기 등을 할 수 있는 프로그램이다. 사상체질 차테라피는 실내 프로그램이다. 1시간 동안 사상체질 테스트, 체질별 한방차 체험, 건식 한방 온열 족욕을 할 수 있다. 아로마 테라피는 만들기 체험형 프로그램이다. 숲의 향기와 취향에 맞는 디퓨저를 만들며 휴식과 추억을 얻어 갈 수 있다. 에코백 그리기, 한방차와 건식 한방 온열 족욕 등으로 구성된다. 자연 친화적 재료를 통해 정서적 치유 효과를 내도록 설계됐다.

맞춤형 산림치유 프로그램으로는 숲하모니·숲어울림, 웃음 치유 숲테라피, 한방 힐링 숲테라피 등이 있다. 숲하모니, 숲어울림은 성인이나 가족 등을 대상으로 하며 다양한 산림치유 활동을 통한 심신 회복을 꾀하는 프로그램이다. 웃음 치유 숲테라피는 내 몸 바로 알기, 활력 트레킹, 웃음박수, 손마사지 등 활동을 진행한다. 웃음 치유 기법을 적용해 심신 건강을 증진하고 지속적 자기관리를 도모한다. 산림청으로부터 산림 교육 프로그램 인증도 받은 프로그램이다. 한방 힐링 숲테라피는 장애인과 취약계층 등을 대상으로 힐링 트레킹, 활인심방, 한방 차테라피 등을 진행하는 프로그램이다. 산림치유인자를 활용한 건강증진과 면역력 강화를 꾀하는 프로그램이다. 국립제천치유의숲은 2020년 진흥원 산림 복지 프로그램 경진대회에서 장려상을 수상했고, 같은 해 고용노동부 코로나19 극복 우수사례 공모전에서 우수상을 수상했다. 2021년 한국관광공사−지자체 주관 대한민국 안심여행 관광지로 선정됐다. 그해 산림청 주관 적극행정 우수사례 공모전에도 선정됐다.

2024년 국립제천치유의숲은 숲체험 교육사업도 운영한다. 취약계층을 대상으로 회기당 2시간씩 4~12회에 걸쳐 정기적으로 이곳에서 심신을 치유하는 프로그램을 진행한다.

가령 8회짜리 프로그램이라면 첫 회기에서는 인바디, HRV(심박변이도), 혈압 등을 체크해 본인의 건강 상태를 확인하고 목표를 세운다. 중간 6회기 동안은 거병연수육자결의 내용과 함께 오장

(간, 심, 비, 폐, 신)의 건강을 돕는 숲속 치유인자 체험 활동을 한다. 마지막 회기에는 자신이 얼마나 건강해졌는지를 확인하고 건강한 생활습관을 가질 것을 다짐한다. 이 프로그램은 복권위원회 복권기금(녹색자금)으로 추진되며 산림청 산하 공공기관인 한국산림복지진흥원에서 운영한다. 국립제천치유의숲은 지역 기관과도 협력 사업을 진행하고 있다. 제천경찰수련원과 협력해 경찰공무원의 PTSD 완화 프로그램, 경찰 퇴직 설계 과정, 생명지킴이 강사 양성 과정을 이곳에서 진행한다. 충북 학생수련원과도 협력해 청소년과 교직원을 대상으로 프로그램을 진행한다. 제천경찰수련원은 전국 경찰수련원 가운데 유일하게 내륙에 위치해 있다고 한다. 국립제천치유의숲은 지역과 연계한 협력 사업도 진행하고 있다. 지역 관광지와 연계해 산림 관광의 가치를 높이기 위해서다. 제천치유의숲은 숲에 특화된 산림치유 프로그램을 진행한다. 제천시 특화 브랜드인 '약채락' 건강 치유 도시락과 제공 협약을 맺었다. 청풍리조트는 제천치유의숲과 업무협약을 맺고 청풍호반이 내려다

보이는 숙박시설을 제공한다.

청풍케이블카와도 업무협약을 맺었다. 청풍호반 케이블카는 청풍면 물태리에서 비봉산 정상까지 2.3㎞ 구간을 잇는다. 이 같은 지역 연계 협약을 통해 국립제천치유의숲은 1박2일형 산림 관광 프로그램을 운영하고 있다. 약채락 도시락으로 식사를 하며 청풍케이블카를 타고 물태리에서 비봉산 정상까지 아름다운 조망을 즐기며 오르고, 청풍유람선을 타고 옥순봉과 구담봉을 구경하는 프로그램이다. 조망이 좋은 청풍리조트에서 묵는다. 제천치유의숲은 전화 또는 온라인을 통해 예약할 수 있다. 개인 방문객이라면 숲e랑(sooperang.or.kr)으로, 20인 이상 단체 방문객이라면 숲e랑 홈페이지 또는 전화 상담을 통해 예약하면 된다. 프로그램 체험료는 1시간 기준 개인 5000원, 단체(20인 이상) 4000원이다. 95㎡의 세미나실은 4시간 기준 19만원이다. 자가용을 이용할 경우 북단양IC에서 적성 방면으로 좌회전한 후 적성로를 따라 이동한다. 청풍, 소야리 방면으로 좌회전한 뒤 학현소야로를 따라 4.2㎞ 이동하면 된다. 기차를 이용할 경우에는 KTX 제천역에서 강저 1·2·3단지 정류장까지 이동한 뒤 952번 시내버스에 승차한 후 상학현 정류장에서 하차(90분 소요)한다. 하차 지점에서 1.2㎞를 더 걸으면 된다. 제천버스터미널로 올 경우 우리은행 정류장까지 이동해 952번 시내버스에 승차한 후 상학현 정류장에서 하차(90분 소요)한다. 역시 1.2㎞를 더 걸으면 된다. 국립제천치유의숲 내에서는 숙박시설이나 식당을 운영하지 않는다.

고은원예치료센터…
키친가든, 작지만 알찬 나만의 공간

강원 춘천에 위치한 고은원예치료센터에 들어
서면 직육면체 모양의 텃밭 수십 개가 300평쯤
되는 땅에 모여 있다. 성인 남성 한 명이 누울
수 있을 만한 크기의 텃밭이다. 텃밭에는 상추,
깻잎과 같은 잎채소와 식용꽃, 허브가 자란다.

브로콜리와 금전수, 쑥갓, 체리세이지도 눈에
띈다. 토마토와 가지, 고추 같은 열매채소도 보
인다. 모두 식재료로 쓸 수 있는 식물이다. 고은
원예치료센터에서는 이 텃밭을 '키친가든'이라
고 부른다. 하나의 키친가든은 회원 한 사람이

고은원예치료센터는…

주소	춘천시 신북읍 맥국2길 132
대표자	김영숙
연락처	070-8882-6557
교통편	춘천역에서 11번 버스 승차, '춘천국유림관리소' 하차 후 도보 35분
주요 프로그램	식용꽃 재배(키친가든), 식물로 음식·화장품 만들기
가격	키친가든 프로그램 1개월 5만원, 1년 50만원

한 해 동안 관리한다. 어떤 식물을 심을지와 각 작목을 어느 위치에 심을지는 회원이 직접 정한다. 식물을 심고 나면 센터에 한 달에 2~4회 방문해 텃밭에 물을 주고 잡초를 뽑는다. 키친가든 프로그램은 매년 1~2월 참여 회원을 모집해 봄에는 작목을 배치해 씨앗을 심는다.

6월부터는 웬만한 잎채소와 식용꽃, 허브는 수확이 가능해진다. 수확한 식물은 깨끗이 씻어 다른 음식과 함께 플레이팅해 신선한 상태에서 먹을 수 있다. 상추와 허브를 곁들인 샐러드 만들기가 특히 인기다. 갈아서 음료를 만들어 마시는 경우도 많다. 허브차와 허브식초, 허브청을 만들어 집에 가져갈 수도 있다.

수확한 식물은 식재료 외에도 활용 방안이 무궁무진하다. 허브로 탈취 스프레이나 피부 보습제 역할을 하는 미스트도 만든다. 키친가든에 심은 식물을 수확해 음식이나 화장품을 만드는 과정은 서리가 내리기 전인 10월까지 이어진다.

이후에는 작목을 건조시키고, 겨울철이 되면 말린 식물을 활용해 소금을 만들거나 족욕·스파에 사용하는 팩을 만든다. 연말에 센터에서 여는 '팜파티'에서 마실 뱅쇼까지 만들고 나면 키친가든의 역할은 끝난다. 키친가든에서 한 번 식물을 수확하면 1년 내내 다방면으로 활용할 수 있는 것이다. 아이들을 위한 작은 키친가든도 마련돼 있다.

김영숙 고은원예치료센터 대표는 키친가든에 대해 "도시를 벗어나 정원을 직접 디자인하고 식물을 수확해 음식·물건을 만들면서 지친 심신을 위로받을 수 있다는 점에서 인기가 많은 프로그램"이라며 "처음엔 16개였지만 찾는 이들이 많아져 70개로 늘렸다"고 설명했다. 프로그램 참가비는 한 달 5만원, 1년은 50만원 수준이다. 센터에서는 숲 해설가의 안내를 받는 숲 체험도 가능하다. 숲 진입로에는 머루포도 넝쿨이 있는데, 넝쿨에 달린 포도를 따서 맛볼 수도 있다. 숲에 사는 식물과 곤충 등 동물이 어떻게 상호작용하고 살아가는지를 배울 수 있는 프로그램이다.

예비교사, 원예치료에 눈뜨다

원래 김 대표의 꿈은 교사였다. 대학에서 교육학과 국어국문학을 전공한 만큼 국어 선생님이 되고 싶었다. 중등 정교사 자격을 땄고, 임용고시도 준비했다. 김 대표의 마음이 바뀌기 시작한 것은 서울에서 춘천으로 내려와 기간제 교사로 지내던 때였다. 춘천여자중학교의 기간제 국어 교사로 있던 2007년 김 대표는 꽃과 나무를 이용해 심신을 치

유하는 원예치료를 처음 접했다. 김 대표에게 원예치료는 신선하게 다가왔다. 전남 장흥에서 어린 시절을 보낸 만큼 농업 자체는 익숙했지만, 농촌에서 흔히 볼 수 있는 식물로 마음을 치료할 수 있다는 점은 특별하게 느껴졌다. 당시는 농업에 대한 김 대표의 관심이 커지던 시기이기도 했다. 서울에서 아이 둘을 낳고 춘천에 내려와 남편과 함께 2년간 느타리버섯 농장을 운영했다. 고민 끝에 교사가 아닌 원예치료사의 길을 택하기로 한 김 대표는 2008년 평생교육원에서 원예치료사 교육 과정을 이수했다. 이듬해인 2009년부터는 본격적으로 원예치료사 활동을 시작했다. 현재는 김 대표의 자녀도 예비 농업인으로서 교육을 받고 실습을 하고 있다. 김 대표는 "원예치료가 아이들의 전반적인 발달에 큰 도움이 된다는 것을 깨달았다"며 "이는 당초 교사가 되고자 했던 이유인 '전인교육'의 개념과 맞닿아 있었다"고 설명했다.

원예치료사가 치유농장을 열기까지

김 대표는 프리랜서로 원예치료사 일을 시작했다. 학교나 노인복지관 등 기관에서 치료 프로그램을 의뢰하면 김 대표가 해당 기관으로 가서 프로그램을 진행하는 방식이었다. 대상은 주로 학생과 노인, 발달장애인이었다.

원예치료 활동 중 김 대표의 기억에 가장 깊게 남은 사람은 초록우산어린이재단의 그룹홈에서 만난 남매다. 그룹홈은 부모의 학대 등으로 정상적인 환경에서 살지 못해 기관의 보호를 받는 아이들이 잠시 머무는 곳이다. 이곳에서 김 대표가 만난 남매는 원예치료를 통해 완전히 다른 사람이 됐다. 처음에는 소극적이던 남동생과 누나는 직접 식물을 골라 가꾸는 과정에서 성취감과 자신감을 얻었다. 남동생은 조용한 아이에서 활발한 아이로 변했고, 누나는 성적이 눈에 띄게 올랐다. 이곳저곳 출강을 다니던 김 대표는 원예치료를 위한 별도 공간을 열고 싶어졌다. 학교와 복지관에서만 강의를 하다 보니 수업 환경과 재료 면에서 한계가 느껴졌기 때문이다. 외부 농장에서 직접 원예 체험을 해보고자 하는 프로그램 대상자들의 의견도 영향을 미쳤다. 특히 발달장애 아동의 경우 보건복지부가 지급하는 바우처를 사설기관에서 쓸 수 있는데, 김 대표가 별도 농장을 열면 그곳에서 바우처를 이용해 프로그램에 참여하겠다는 부모들이 많았다.

원예치료를 위한 농장을 열기로 결심한 후 김 대표가 할 일은 위치를 정하는 것이었다. 도심 한가운데 용지를 잡는 방안, 농촌에 잡는 방안을 모두 떠올렸다. 김 대표가 최종적으로 정한 위치는 춘천 신북읍이라는 시골 마을이었다. 도심에 농장을 지으면 농장 밖으로 나가는 즉시 '힐링' 경험이 끝나버린다는 판단에서 농촌이 훨씬 적합하다고 생각했다. 김 대표는 2015년 11월 신북읍에 지금의 고은원예치료센터를 짓고 2016년 초부터 운영에 들어갔다. 초기 센터 고객은 김 대표가 프리랜서로 활동할 때와 크게 다르지 않았다. 노인 복지관과 주간보호센터에서 단체로 오는 노인이나 발달장애인이 대부분이었다. 프로그램도 이들을 위한 교육과 체험이 주를 이뤘다. 그러던 중 2020년 전후 치유농업이 부상하기 시작했고, 이는 센터의 변화를 이끌었다. 김 대표는 치유농업이 모든 사람을 대상으로 한다는 점을 고려해 센터의 프로그램을 다양화하고 대상을 넓히기로 했다. 전문성을 갖추기 위해 2021년에는 치유농업사 자격을 취득했다. 센터 분류도 교육·체험농장에서 치유농장으로 바꿨다.

모두에게 열린 '시골 힐링'의 장

고은원예치료센터의 콘셉트는 '사람 심기'다. 전국 각지, 세계 각국의 사람들이 센터에 와 있는 동안만큼은 몸과 마음을 농촌에 심고 치유를 경험하도록 하겠다는 의미다. '심기'의 '심'은 마음 심(心)자를 뜻하기도 한다. 김 대표는 센터를 치유농장으로 새롭게 출범시킨 만큼 아이와 어른, 노인, 장애인 등 모두가 농촌 생활과 원예 활동을 즐길 수 있도록 돕고 있다. 2023년에는 가정폭력 피해를 입은 여성을 위한 프로그램을 처음으로 진행했다. 또 프로그램 참여 신청을 하지 않은 사람도 언제든 농촌의 정취를 느낄 수 있도록 센터를 전면 개방하고 있다. 김 대표의 노력을 인정받아 센터는 2023년 농촌자원 활용 치유농업 육성사업 대상으로 선정된 데 이어 같은 해 강원도 치유농업 프로그램 경진에서 대상을 받았다. 김 대표는 농업을 통해 치유를 받고자

하는 이들은 가능한 한 자주 농촌을 찾아가야 한다고 설명한다. 어쩌다 한 번 농업을 체험하는 수준으로는 진정한 치유를 기대하기 어렵다는 것이다. 키친가든 프로그램을 일회성 체험이 아닌 1년 과정으로 설계한 것도 이 때문이다.

그는 "농촌의 꽃이라 불리는 수확기에 단발성으로 농업 체험을 하는 것도 좋지만 이 경우 농업의 여러 면을 경험하기는 어렵다"며 "땀을 흘리며 직접 씨앗을 심고 식물을 길러 채취하면서 다양한 느낌을 받는 것이 진짜 치유농업"이라고 강조했다. 그는 센터 운영 외에도 치유농업의 중요성을 알리기 위한 노력을 이어가고 있다. 2023년 농촌체험학습 활성화 세미나에 참석해 사례 발표를 맡았으며, 농촌진흥청 치유농업 포럼에서 주제발표를 했다. 서울 aT센터에서 열린 치유농업 활성화 토크 콘서트에서도 자신의 경험을 담아 발표해 참석자들의 눈길을 끌었다. 센터에는 김 대표 외에도 프로그램 참여자를 돕기 위한 사람들이 있다. 모두 원예치료사나 치유농업사 등 자격을 갖춘 전문 인력이다. 치유 프로그램을 체계적이고 전문적으로 운영하기 위해 김 대표가 채용한 이들이다.

전문 강사진과 재미있는 프로그램이 입소문을 탄 덕에 센터 방문객은 눈에 띄게 늘었다. 센터가 문을 연 초기에는 연간 방문객이 100명이 채 되지 않았지만 2023년에는 4500여 명으로 급증했다. 센터는 체험장과 온실을 합쳐 총 700평 규모로 조성돼 있다. 텃밭채소와 허브식물 60여 종을 구경할 수 있다.

장풍이체험학교…곤충 힐링의 백미

모기장과 비슷한 형태의 그물망 안쪽에 작은 나무가 자라고 있다. 언뜻 봐선 눈에 잘 띄지 않지만, 나무에는 작고 까만 생물이 붙어 있다. 장수풍뎅이와 사슴벌레다. 넓은 곤충 사육장이 갖춰진 이곳에서 아이들은 곤충을 관찰하며 즐거워한다. 이 공간은 강원도 홍천에 위치한 치유농업시설 장풍이체험학교로, 전체 면적은 3000평에 달한다.

장풍이체험학교는 장수풍뎅이를 포함한 곤충 체험을 할 수 있는 특별한 장소다. 머리에 큰 뿔이 솟은 장수풍뎅이는 멋진 외양을 지닌 만큼 애완용이나 학습용으로 인기가 많은 곤충이다. 박명수 장풍이체험학교 대표는 장수풍뎅이를 비롯한 곤충을 치유의 키워드로 삼아야겠다는 생각에 곤충 체험 프로그램을 개발했다.

곤충 체험 프로그램은 초등학생에게 인기가 많

장풍이체험학교는…

주소	강원특별자치도 홍천군 영귀미면 개운절길 142-7
대표자	박명수
연락처	010-8982-3789
교통편	홍천터미널에서 '공주터-월운' 버스 탑승, '농협앞' 하차 후 도보 20분
주요 프로그램	곤충 체험, 곤충 모형 만들기, 내가 우리집 행복 요리사(음식 만들기)
가격	1인당 4만원 안팎

다. 특히 여름방학이 되면 평소보다 많은 학생이 장풍이체험학교를 찾는다. 학생들은 곤충 사육장 안으로 들어가 장수풍뎅이와 사슴벌레 등을 관찰한다. 매년 7월부터 9월까지가 곤충의 활동이 가장 활발한 시기다. 여름방학 시즌에 살아 움직이는 곤충을 보고, 곤충에게 먹이를 주는 경험을 직접 해 볼 수 있는 것이다.

'창의관'이라고 부르는 곤충 사육장은 2020년 2월 리모델링을 마쳤다. 40일이 넘는 기간 동안 콘크리트 타설 등 기초 보강 작업과 골조 공사, 외부 마감, 인테리어 작업을 한 결과였다.

리모델링을 통해 장수풍뎅이와 사슴벌레의 사육 환경이 크게 개선된 것은 물론, 창의관은 이전보다 생생한 곤충 체험이 가능한 시설로 다시 태어났다. 또 곤충 먹이 제조(발효·배합)에서부터 선별, 사육, 가공 등 곤충 사육 전 과정에 관한 진로 체험 교육을 창의관에서 효과적으로 진행할 수 있게 됐다. 박 대표는 "장수풍뎅이는 치유 목적으로 활용이 가능하며 위생적이어서 프로그램을 구성하기 적합한 곤충"이라고 말했다. 장풍이체험학교는 식용곤충 조리 프로그램도 운영 중이다. 아직 식용곤충이 흔한 개념은 아니지만, 장수풍뎅이는 섭취할 경우 간에 좋아 식용으로도 좋은 곤충이라는 게 박 대표의 설명이다.

장풍이체험학교는 2020년 2월 농촌진흥청의 식용곤충 조리·외식창업 아카데미로 지정됐다. 장풍이체험학교는 곤충 모형 만들기 키트를 네이버 스마트스토어에서 판매 중이다. 장수풍뎅이와 여왕벌, 사슴벌레와 같은 곤충 모형을 만들 수 있는 재료를 모아 담은 상품이다. 가격은 한 마리당 2000원 안팎으로, 키트에는 단단한 종이와 스티커, 설명서 등이 들어 있다. 장풍이체험학교에는 곤충 모형이 여럿 설치돼 있는데, 키트를 구입하면 이를 집에서도 만들어 볼 수 있다.

동식물이 도와주는 치유

장풍이체험학교에는 반려견도 있다. 차우차우 암컷 차순이와 수컷 차돌이가 살고 있다. 웰시코기 꽃님이도 함께 산다. 이 반려견들을 상징하는 조형물도 설치돼 있다. 장풍이체험학교에서 베어낸 은행나무를 소재로 만들었는데, 만화 캐릭터 스누피와 생김새가 비슷해 아이들에게 인기가 많다. 차우차우라는 종의 이름을 딴 '차우네 힐링정원'도 이곳의 대표 시설 중 하나다. 차광·보온이 가능한 40평 규모의 온실로, 미각교육과 허브체험, 요리체험을 포함한 각종 치유 프로그램에 활용되는 장소다. 원래는 30평 규모의 단순 하우스 형태였지만 리모델링을 통해 규모와 기능이 개선됐다. 차우네 힐링정원에서는 로즈메리와 라벤더 등 10여 종의 허브류와 안개꽃, 만수국, 천일홍 등 초화류, 홍당무와 열무 등 50개가 넘는 과수와 작물이 자란다. 장풍이체험학교에서 곤충 체험만 할 수 있는 것은 아니다. 치유농업시설인 만큼 농작물을 활용한 프로그램도 준비돼 있다. 농작물 활용 프로그램 가운데 가장 반응이 좋은 것은 '내가 우리 집 행복 요리사'다. 시설에 마련된 농장에서 재배한 작물을 재료로 활용해 가족에게 음식을 만들어 주는 프로그램이다.

박 대표는 이렇게 만들어지는 음식이 사람을 치유할 수 있다고 봤다. 식재료 준비부터 음식이 완성되기까지 모든 절차가 치유의 과정이라는 것이다. 식재료는 고구마, 옥수수, 감자 등 장풍이체험학교에서 재배 중인 작물이다. 음식 만들기 프로그램은 상반기와 하반기로 나뉘어 있으며, 각각 8회기로 짜여 있다. 1회기는 모종을 심는 텃밭 활동으로, 식재료를 재배하기 위해 씨를 뿌리는 단계다. 2~3회기에서는 와인랙이나 천연 수세미 등 작물을 활용해 실생활에 필요한 물건을 만드는 활동을 한다. 음식을 만드는 프로그램이지만 식품 외 물건도 만들어 가져갈 수 있는 것이다. 4회기에서는 허브 민트 영양번식을 하고, 5~6회기에서는 에센셜 오일을 추출하거나 바질페스토·허브소금을 만든다. 7~8회기에서는 천연 방향제나 천연 벌레 퇴치제를 제작하고 케이크를 만든다. 마지막에는 팜파티도 연다. 총 8회기의 프로그램을 통해 참가자는 쌈밥과 당귀백숙, 쌈채소정식, 바질페스토 파스타, 수육보쌈 등을 해 먹을 수 있다. 수육보쌈은 장풍이체험학교에 구비된 대형 가마솥을 사용해 만들면 된다. 황기백숙과 더덕들깨탕도 장풍이체험학교에서 만들어 먹을 수 있는 대표 메뉴다. 토종 다래·머루 과수원인 '청산별곡 정원'도 장풍이체험학교의 자랑 중 하나다. 봄이 되면 방문객들은 과수를 관리하는 체험을 할 수 있고, 수확할 시기가 되면 다래를 재료로 한 요리도 만들어 볼 수 있다. 다래 샐러드나 다래 카나페, 다래잼을 손수 만들어 보는 체험이다. 또 다른 공간인 허브정원에서는 라벤더와 민트, 로즈메리 등 다양한 종류의 허브식물이 자란다. 허브를 이용해 모히토와 같은 음료를 만들어 마실 수도 있다.

박 대표는 "우리 농장에서는 작물을 재배할 때 농약을 거의 쓰지 않는다"면서 "프로그램 참가자들은 이곳에서 만든 음식을 먹으면 건강해질 수 있다는 믿음을 가지고 가족에게 음식을 만들어 먹여 주기도 한다"고 설명했다. 음식 만들기 프로그램 체험 가격은 회당 5만원 수준이다. 2019년에는 장풍이체험학교 운영에 도움을 준 인근 주민 20여 명을 초청해 삼겹살 파티를 열기도 했다. 학생이나 가족 단위 방문객을 위해 마련된 잔디 운동장에서는 풋살 경기를 할 수 있다. 미니골프장에서는 아이들이 작은 골프채를 가지고 잔디 위에서 골프 체험도 해 볼 수 있다. 농장 외부 활동도 있었다. 장풍이체험학교는 2022년 11월에는 홍천읍 소재 토리숲에서 열린 제7회 홍천 사과축제에서 곤충 모형 만들기 체험부스를 운영했

다. 날씨가 추워 살아 있는 곤충이 아닌 표본으로 만든 곤충을 전시했음에도 반응이 좋았다.

장수풍뎅이, 사슴벌레, 여왕벌 등 6종류의 곤충 모형을 만들어 볼 기회였다. 참가 대상은 유치원생부터 초·중·고생, 가족, 어르신에 이르기까지 다양했다. 장풍이체험학교에서 개발한 곤충 모형은 유치원생과 초등학생에게는 교육용으로 활용된다. 가족이나 고령층에게는 힐링이나 집중력 강화 목적으로 주로 쓰인다.

박 대표는 장수풍뎅이와 사슴벌레 모형을 개발하기도 했다. 2019년 3월 특허청에 디자인등록 출원 신청을 한 뒤 8개월의 심사 과정을 거쳐 같은 해 11월 디자인특허권자임을 증명하는 디자인등록증을 교부받았다. 장수풍뎅이와 사슴벌레 모형은 유치원과 초·중·고생을 대상으로 운영되는 곤충 체험 프로그램 교재로 사용되고 있다. 2021년에는 홍천군 관내 유치원생을 대상으로 농업 체험교실을 진행했다. 농업의 개념을 이해시켜주고 농촌을 오감으로 느낄 수 있도록 해준 프로그램으로, 곤충이나 식물을 기르는 체험이 주를 이뤘다. 장풍이체험학교는 토요문화학교 프로그램도 열었다. 관내 학생에게 다양한 교육 활동을 제공하기 위해 학교 수업이 없는 토요일에 농업 체험 활동을 제공했다.

토요문화학교에서는 레몬 모히토, 다래 카나페 등 건강 간식 만들기 프로그램, 곤충의 현재와 미래가치를 배우는 곤충 체험 프로그램이 진행됐다. 애벌레와 성충을 직접 관찰하고 곤충 모형을 만들어 보는 활동도 이뤄졌다.

대안학교 선생님, 치유농업 전문가로

박 대표는 과거 홍천에서 대안학교를 운영했다. 홈스쿨링에 관심이 많아 관련 책도 3권이나 썼지만, 어느 순간 농촌 자원을 활용한 교육을 해보고 싶다는 생각이 들어 대안학교를 접었다. 2017년 박 대표는 홍천군청에 곤충사육업(사육·가공·판매) 신고를 했다. 장풍이체험학교 운영의 시작이었다. 이듬해에는 홍천세무서에 사업자 등록을 했다. 사업 종목은 교육 서비스, 축산업, 제조업, 소매업, 서비스업이었다. 장풍이체험학교는 옛 대안학교 용지에 세워졌다. 2019년에는 농촌진흥청의 농촌교육농장으로 지정됐다. 농촌교육농장으로 인증받기 위해서는 27개 품질 항목과 74개 세부 항목에 대한 종합 심사 결과 100점 만점에 80점 이상을 받아야 한다. 장풍이체험학교는 2020년 교육부 진로 체험 기관과 농림축산식품부의 우수 식생활 체험 공간에 이름을 올렸다. 박 대표는 교육농장으로 운영 중이던 장풍이체험학교를 치유농장으로 탈바꿈하고자 했다. 교육 프로그램과 치유 프로그램을 함께 진행하면서 방문자들에게 보다 다양한 경험을 선사하고 싶은 마음에서였다. 이에 박 대표는 2022년 치유농업사 자격증을 취득했다. 강원도농업기술원 등에서 142시간의 교육을 이수한 후 농촌진흥청에서 시행하는 1차와 2차 자격시험에 합격한 것이다. 그로부터 1년 뒤인 2023년 장풍이체험학교는 수요자 맞춤형 치유농장으로 선정됐다. 농촌진흥청이 뽑은 전국 10개소 가운데 하나였다.

이후 박 대표는 국립원예특작과학원 치유농업센터의 농장 운영자 워크숍에 참석했다. 치유농장 운영자의 역량을 강화하는 교육을 들으러 간 것이다. 워크숍에서 박 대표는 △우울 감소를 위한 식물 재배 프로그램 △발달장애인 일상생활 기능 향상 프로그램 △청소년의 건강한 학교생활 적응 프로그램 등 사회서비스와 연계한 치유 프로그램에 관한 발표를 들었다. 여러 단계를 거쳐 지금의 모습으로 발전한 장풍이체험학교에서는 박 대표의 노하우를 살린 진로 관련 프로그램도 운영 중이다. 청소년들이 농업 분야의 유망 직업을 체험해보고 해당 직업을 진로로 정할 수 있도록 도와주는 것이다. 장풍이체험학교에서는 곤충 전문 컨설턴트와 치유농업사, 식생활 교육 전문가, 교육농장 플래너 등 전문 분야에 대한 교육을 실시하고 있다. 2019년에는 동화중학교 학생 30명이 방문해 곤충산업 전문가 진로 체험 프로그램에 참가했다. 당시 학생들은 장수풍뎅이와 사슴벌레, 식용곤충 장수애 사육 시설과 자연 사육장을 견학했다. 또 곤충 사육의 의의, 미래 식량으로서 식용곤충의 중요성, 직업으로서 곤충산업 전문가나 식용곤충 요리사는 어떤지 등을 배웠다. 고령층을 위한 프로그램도 진행했다. 장풍이체험학교는 2022년 홍천군 노인복지관과 노년기 건강 증진과 삶의 질 향상을 위한 치유 프로그램 개발, 운영을 위한 업무협약을 맺었다. 장풍이체험학교는 2022년 농촌교육농장 프로그램 경진대회에서 장려상을 수상했다. 농촌진흥청, 한국농어촌공사, 한국농어민신문사가 전국 농촌교육 프로그램을 비교한 결과 준 상이다.

청태산치유의숲…
울창한 잣나무 밑에서 명상

청태산치유의숲은…

주소	강원특별자치도 횡성군 둔내면 청태산로 777
연락처	033-340-6300
교통편	평창역에서 승용차로 20여 분 (대중교통 이용 불가)
주요 프로그램	활력드림(숲 체조, 아로마 테라피 등), 내 발에 활력을(맨발로 숲길 걷기), 꽃부채 만들기
가격	1인당 1만원 안팎 (만들기 활동 시 추가 비용 1000~2500원 발생)

울창한 잣나무숲에 걸린 해먹에 가만히 누워 심호흡을 하면 가슴이 맑아지는 듯하다. 도시에서의 걱정을 모두 내려놓고 산들바람을 맞으며 명상을 하다 보면 신선이 된 것 같은 기분도 든다. 숲속에서 해먹 명상을 할 수 있는 이 공간은 국립청태산치유의숲이다. 2011년 8월 문을 연 이곳은 강원도 횡성군에 위치해 있으며, 국립횡성숲체원 안에 자리하고 있다. 산림청은 2010년 4월부터 같은 해 말까지 숲체원 내 95㏊에 치유

의숲을 조성하는 사업을 추진했고, 2011년 상반기에 보완 공사를 실시한 후 일반인에게 개방했다. 강원도에 국민 건강 증진을 위한 체계적 시스템을 갖춘 산림치유 기지가 조성된 것은 처음이었다.

청태산치유의숲의 해발 고도는 800~850m인데, 이 높이는 인체 건강에 가장 좋은 수준인 것으로 알려져 있다. 사계절이 뚜렷하다는 점도 이곳의 장점이다. 50년이 넘은 낙엽송들이 봄에는 푸릇한 생명력을 느낄 수 있게 해주고, 여름에는 녹음을 보여준다. 가을에는 나뭇잎이 노랗게 물들어 아름다운 경관을 선사하고, 겨울에는 멋진 설경이 펼쳐진다. 서리가 나무와 풀에 얼어붙은 상고대도 곳곳에서 관찰이 가능하다. 낙엽송과 졸참나무 사이로 도토리가 많이 떨어지는데, 이 주변으로 모여드는 다람쥐도 볼 수 있다. 층층나무와 자작나무를 찾아 걷다 보면 계곡에 발을 담그는 이들이 눈에 보인다. 아이들과 함께 온 가족은 숲 오감 체험장에서 즐거운 시간을 보낸다. 생태연못과 야생화원도 감상할 수 있다.

곤충이 모여 사는 곤충호텔 '비오톱'은 어린이들에게 특히 인기가 많다. 비오톱에는 작은 애벌레부터 큰 장수풍뎅이까지 살고 있다. 여러 새의 소리를 들을 수 있는 새소리 체험장도 있다. 손으로 직접 쳐서 나무의 소리를 들어보는 나무 차임벨 체험에 대한 관심도 크다. 나무마다 쳤을 때 발생하는 진동이 달라 각기 다른 소리가 난다. 몸의 균형감각을 느끼며 출렁다리를 건너고, 팔 힘으로 외줄을 잡고 올라가는 활동도 가능하다. 어린이들이 도전해도 위험하지 않은 야외 클라이밍장과 숲속 거울도 설치돼 있어 지루하지 않게 숲길을 걸을 수 있다.

1박 하며 여유롭게 느끼는 숲

청태산치유의숲은 대부분의 국립치유의숲과 달리 숙박이 가능하며, 별도의 숙박동 건물이 있다. 2024년 기준으로 국립치유의숲 중 청태산치유의숲과 장성치유의숲에서만 숙박을 할 수 있다. 숲에 하루나 이틀간 머물면서 각종 숲 치유 프로그램에 여유롭게 참가할 수 있는 것이다. 숙박동에는 2인실과 5인실, 8인실이 있다. 1박 요금은 성수기는 5만~12만원이며, 성수기가 아닌 시즌에는 3만~11만원 정도다. 숙박객이 숲 치유라는 목적에 온전히 집중할 수 있도록 하기 위해 TV는 설치하지 않았다. 와이파이도 사용할 수 없다.

입실은 오후 2시부터 가능하며, 퇴실은 오전 11시까지 해야 한다. 식사는 원내식당에서 할 수 있고, 원한다면 숲 외부에서 해도 된다. 원내식당 식비의 경우 성인은 1인 8000원, 어린이는 5500원, 영유아는 3000원이다. 청태산치유의숲은 산림치유 시설과 산림교육 시설을 모두 갖추고 있다. 산림치유와 산림교육의 차이점은 프로그램의 대상이다. 산림치유 프로그램은 일반인과 고령층, 가족 단위 방문객, 약물·알코올 중독자 등을 대상으로 한다. 산림교육 프로그램에는 유아와 청소년, 장애인이 주로 참여한다. 청태산치유의숲은 약 20개의 프로그램을

진행 중이다. 도시민들에게 인기가 많은 대표 프로그램은 '힐링타임'이다. 힐링타임은 말 그대로 숲속에서 치유하는 시간을 가지도록 해주는 프로그램이다. 숲에 설치된 해먹에 눕거나 앉아 명상을 할 수 있고, 반신욕 기계나 족욕기를 사용해 온열 치유를 할 수도 있다. 힐링타임 프로그램 참가자들은 갓 끓여낸 따뜻한 오미자차를 마시면서 오롯이 나 자신에게 집중할 수 있는 시간을 가진다.

'활력드림' 프로그램도 도시 생활에 지친 이들에

게 인기다. 인체의 면역력을 높이는 활동이 주를 이룬다. 청태산이 가진 나무와 바람, 흙 등 치유인자를 이용해 산림치유 서비스를 받는 개념이다. 숲에서 하는 체조와 아로마 테라피, 물소리를 들으며 하는 명상을 비롯해 다양한 산림치유가 가능하다. 숲에서 피톤치드를 들이마시며 여러 활동을 하다 보면 신체 건강뿐 아니라 심리적 안정까지 얻는 느낌이 든다. 맨발로 숲을 걷는 '내 발에 활력을' 프로그램에 대한 문의도 많다. 숲길을 걸으면서 발에 자극을 줘 혈액순환을 원활하게 해 건강을 증진시키는 프로그램이다. 맨발로 걸으면 유해활성산소를 억제해 면역력을 향상시킬 수 있는 것으로 알려졌다. 청태산치유의숲에는 맨발로 걷기 적합한 습식 황톳길이 깔려 있다. 황톳길은 길이 370m, 폭 1.2m 규모로, 발을 다칠 염려 없이 깔끔하게 정돈돼 있다. 청태산치유의숲에 조성된 길 중 가장 대표적인 것은 1.4㎞ 길이의 데크로드다. 경사가 크지 않아 고령층은 물론 휠체어도 어렵지 않게 다닐 수 있으며, 동그란 모양으로 순환이 되는 구조다. 데크로드를 한 바퀴 도는 데 성인 기준으로 약 40분이 걸린다. 데크로드 외에도 낙엽송 숲길, 활엽수 숲길, 자작나무 숲길, 참나무 숲길 등 여러 수종을 보며 걸을 수 있는 길이 다양하게 조성돼 있다. 신체 건강한 이용객이 등산이나 트레킹을 목적으로 경사가 있는 곳에서 자연을 느낄 수 있는 숲길도 마련됐다.

물과 열로 면역력 향상

청태산치유의숲에서는 물과 열을 이용한 치유 프로그램에도 참가할 수 있다. 이 프로그램에서는 냉수욕과 냉수마찰, 이슬이 맺힌 풀 위나 얕은 물속에서의 보행 등을 조합시킨 크나이프 요법을 활용한다. 프로그램은 찜질방처럼 조성된 온열치유실에서 진행된다. 1시간 동안 물치유와 열치유를 병행해 혈액순환을 촉진하고 면역력을 키워준다. 물·열치유 프로그램은 숲 안에 있는 건물 중 산림치유센터에서 진행된다. 산림치유센터는 지상 2개층과 지하 1개층으로 구성돼 있

다. 연면적 742㎡ 규모다. 지하 1층엔 물·열치유실이 있다. 열치유실은 남성·여성·장애인용 등 대상별로 나뉘어 있으며, 100% 황토방으로 꾸몄다. 지상 1층에는 건강측정실, 지상 2층에는 운동치유실이 자리하고 있다.

상지한방병원을 비롯한 웰니스 의료관광 공동 추진 협약기관들은 건강측정실에 심박변이도(HRV) 측정기, 뇌활동 측정기, 생기능 자율반응 진단기, 체성분 검사분석기 등 다양한 측정 장비를 지원했다. 운동치유실에서는 요가와 명상치유 프로그램을 주로 연다. 치유시설은 모두 편백나무·황토·한지를 포함한 천연재료로 마감했다. 북부지방산림청과 상지대, 한솔개발 오크밸리, 상지대 부속 한방병원, 성지병원, 숲체원 등 6개 기관은 2011년 4월 웰니스 의료관광 공동 추진을 위한 협약을 체결했다. 이들 기관은 강원도 영서권의 웰니스 의료관광 모델을 구축하는 데 뜻을 모았다.

싱잉볼을 이용한 명상도 인기가 많다. 싱잉볼은 '노래하는 그릇'이라는 뜻을 지닌 금속 악기다. 표면을 손이나 스틱으로 두드리거나 문질러 소리를 낼 수 있다. 싱잉볼은 신비로운 울림을 가진 소리를 내는 만큼 치유 수단으로 자주 활용된다. 싱잉볼 명상은 실내에서도 할 수 있고, 실외에서도 가능하다. 날씨가 좋으면 숲속에서 진행하기도 한다. 이때 싱잉볼 소리는 바람소리, 새 소리와 어우러져 실내에서 들을 때보다 훨씬 깊은 감명을 준다. 숲에서 얻을 수 있는 자원을 활용해 물건을 만드는 치유 프로그램도 많다. 뜨

겁게 달군 인두를 나무판자에 갖다 대 글씨를 쓰거나 그림을 그리는 '우드 버닝'이 특히 인기다. 인두를 잡을 일이 거의 없는 도시민들은 처음에는 어색해하다가도, 자신이 손을 움직일 때 인두 끝에서 탄생하는 짙은 갈색 그림을 보면 탄성을 내지르며 행복해한다. 이 과정에서 성취감을 느끼는 것은 물론, 도시에서의 스트레스를 날릴 수 있다. 티 코스터나 냄비받침을 만드는 경우도 있다. 실생활에서 잘 쓸 수 있는 물건을 주로 제작한다. 꽃부채를 만드는 프로그램도 있다. 말려서 압축시킨 꽃을 뜻하는 '압화'를 붙이는 방식으로 부채를 꾸미는 활동이다. 이 프로그램은 주로 손에 있는 소근육 운동이 필요한 고령층을 대상으로 진행된다. 만들기 프로그램은 재료비가 드는 만큼 다른 프로그램보다는 가격이 높다.

만들기 활동을 제외한 청태산치유의숲 프로그램들의 기본 가격은 1시간에 5000원, 2시간에 1만원이다. 꽃부채 만들기 프로그램 참가 가격은 1시간에 1만1000원이다. 우드 버닝은 보통 2시간 동안 진행하는데, 1만2500원을 내면 참여할 수 있다. 청태산치유의숲을 가장 많이 찾는 계층은 도시에서 일하는 일반 성인이다. 평일에 휴가를 내고 혼자서, 또는 지인과 함께 숲을 찾아 휴식을 취하고자 하는 이들이 늘고 있다. 주말에는 가족 단위 방문객이 많다.

표은자 청태산치유의숲 산림치유팀장은 "코로나19 이후 숲 치유에 대한 국민적 수요가 크게 늘었다는 것이 느껴진다"며 "코로나19 이전인 2019년과 비교하면 일반 개인 방문객이 확연히 많아졌다"고 설명했다.

청태산치유의숲은 2023년 직장인 맞춤형 치유 프로그램 '청태산 햇살숲에서 쉬어가다'를 운영했다. 과도한 업무량과 감정노동, 직무 불만족 등 다양한 스트레스 환경에 노출되고 있는 직장인을 대상으로 종합적인 산림치유 서비스를 제공하는 내용이었다. 경직된 몸과 마음의 긴장을 풀어주고 육체적·정신적 피로감을 해소해주는 활동이 주를 이룬다. 오전 2시간, 오후 3시간으로 1일 2회 운영한다. 대상은 기업이나 공공기관, 동호회 등 단체 직장인이다. 숲 자원을 활용한 태교 프로그램도 있다. 횡성군은 2017년 청태산치유의숲과 연계해 숲 태교 교실을 운영했다. 숲 태교 교실 주제는 '행복한 엄마, 건강한 아기'였다. 오감으로 숲을 체험해 태아의 뇌 기능을 향상시키고 임신부의 우울·불안감을 줄여주는 것이 프로그램 목적이다. 이 프로그램에서 청태산치유의숲 소속 강사는 티 테라피, 태담(胎談), 태명 짓기, 체조, 스트레칭, 나무 가족액자·태명 목걸이 만들기 등 활동을 이끌었다.

가족과 함께하는 숲 체험

가족 단위 캠프 프로그램도 자주 연다. 2024년 봄에는 1박2일 일정으로 봄맞이 가족캠프를 진행했다. 농산촌 체험과 숲 오감 체험, 찐빵 만들기 활동 등 청태산치유의숲의 다양한 프로그램을 종합적으로 경험해볼 수 있는 일정이었다. 2023년 가을에도 여섯 가족을 선착순으로 모집해 가족캠프를 열었다. 잣나무숲에 대한 해설을 듣고, 잣강정을 만들고, 가족 미션 레이스를 하는 등 다채로운 활동으로 일정을 짰다. 같은 해 여름에도 '한여름숲의 꿈'이라는 가족캠프가 진행됐다. 참가자들은 계절이 여름인 만큼 여름에 많이 볼 수 있는 식물과 곤충을 관찰했고, 탄소중립 가족 미션 레이스를 했다.

숲 인문학 프로그램도 이뤄졌다. 2023년 가을에는 개인 또는 가족 10팀이 1박2일 동안 인문학과 숲 체험을 결합한 활동을 해볼 기회를 가졌다. 참가자들은 숲속 트레킹을 하며 인문학 공부를 했고, 숲 밧줄 놀이 등 숲 자원을 활용한 게임도 했다. 같은 해 6월에도 '소통하는 인문학'이라는 숲 인문학 프로그램이 개설됐다.

청태산치유의숲에는 산림치유지도사와 숲 해설가, 관리인이 근무 중이다. 이들은 인스타그램 계정(@hssoop_fowi)도 운영하는데, 이 계정을 보면 각종 행사 정보와 프로그램 소개, 숲의 모습 등을 확인할 수 있다.

대관령치유의숲…
백두대간 품에서 힐링

"체중 감량을 원하는 분들도 이곳을 많이 찾으십니다. 그런 분들은 '도전숲길'을 걸으면 땀을 쫙 빼실 수 있어요."

김진숙 국립대관령치유의숲 센터장은 숲에 대해 설명하며 이렇게 말했다. 대관령치유의숲은 강원도 강릉시 성산면에 위치한 숲으로, 영동지방에서 소나무가 가장 많이 자라고 있는 장소 중 하나다. 1920년대에 씨앗을 뿌려 생겨난 숲이다. 전체 면적은 224ha에 달한다. 산림복지진흥원에서 운영하는 산림복지시설인 대관령치유의숲은 2014년부터 2016년까지 3년간 조성 작업을 거쳐 2017년 4월 문을 열었다.

김 센터장은 "소나무는 한국인이 가장 좋아하는

국립대관령치유의숲은…

주소	강원특별자치도 강릉시 성산면 대관령옛길 127-42
연락처	033-642-8380
교통편	강릉시내 '교보생명' 정류장에서 503번 버스 탑승, '대관령박물관' 하차 후 도보 15분
주요 프로그램	쏠쏠을 테라피(숲 산책, 건강 측정), 솔향 나눔의 숲(숲길 걷기, 명상)
가격	1인당 1만원 안팎 (20인 이상 단체 20% 할인)

나무"라며 "100년이 넘은 소나무도 많은데 이는 우리 숲의 가장 큰 치유 자원"이라고 설명했다. 소나무 외에도 잣나무와 피나무, 산벚나무, 층층나무, 느티나무, 밤나무, 굴참나무, 졸참나무, 당단풍나무 등 여러 종류의 나무가 숲을 가득 채우고 있다. 각 나무에 붙어 있는 이름표를 보면 나무의 명칭과 정보를 확인할 수 있다.

대관령치유의숲에 있는 숲길은 난도별로 구분돼 있어 선택이 가능하다. 가장 쉽게 걸을 수 있는 길은 600m 길이의 데크로드다. 경사가 낮아 보행이 편리하고 폭이 넓다. 주차장에서 데크로드로, 데크로드 초입에서 숲길 마지막 부분까지 이어지는 길 전체를 휠체어가 무리 없이 다닐 수 있을 정도다. 데크로드를 걷다 보면 계곡 옆을 지나게 된다. 울창한 숲 안에서 울려 퍼지는 물소리를 들으며 마음을 안정시킬 수 있다. 걷다가 잠시 서서 눈을 감고 새소리를 들으며 명상을 하는 사람들도 많다. 데크로드 끝에는 대관령 전체를 바라볼 수 있는 금강송(金剛松) 전망대가 있다. 금강송 전망대에서는 탁 트인 광경을 보면서 맑은 공기를 들이마실 수 있다.

전망대 이름은 소나무의 한 종류인 금강송에서 따왔다. 금강송은 금강산에서부터 백두대간을 따라 강원도와 경북 지역에 자생하며, 균열이 적고 아름다워 최고의 목재로 꼽는다. 이 일대 소나무는 품질이 뛰어나 문화재 복원용 목재 생산림으로 활용되고 있다. 생태 가치를 인정받아 산림청이 선정한 경영관광형 10대 명품숲으로 지정됐다. 길이 편평한 만큼 임산부와 고령층도

데크로드를 자주 찾는다. 데크로드에서는 숲 태교 프로그램을 열기도 한다. 장애인이나 도박·약물 중독자를 위한 프로그램도 데크로드에서 주로 진행한다. 데크로드는 프로그램이 열리지 않는 날도 누구나 찾아와 걸을 수 있다.

도전숲길은 상대적으로 보행 난도가 높다. 데크로드보다 경사도 높고 걸을 때 칼로리 소모도 큰 편이다. 다이어트가 필요한 이들이 주로 도전숲길 코스를 선택한다. 이외에도 대관령치유의숲에는 물소리 숲길, 솔향기 치유숲길, 치유마루길을 비롯한 여러 개의 숲길이 있다. 치유마루길이 1.6㎞로 가장 길고, 도전숲길이 1.4㎞로 두 번째로 긴 코스다. 솔향기 치유숲길과 소나무 숲길은 1.1㎞, 오봉산 숲길과 물소리 숲길은 1㎞ 길이다. 숲길별 칼로리 소모량도 다르다. 대관령치유의숲에서 측정한 결과에 따르면 데크로드를 처음부터 끝까지 걷는 데는 100kcal 정도가 소모된다. 솔향기 치유숲길에선 290kcal, 치유둘레길에서는 1000kcal를 태울 수 있다.

맨발로 걷는 숲

2023년에는 맨발 걷기길인 '벗은발 숲길'을 개통했다. 기존에 있는 숲길 중 최적의 구간을 선정해 노면 정비와 안내판, 이정표를 설치해 자율 걷기가 가능하도록 조성했다. 제약바이오 상장기업인 파마리서치의 기부금으로 만들었다. 파마리서치는 강릉 출신의 정상수 회장이 이끄는 기업이다. 벗은발 숲길의 전체 길이는 1㎞다. 구간별로 형태가 다른데, 각 구간마다 걸을

때의 느낌이 다르다. 자잘한 흙이 깔린 구간에서는 부드러운 촉감을 느낄 수 있다. 반면 잔돌이 많이 섞여 있는 구간에서는 지압 효과를 볼 수 있다. 낙엽이 깔린 부분을 걸을 때는 낙엽이 부서지는 느낌이 발바닥에 고스란히 전해진다. 자연 계곡물에 발을 씻을 수 있는 곳도 있다.

벗은발의 어원은 맨발뿐이 아니다. 버선발이라는 의미도 담고 있는데, 숲과 사람이 서로 반갑게 맞이해주는 공간이라는 뜻이다.

대관령 옛길은 대관령치유의숲의 시그니처 길이다. 고려시대와 조선시대 이래로 영동과 영서를 잇는 교역·교통로 역할을 했다. 이 길은 옛길의 원형이 잘 보존돼 있어 2010년에 명승 제74호로 지정됐다. 대관령 옛길 트레킹 소요 시간은 넉넉히 2시간 정도다.

현대적인 자동차와 고속도로가 없던 시절 대관령 숲길은 영동과 영서를 오가는 모든 이들의 보행로였다. 대관령치유의숲에서는 이 길을 걷는 사람들이 옛 시절을 떠올려볼 수 있도록 역사적 인물을 나열하며 과거 일들을 설명해준다. 김 센터장은 "대관령 옛길은 신사임당, 허균, 허난설헌 등 고전적 인물이 걸어 다녔던 길"이라며 "그런 길을 우리가 걸으면서 몸과 마음을 치유하고 있다는 점을 숲 체험자들에게 알려드리고 있다"고 설명했다. 대관령 옛길 걷기 체험 행사가 따로 열리기도 한다. 2022년에는 강릉시 성산면주민자치위원회가 이 행사를 주최했다. 오전 9시부터 자율 산행 방식으로 치러졌다. 한마음 악단 공연, 옛길 골든벨, 성산 대관령 색소폰 앙상블 등 부대행사도 함께 열렸다.

명상치유움막도 대관령치유의숲의 특색을 잘 살린 시설이다. 명상치유움막은 나무로 만들어진 공간으로, 호리병 모양을 하고 있다. 움막 안에 들어가면 벽의 틈 사이로 약간의 햇빛과 다량의 피톤치드가 들어오는 것을 느낄 수 있다. 움막 안에 앉아서 새가 지저귀는 소리를 듣는 것도 힐링 포인트다. 숲속 한가운데에는 널찍한 치유

평상도 있다. 평상은 어른들에게는 잠시 쉬어가는 공간이, 아이들에게는 자유롭게 뛰어다닐 수 있는 놀이터가 돼준다.

대관령치유의숲은 생물 다양성이 큰 장소다. 여러 종류의 야생화와 나무가 계절별로 다르게 자란다. 침엽수인 소나무뿐 아니라 활엽수도 여럿 어우러져 있어 가을철에는 알록달록 단풍이 든다. 고라니, 노루와 같은 동물의 흔적도 많이 볼 수 있다. 딱따구리를 포함한 새소리도 여기저기서 들려온다. 대관령치유의숲은 일반인과 고령층, 장애인을 위한 다양한 힐링 프로그램을 운영 중이다. 대표적인 프로그램은 일반인을 대상으로 하는 쏠쏘올 테라피로, 도시민에게 특히 인기가 많다. '쏠쏘올'은 소나무의 솔, 영혼을 뜻하는 영어 단어 'soul'을 합한 말로, 소나무길을 걸으며 영혼을 치유한다는 의미다. 숲에서 쏠쏠한 재미를 찾을 수 있다는 뜻도 된다.

어르신, 숲에서 원기 충전

고령층과 장애인, 다문화가정 구성원, 저소득층

을 위한 '솔향 나눔의 숲' 프로그램도 있다. 100년이 넘는 소나무가 늘어서 있는 길을 걷고 숲속 깊은 곳에서 조용히 명상을 즐긴다. 소나무가 내뿜는 깨끗한 공기와 맑은 향기를 들이마시며 에너지를 충전할 수 있다. 도심이나 복지시설에서는 느끼기 힘든 여유를 만끽하며 치유 효과를 얻어가는 것이다. 솔향 나눔의 숲 프로그램 참여자는 대부분 고령층이다. 김 센터장은 "정부가 초고령사회 진입에 대비하기 위해 노인의 건강 관리에 정책적인 노력을 기울이고 있다"며 "전국 치유의숲의 주요 대상은 노인"이라고 말했다.

특히 대관령치유의숲은 정부의 치매 예방 사업과 연계한 프로그램을 운영하고 있다. 노인복지관이나 지역 보건소, 치매센터, 노인대학, 대한노인

회와 협의해 고령층을 위한 치유 활동을 진행한다. 솔향 나눔의 숲처럼 나이가 들어도 쉽게 즐길 수 있는 산책, 명상과 같은 활동이 주를 이룬다. 이렇게 진행되는 프로그램에 참여하는 어르신들은 겨울의 아주 추운 시기를 제외하고는 매달 대관령치유의숲을 찾는다. 스트레스 관리가 필요한 돌봄종사자도 숲 치유 활동에 대한 선호도가 높다. 숲에서 차를 마시거나 인지력 개선 차원에서 나무 팔찌를 만드는 활동도 인기가 많다.

찾아가는 서비스도 있다. 대관령치유의숲은 2023년에는 대한노인회 강원 강릉시지회와 연계해 강릉 지역 내 경로당에 찾아가는 숲 체험 교육사업을 운영했다. 신체적·경제적 제한으로 숲을 직접 방문하기 어려운 노인을 대상으로 복권기금 녹색자금을 활용해 전액 무료로 진행했다. △오감 열고 숲길 걷기 △자연물 공예 테라피 △아로마오일 테라피 △인지 놀이 프로그램 등 숲 치유 프로그램이 경로당에서 열렸다.

대관령치유의숲에는 실내 치유 활동을 즐길 수 있는 치유센터 건물이 따로 마련돼 있다. 치유센터에는 숲 치유 관련 강의가 열리는 강의실이 있는데, 50명 정도 수용할 수 있다. 요가 체험이 이뤄지는 별도 공간도 존재한다. 스트레스 정도를 측정할 수 있는 HRV 검사기를 구비한 건강 측정실도 이용할 수 있다. 교감신경과 부교감신경의 균형 여부, 피로도와 혈관 노화 정도도 파악된다. 때로는 일일 치유 프로그램도 열린다. 대관령치유의숲에서는 2023년 강릉 산불 피해

주민 30여 명을 대상으로 한 일일 치유캠프가 열렸다. 당시 강원특별자치도 재난심리회복지원센터가 주관했다. 치유캠프는 재난 경험으로 인한 스트레스를 완화하고 심리적 안정을 지원하기 위해 마련됐다. 자연물 테라피(DIY), 숲 치유 명상, 내 몸 바로 알기 등 프로그램이 진행됐다. 코로나19로 심신이 지친 이들을 치유하기 위한 프로그램도 있었다. 대관령치유의숲은 2021년 4월 숲길 걷기 행사를 개최했다. 참가자들은 4.5㎞ 길이의 치유둘레길을 걷고, '숲 호흡과 면역력 향상을 위한 건강 관리법' 강좌를 들을 수 있었다. 소규모 성악 공연도 열렸다.

대관령치유의숲 프로그램 체험 가격은 1인당 1만원이다. 20인 이상 단체의 경우 20% 할인이 가능하다. 재료비가 드는 만들기 프로그램의 경우 최대 3000원의 재료비가 붙을 수 있다. 산림치유지도사와 함께하는 개인별·그룹별 맞춤형 산림치유 프로그램은 사전 예약이 필요하다. 체험 희망일로부터 10일 전에 예약하면 된다.

대관령치유의숲을 방문했다면 인근에 있는 대관령자연휴양림을 가보는 것도 좋다. 이곳은 1989년에 개장한 국내 1호 자연휴양림으로, 기암괴석과 맑은 계곡이 어우러져 있는 장소다. 숙박시설과 야영 데크가 넉넉하게 갖춰져 있으며 숲 체험로와 야생화 정원, 황토 초가집과 물레방아, 숯가마 터 등 여러 가지 볼거리를 갖췄다.

드라이브 길인 '헌화로'도 대관령치유의숲 방문객들이 많이 찾는다. 헌화로는 강릉시 옥계면 금진해변에서 심곡항을 거쳐 정동진항으로 이어지며, 동해안 최고의 드라이브 코스로 꼽힌다. 한쪽에는 해안 절벽이 아찔하게 펼쳐져 있고, 다른 한쪽에는 탁 트인 바다가 보인다. 금진해변부터 심곡항 구간이 가장 유명하며, 이곳은 도보 여행자들에게도 인기가 많다. 사천해변과 순긋해변, 강문해변으로 가 바다 내음을 맡는 것도 추천한다. 2003년에 개장한 복합 문화 공간 하슬라아트월드도 함께 가볼 만한 장소다. 조각공원, 현대미술관, 카페, 뮤지엄호텔 등 볼거리가 다양하다.

드림뜰힐링팜…원등산 숲에서 느끼는 자연

전라북도 완주군 소양면 산골에 들어선 '드림뜰힐링팜'은 숲에 둘러싸인 치유농장이다. 원등산 기슭 2000여 평의 땅에 위치한 치유농장은 닥나무, 참나무, 산초나무, 대나무가 자라는 숲으로 둘러싸여 있다. 드림뜰힐링팜이 자리 잡은 소양면은 1950년대까지 한지를 만드는 업(業)이 이뤄져온 곳이라고 한다. 그때 한지의 원료가 됐던 닥나무가 지금도 이곳저곳 무성히 자라난다. 참나무류는 이곳에 사는 동물들에게 소중한 먹이인 도토리를 제공해주고 있다. 잎에서 특유의 향이 나는 산초나무도 볼 수 있다. 7~9월에 이곳을 찾는다면 연한 노란꽃을, 10월이라면 갈색의 열매를 볼 수 있을 것이다. 대나무와 키 작은 대나무인 조릿대도 자라난다. 대나무가 바람에 흔들리는 소리는 이곳을 찾은 이들의 마음을 고요하게 해준다. 이외에도 생강나무, 옻나무, 산벚나무, 잣나무, 오동나무, 단풍나무들이 자라는 곳에서 산림욕을 즐길 수 있다. 계절에 따라서는 작은 자주색 꽃이 주머니처럼 피는 금낭화, 별 모양 꽃이 다소곳이 땅을 향해 고개를 숙인 백합과 꽃인 얼레지도 볼 수 있다. 드림뜰힐링팜 텃밭정원에는 메리골드, 백일홍, 팬지, 한련화, 오이, 토마토, 가지, 고추, 상추, 치커리, 깻잎이 자란다. 5월에 심었던 오이, 토마토, 가지, 고추 모종은 물과 햇볕을 충분히 쬐고 영양분을 줘서 키우면 6월 중순부터 수확의 기쁨을 느낄 수 있다. 꽃이 피고 그 자리에 작은 열매가 맺힌 것을 보게 되면 얼마 되지 않아 즙이 풍성한 오이를 딸 수 있다. 주황, 노랑, 빨강 다양한 색깔의 방울토마토는 알록달록 보기도 다채롭다.

드림뜰힐링팜은…

주소	전북 완주군 소양면 원암로 348-13
대표자	송미나
연락처/ 이메일	010-6333-1695 minasong22@naver.com
교통편	전주역에서 810번 버스 탑승 후 소양행정복지센터에서 87-2번 버스 환승(800m 도보)
주요 프로그램	숲 놀이터, 동물 교감, 다육 테라리움, 과일청 만들기, 팜크닉
가격	원예치유 2만원부터, 푸드 테라피 2만원부터, 팜크닉 3만원

화마 이겨내고 다시 세운 치유농장

드림뜰힐링팜을 운영하는 여성 · 청년 농업인 송
미나 대표(36)는 젊은 경영인이다. 부친으로부
터 이곳 밭과 임야를 물려받아 2012년 스물넷의
나이에 '사랑이네 농장'을 처음 열었다. 쇠비름,
개똥쑥과 같은 약초를 재배하고 염소와 토끼, 닭
을 키우면서 치유농업의 꿈을 키웠다.

그러나 치유농장을 시작한 첫해 시련이 닥쳤다.
그해 11월 치유농장 내 주거용 건물에 화재가 발
생해 겨우 몸만 빠져나왔다. 건물은 모두 소실돼
말 그대로 하루아침에 모든 것을 잃었고 그 충격
으로 모든 것을 내려놓을까 고민도 했다.

그러나 가족뿐 아니라 얼굴도 전혀 모르는 이웃들
의 도움의 손길이 절망 속에 빠진 송 대표를 다시
일으켜 세웠다. 송 대표는 다시 채소와 약초를 심
고 염소도 키우면서 스스로 치유농장의 효과를 경
험했다. 이렇게 다시 치유농장을 꾸린 송 대표는
2014년 '드림뜰힐링팜'으로 간판을 바꿔 달았다.
꿈이라는 뜻의 드림(dream)과 '사람들에게 치유
의 시간을 드리는 공간'이라는 뜻을 함께 담았다.

드림뜰힐링팜은 계절마다 각기 다른 매력을 내
뿜는다. 3월이면 개구리가 알을 낳고 곧이어 올
챙이의 다리가 하나씩 나오는 걸 보게 된다. 본
격적인 봄에는 겨우내 움츠렸던 몸을 기지개 켜
듯이 숲에 새싹들이 올라오고 라일락, 무스카
리, 수선화 등이 이 공간을 화려하게 장식한다.
5월쯤 농장 가운데에 있는 탱자나무에서 호랑
나비 애벌레를 관찰할 수 있다. 탱자나무를 먹
으면서 비축한 애벌레는 곧이어 번데기, 나비가
되면서 치유농장을 자유롭게 날아다니며 꽃의
꿀을 먹는다. 여름에는 졸졸 흐르는 계곡에서
캠핑 의자를 놓고 시원하게 발을 담그고 있으면
남부러울 게 없다. 메뚜기가 여기저기 펄쩍펄쩍
뛰어다니고 계곡의 큰 돌을 들어 올리면 깜짝 놀
란 가재가 보인다. 도롱뇽이나 물까치, 딱따구
리를 만날 수도 있다.

가을에는 옷을 확 갈아입는다. 울긋불긋 단풍을
감상할 수 있다. 텃밭 작물들을 수확하는 체험
활동에 참여하며 몸과 마음을 풍성히 채울 수 있
다. 겨울에는 소복이 내리는 눈꽃을 보고 오두막

에 앉아 고구마를 장작에 구워 먹기에 제격이다. 220평 규모 온실도 드림뜰힐링팜이 자랑하는 대표적인 공간이다. 유칼립투스 40그루와 로즈마리 10그루, 라벤더 10그루를 비롯해 페퍼민트, 애플민트, 송엽국, 트리안, 맥문동, 꽃무릇 등이 곳곳에서 자라고 있다. 공기정화식물인 후미타, 테이블야자, 홍콩야자, 스파트필름, 고무나무도 재배하고 있다. 화분에서 자라는 공기정화식물들은 방문객들이 구매할 수도 있다. 이곳에서는 식물의 잎과 가지를 잘라 동물 모양으로 만드는 '토피어리'도 직접 해볼 수 있다. 진짜 동물들과 교감하는 동물농장도 있다. 200평 규모의 동물농장에서 산양과 토끼, 기니피그, 강아지와 교감할 수 있다. 암컷 산양 '눈송이'는 힘이 세서 곧잘 우리에서 탈출해 편백나무를 뜯어 먹고는 한다. 입맛이 까다로워 바닥에 떨어진 잎은 먹지 않는다. 눈 주위가 마스카라를 한 것처럼 검은색인 '블랙마스카라' 토끼 네 마리도 만날 수 있다. 큰소리에 깜짝 놀라기 때문에 다가갈 때는 발소리를 죽여야 한다. 기니피그 가족은 2024년 2월 새끼 두 마리가 탄생하며 7마리로 불었다. 무리를 이루어 지내길 좋아하는 기니피그 가족은 소리도 잘 낸다. 이곳 리트리버 '콩콩이'는 사람을 좋아하며 안기기를 좋아해 농장의 마스코트가 됐다.

원예치유 · 푸드 테라피로 입소문

방문객들은 원예교육, 원예치료, 텃밭정원 체험, 생태놀이 등 여러 체험 프로그램을 접할 수 있다. 송 대표는 "드림뜰힐링팜은 살아 있는 식

물을 여러 방법으로 접하면서 자연에 대한 이해를 넓히고 자연과 생명의 소중함을 일깨우는 게 목표"라며 "창의력, 감성, 사회성 발달을 포함한 전인적 통합 교육프로그램을 운영하고 있다"고 말했다. 이곳 프로그램은 식물을 매개로 하는 원예치유, 동물과 숲과 함께하는 동물과 숲 치유, 재배한 텃밭 작물로 요리를 만드는 푸드 테라피, 긍정적 감정을 증진하는 마음 힐링, 치유농장에서 프라이빗한 힐링 시간을 보낼 수 있는 팜크닉(farm+picnic) 등으로 구성된다.
'우울감 감소 공기정화식물 토분' 프로그램은 홍콩야자, 테이블야자, 하트아이비, 호야 등 공기정화식물의 원산지와 관리 방법에 대해 숙지하고 화분에 흙을 활용해 심어보고, 자라는 과정을 관찰해 우울감을 극복하도록 설계됐다.
'꽃향기가 나는 안개꽃 디퓨저'에서는 1000일 동안 시들지 않는 안개꽃으로 꽃다발을 만든다. 라벤더, 가든스위트 향을 맡으며 후각을 자극하고 나는 어떤 향기를 풍기는 사람이 되고 싶은지 이

야기를 나누는 시간을 갖는다. 유칼립투스 꽃과 나뭇잎을 둥글게 만들어 벽이나 문 등에 장식하는 화환인 리스(Wreath)를 직접 만들어볼 수도 있다. 리스는 삶의 축복과 행운, 그리고 영예를 기원하는 의미로 집에 가져가 인테리어 소품으로 쓸 수 있다. 백일홍, 메리골드, 가우라, 측백, 유칼립투스를 활용해 꽃바구니를 꾸미고 가족이나 친구들에게 고마움을 전하는 편지를 쓰는 시간도 가질 수 있다. 농장 내에 있는 '카페해월'은 도시민들이 치유농장에 방문했을 때 좀 더 편안함과 여유를 느끼기를 원하는 마음에서 마련한 공간이다. 음료로는 수제청을 사용한 백향과 차, 배도라지 라테, 시그니처 음료인 라벤더 해월, 딸기스무디, 블루베리 스무디가 있다. 노키즈존이 많은 요즘이지만 카페해월은 아이들을 반기는 곳이다. 어린이들이 자연에서 창의력과 즐거움을 느낄 수 있도록 모래놀이장을 마련했고, 자연 관련 책 읽기, 농부 체험이 가능하다.

진로체험·농촌교육의 장

교육부는 2018년 드림뜰힐링팜을 진로체험기관으로 인증한 데 이어 2020년에는 진로체험공헌 부문에서 감사패를 수여했다. 이 치유농장은 2019년 농촌교육농장으로 인증받았고 농촌진흥청에서도 2020년 치유농업공헌 부문에서 표창장을 받았다. 2021년에는 전국치유농업경진대회에서 최우수상을 받았다. 이 같은 결실을 맺기까지 송 대표는 꾸준히 노력에 노력을 쌓아 올렸다. 보육교사, 사회복지사 자격에 이어 치유

농업사, 원예치료사, 동물 매개 치유사, 청소년 상담사, 푸드 테라피 자격을 따며 전문성을 높여왔다. 송 대표는 기억에 남는 고객을 꼽아달라는 질문에 한 복지관 주관으로 노숙 경험이 있는 성인 발달장애인 분들이 치유농업을 경험했던 사례를 꼽았다. 이곳을 처음 찾은 노숙자들은 오랜 시간 노숙 생활을 하면서 자존감이 많이 낮아졌고 눈에 보일 정도로 불안감과 우울감이 있었다고 한다. 처음 이곳을 방문했을 때는 치유농장 측과 소통은커녕 눈도 못 마주쳤다. 그러나 매주 꾸준히 이곳을 찾으면서 변화된 모습을 확인할 수 있었다. 송 대표는 "노숙자 분들이 텃밭에서 농작물을 돌보면서 '나도 도움만 받는 존재가 아니라 돌봐줄 수 있는 사람이구나'라고 깨달으셨다"며 "나중에 이분들이 '이 공간에서 마음이 넓어졌다' '마음이 건강해지니 신체적인 움직임도 커졌다'라고 말씀하시는데 눈물이 핑 돌았다"고 말했다. 그분들은 매년 이곳을 방문하며 단골손님이 됐다. 프로그램마다 가격은 다소 차이가 있다. 원예 치유는 2만원부터, 푸드 테라피는 2만원이며, 팜크닉은 3만원이다. 드림뜰힐링팜은 매주 화요일부터 토요일까지는 오전 9시부터 오후 6시까지, 일요일에는 오후 1시부터 오후 6시까지 운영한다. 월요일은 휴무다.

치유농업 프로그램은 사전에 상담을 통해 예약제로 진행하고 있다. 같은 공간에서 운영하고 있는 카페해월은 방문하고 싶을 때 바로 올 수 있는 열린 공간으로 드림뜰힐링팜 동물농장, 온실, 체험장, 숲길도 함께 구경할 수 있다.

화순 허브뜨락…베르가못의 천국

전라남도 화순군 화순읍 종가산 기슭에 위치한 허브뜨락은 사실 뜨락이 아니다. '집 안 주변으로 가까이 딸려 있는 빈터'를 뜻하는 뜨락이라기에는 규모가 광대하다. 4800평의 넓은 땅에 30여 종의 허브와 토종 식물, 외래 수종 등 500여

화순 허브뜨락은…

주소	전남 화순군 화순읍 주도길 135-22
대표자	김남순 · 양영자
연락처/이메일	010-8667-6124 7364kim@naver.com
교통편	화순역에서 220번 버스 탑승 후 주도리2구서 하차(도보 12분)
주요 프로그램	50~60대 여성들을 위한 '농촌에서의 노는 법', 성격검사와 생애설계, 허브 오일 만들기
가격	1박2일 성격검사 치유여행 20만원, 허브 활용 식재료 만들기 2만원

종 식물이 자라는 거대한 화원이다.

허브뜨락 입구 쪽에는 30여 종의 허브류와 과실수가 다수 자란다. 들어서면서 일단 그 짙은 향에 놀란다. 국내에서 쉽게 보기 힘든 감귤의 일종인 베르가못이 이곳에서는 가로수처럼 죽 늘어서 있다. 시트러스 계열의 베르가못 특유의 별 모양 꽃과 짙은 녹색의 잎이 품위가 넘친다. 새콤한 과일 향으로 주변에는 생기가 감돈다.

예로부터 약용 식물로 이용돼온 세이지도 흰색, 녹색, 파란색의 트리 컬러 세이지, 체리 향이 나는 체리 세이지, 보랏빛이 나는 러시안 세이지 등 다양하다. 향기가 백 리까지 간다는 백리향, 톡 쏘는 박하 향기가 매력인 오레가노, 여름철 분홍 꽃을 피우는 에키네시아 등 여러 허브류가 구근 식물들과 함께 자란다.

허브뜨락에는 계절마다 다양한 꽃이 피어 향을 내뿜는다. 3~4월에는 산 맨 위쪽부터 노란 수선화가 차례로 피어 내려오고, 하얀 히아신스도 흐드러지게 핀다. 4월에는 보랏빛이 아름다운 붓꽃과 하얀 꽃잎에 노란 수술이 앙증맞은 마거리트, 부드러운 분홍의 작약 등 10여 종류 꽃이 피어 절정을 이룬다.

5월에는 하얀 아카시아 꽃이, 6월에는 톡톡 튀는 분홍색 베르가못 꽃이 아름답다. 가을이 되면 분홍색, 보라색 유파테리움이 온 산을 물들이고 하얀 들국화도 피어난다. 겨울에도 볼거리가 많다. 진한 향의 노란 납매 꽃이 앙증맞고, 붉은 크리스마스로즈도 다소곳이 피어난다. 2월이면 함박눈이 내린 허브뜨락 앞마당 길마가지나무에 노란 꽃이 흐드러지게 피고 꽃에서 풍겨 나오는 진한 향기가 겨울을 잊게 한다.

교육자 부부가 24년간 일군 땅

허브뜨락은 김남순·양영자 부부가 2000년부터 일궈온 화원이다. 김남순 대표는 조선대 특수교육학과 등에서 30여 년을 재직한 명예교수다. 아내인 양영자 대표는 초등학교에서 30여 년간 교편을 잡은 교사다. 어린 시절 전북 익산에서 자란 김 대표는 미국에서 연구교수로 있을 때 미국인의 정원 문화에 심취했다고 한다. 양 대표 역시 꽃을 좋아해 서울에서의 결혼 생활 중에도 시간이 나면 근교로 나가 자연을 벗하며 심신을 달랬다.

허브뜨락이 시작된 것은 양 대표의 결단 덕분이었다. 김 대표는 "어느 날 집에 와 보니 아내가

화순군에 땅을 사났더라"고 말했다. 아직 둘 다 40대 중반의 젊은 나이였다. 그때부터 부부는 틈틈이 이곳을 찾아 나무와 꽃을 심으며 가꿔 나갔다. 단지 부부 둘의 전원생활을 위한 것만은 아니었다. 두 교육자는 특수교육 대상자들과 가족들을 위한 치유 프로그램을 시작한 뒤 암 환자와 치매 예방을 중심으로 프로그램을 운영해왔다. 김 대표는 "재직하던 대학에 특수교육학과를 만든 뒤 그에 걸맞게 이곳에 치유 농장을 꾸리고 살 집을 지었다. 장애인 부모들을 위한 치유 교실을 만들어 함께 마음을 나눠 보는 시간을 가졌다"며 허브뜨락 초기를 회상했다.

교육자 부부답게 이곳은 '생각하는 정원'을 콘셉트로 하고 있다. 고대 그리스 철학자 에피쿠로스가 만든 정원학교가 모티브가 됐다고 한다. 그리스 아테네를 세 번이나 다녀왔다는 김 대표는 "에피쿠로스는 정원을 통해 사람의 삶을 격조 있게 만들고자 했다. 그의 쾌락주의가 중세 이후에는 자연주의로 이어졌다"고 설명했다. 일반인과 장애인, 심리적·육체적으로 병약한 생활을 하는 모든 사람에게 휴식과 치유를 제공하고자 하는 마음을 담았다.

팔팔 산책로·어부바길…이곳엔 '길'이 많다

팔팔산책로, 어부바길, 에피쿠로스길, 산딸나무길…. 허브뜨락에는 유독 '길'이 많다. 자연을 산책하며 자신과 인생에 대해 생각하라는 의미가 담겼다. 이곳의 간판 길은 팔팔산책로다. '팔팔하게 88세까지'란 뜻을 담은 작명이다. 바닥에

자갈을 깔고 기찻길처럼 침목을 888개 깔아 길을 만들었다. 이 침목 길로 시작해 왕복 1800m를 걷는 명상길이 설치돼 있다. 지금까지의 삶의 여정을 뒤돌아보는 과정에서 시작해 앞으로 남은 나의 여정을 명상하며 걷는 길이다.

어부바길은 김 대표가 미국 미시간대에서 연구교수로 지낼 때 읽은 한 미국인 교수 이야기에서 영감을 받았다. 그 미국인 교수는 한국전쟁에 참전했는데 캠프 한쪽의 군부대 쓰레기장에서는 오후 5시만 되면 어린 아기를 업은 젊은 한국 어머니들이 먹을거리를 찾아 쓰레기장을 뒤졌다고 한다. 과학을 전공한 그 교수는 이 모습을 보고 한국이 30~40년 뒤에 세계 인류 국가가 될 것이라고 확신했다고 한다. 아이가 어린 시절 엄마의 심장 소리를 많이 들으면 전두엽이 발달한다는 논리였다. 김 대표는 "점점 어부바 문화가 사라지는 것이 아쉬워서 만든 길"이라며 "방문객들에게 이 이야기를 하며 서로 어부바를 하도록 안내한다"고 말했다.

'조율이시원(園)'에는 말 그대로 대추나무, 밤나무, 배나무, 감나무가 자란다. 우리 유교 전통을 형상화한 공간이다. 꽃이 피면 반드시 열매가 열린다고 해서 자손의 번성을 나타내는 대추나무에는 저출생 현상이 심화하는 지금 더 눈길이 간다. 껍질이 잘 벗겨지지 않는 밤은 자신의 근본(조상)을 잊지 않음을, 접목해야 좋은 열매가 열리는 감은 역경을 이겨낸다는 의미를, 흰 속살의 배는 지혜나 제물을 뜻한다고 한다.

기독교와 불교를 각각 상징하는 산딸나무와 보리수도 심었다. 산딸나무는 예수 그리스도가 못 박힌 십자가의 재료였고, 석가모니는 보리수 아래에서 수행하며 깨달음을 얻은 것으로 유명하다. 치유 농장에는 두 개의 연못이 있다. 첫 번째는 춘호지, 춘호는 김 대표의 호(號)다. 프랑스 인상파 화가 클로드 모네의 '수련' 연작에서 모티프를 딴 연못에는 수련과 수변 식물들이 자란다. 연못 중간의 다리 이름은 지베르니교, 모네의 정원이 있던 프랑스 파리 근교 마을 이름에서 따왔다. 또 다른 연못은 종가지(池)다. 예로부터 이 마을에 있던 연못으로 무등산 자락 종가산에 있어서 종가지라는 이름이 붙었다고 한다. 부부가 이곳에 왔을 때 그냥 메우기에는 너무 아까운 연못이라 보수해 지금에 이르렀다.

반려식물 프로그램…가족 단위 숙박객 많아

허브뜨락은 가족 단위 숙박객이 많다. 가족이 함께 와 성격 검사(MBTI 검사)나 다면적 인성 검사를 하며 자신이 누군지 성찰하고 자연 속에서 마음을 다잡는다. 생애 설계를 하면서 깊은 대화를 나누려는 사람도 많다. 양 대표는 "허브 뜨락을 찾는 분들 중에는 자녀와 깊은 대화를 하려는 분들이나 노인이 된 부모들과 지나간 시절을 이야기하는 자녀가 많다"고 말했다.

허브 소금 만들기, 허브 오일 만들기, 반려식물 화분 만들기와 같은 프로그램도 운영한다. 초등학생 대상 프로그램도 마련돼 있다. '허브 식초 만들기'에서는 허브 향을 맡아보고 느낌 공유하기, 허브 식초 만들고 식초에 라벨 꾸미기를

할 수 있다. '다육·원예식물 심기'는 씨앗 관찰하고 심는 방법 알아보기, 씨앗 심기, 식물이 자라는 데 필요한 조건 알아보기로 구성된다. 초등학교 고학년을 대상으로 하는 '치유 정원·명상 숲 체험'은 생태 숲 관찰하기, 나무 이름과 특성 알아보기, 다양한 낙엽을 이용해 화환 만들기 등으로 이뤄졌다. 치매 예방과 암 환자를 위한 치유 음식과 장애인 치유 프로그램도 진행한다. 치매 전조가 있는 어르신들이 함께 모여 텃밭을 가꾸며 허브로 만들기를 하고 산책하는 일정이다. '팔팔하고 가슴 설레는 나의 인생 설계'도 진행한다. 화순 허브뜨락의 팔팔로와 도곡 온천장에서 휴식과 명상을 하며 성격 검사와 스트레스 검사를 진행한다. 치유의 올레길 걷기를 통해 올바른 자기 이해를 바탕으로 새로운 미래를 위한 생애 설계를 하는 1박2일 특별 프로그램이다.

50·60대 여성들을 위한 '농촌에서의 노는 법'은 이곳 간판 프로그램이다. 1박2일 일정으로 MBTI 검사를 하고 앞으로의 여생을 위한 생애 노트를 작성한다. 김 대표는 "한국 50·60대 여성들은 그동안 자녀 교육, 남편과 가족 돌봄에 여념이 없었다. 그래서 자신이 어디에 있는지 모르는 자기 상실의 삶으로 공허감과 큰 갈등에 휩싸여 있다"며 "잃어버린 자신을 찾기 위해 성격 검사를 실시

하고 이를 토대로 대화하다 보면 가슴속에 겹겹이 쌓여 있는 한이 실타래처럼 풀어져 나온다"고 말했다. 두 대표는 허브뜨락을 진정한 휴식의 공간, 사색과 성찰의 공간으로 꾸리고 있다. 김 대표는 "정원을 감상하고 진정한 사색을 하려면 식물들과의 소통이 중요하다"며 "정원 내면의 모습을 공감할 때 진정한 치유 효과를 얻을 수 있다"고 말했다. 허브뜨락은 2019년 전라남도 제9호 민간정원으로 지정됐다. 2022년에는 농촌진흥청 제18회 생활원예경진대회에서 우수상을 받는 등 치유농업의 가치를 인정받고 있다. 지역사회와 연계한 치유농업 활동도 활발히 이뤄지고 있다. 화순군에서 실시한 청소년 생애 설계 프로그램은 1박2일 일정으로, 자기 이해를 위한 성격 검사와 동료들과의 사회적 관계 형성을 위한 간단한 농작업, 온천장까지 올레길을 걸어가 하는 온천욕과 숙박을 겸한 집단상담과 명상 등으로 이뤄졌다. 전라남도 사회 혁신 노인·장애우 협동 치유농업 활동, 화순군 사회단체 공익 사업 청소년 인성교육 등도 이곳에서 이뤄졌다.

50·60대 여성을 위한 1박2일 치유 여행(노는 법) 프로그램은 20만원, 허브 오일·소금이나 오픈 샌드위치 만들기 등 허브뜨락에서 재배된 허브를 활용한 식재료 만들기, 그리고 MBTI·적성 검사를 기초로 한 생애 설계는 각각 2만원이다. 매주 월요일은 '식물 휴식일'로 정해 운영하지 않는다. 주로 3월부터 11월까지 운영하고 숙박객에 대해서는 연중 무휴로 운영한다. 운영 시간은 오전 9시부터 오후 6시까지다.

꽃다비팜…백합 농장이 '치유 맛집'으로

전라북도 김제시 금산면에 폭 쌓여 있듯 자리 잡은 꽃다비팜은 본래 백합과 튤립 재배를 주업으로 하던 농장이었다. 2015년 김영란법 시행과 함께 수입 꽃이 늘어나며 국내 화훼 농가에 위기가 닥친 뒤 치유 농장을 겸하게 됐지만, 현재도 튤립과 안개꽃을 대규모로 재배하고 있어 화훼 농가의 정체성이 강하다.

꽃다비팜은 튤립과 안개꽃을 재배하는 비닐하우스 5개 동과 200평 규모 유칼립투스 터널 하우스, 치유 텃밭 하우스, 등나무 터널 정원과 배

꽃다비팜은…

주소	김제시 금산면 용산3길 157
대표자	임금옥
연락처	063-545-0940
교통편	김제역(무궁화호)에서 33번 버스 승차, 목우촌 하차 후 도보 10분
주요 프로그램	발달장애인, 치매 어르신, 가족 동반 텃밭 가꾸기
가격	체험 프로그램 20인 이상 시 인당 1만5000원(재료비 따라 가격 상이)

과수원으로 구성됐다. 비닐하우스는 판매용 경작동과 치유농업용으로 나눠 관리하고 있다.

터널 모양의 치유 하우스에서는 동그랗고 짙은 초록색 잎이 아름다운 유칼립투스가 사계절 내내 진한 향을 내뿜는다. 치유 텃밭 하우스에서는 주로 상자 텃밭에 꽃과 채소 씨앗을 재배하는 프로그램을 운영한다. 씨앗을 심은 뒤 매주 성장하는 과정을 보고 체험하는 프로그램이 진행된다. 토마토, 오이 등을 심어서 직접 키우고 샌드위치, 카나페, 버거 등을 만들어 먹는다. 가을배추와 무 심기도 진행돼 김장철에는 수육 파티를 하기도 한다.

꽃다비팜은 영농 부부와 두 딸이 함께 운영한다. 임금옥 공동대표는 원래 보건소 간호직 공무원으로 근무했다. 이후 원예를 전공한 남편을 만나 결혼한 후 농업에 종사했다. 2015년 원예치료 석사 과정을 마친 후 현재 원예치료 박사 과정을 밟고 있다. 간호사, 복지원예사, 화훼장식기능사, 유기농기능사, 도시농업관리사, 치유농업사 등 자격을 땄다. 남편인 박성구 공동

대표는 농학 박사 과정을 마치고 치유농업과 겸임교수와 화훼과 초빙교수로 일하고 있다. 큰딸인 박은실 씨는 어머니인 임 공동대표를 따라 원예치료 석사를 딴 뒤 현재 원예치료 박사 과정을 밟고 있다. 치유농업사 자격을 딴 그는 수요자 맞춤형 치유농업 프로그램을 운영하고 있다. 작은딸 박은영 씨 역시 원예치료 석사를 수료한 뒤 방과 후 원예 강사, 돌봄학교 특수학생, 발달장애인 치유농업 프로그램을 맡고 있다.

꽃다비팜에서는 1993년부터 꽃을 재배했다. 이후 2015년 김영란법이 시행됐고, 일본으로의 꽃 수출이 난항을 겪으며 화훼 경기가 급격히 어려워졌다. 마침 당시 대학원 원예학과에서 공부하던 임 공동대표는 원예치료 분야에 대해 알게 됐다. 한때 간호사로 활동했던 그는 '간호 중재로서 원예 활동이 독거노인의 우울감과 자아존중감에 미치는 영향'이란 논문으로 석사 학위를 받고 복지 원예사(원예치료)로 원예 강사 일을 하기 시작했다. 간호사라는 자격이 유관 기관에서 신뢰감을 얻으면서 많은 수업을 하게 됐다. 이를 계기로 1차 산업인 농업만 했던 농장은 2차 산업인 보존화(프리저브드 플라워) 가공과 3차 산업인 치유 농장으로 영역을 확장했다. 꽃처럼 아름답다는 뜻을 가진 순수 우리말 '꽃다비'에서 따와 치유 농장 이름을 지었다. 이후 꽃다비팜은 농림축산식품부로부터 6차산업인증농장, 사회적 농장, 현장실습교육장으로 선정됐고 농촌진흥청에서 농촌교육농장 품질 인증을 받았다. 교육부에서는 교육기부 진로체험인증기관으로 선정됐다.

휠체어 타도 재배할 수 있는 상자 텃밭 운영

꽃다비팜에서는 재배동에서 나오는 꽃과 상자 텃밭을 활용해 프로그램을 주로 진행하고 있다. 치유농업 프로그램은 대상자에 따라 8회부터 24회까지 다양하게 진행하고 있고, 텃밭 프로그램을 중심으로 하고 있다. 대상자에게 맞는 척도지 검사와 유비오 맥파기를 이용해 스트레스 지수를 측정해 효과를 분석하고 있다. 일회성 방문객도 30여 종의 원예 치유 체험을 할 수 있다. 꽃다비팜에서는 3월 말부터 4월 초에는 감자를 심고 백합 구근을 비롯한 다양한 꽃 씨앗을 파종한다. 쌈채소 파종도 이때 이뤄진다. 5월 초에는 오이, 토마토 등 채소·과채류 모종을 심는다.

텃밭 프로그램은 농촌진흥청 프로그램에 농장 자원을 활용해 개발한 프로그램으로 운영한다. 텃밭은 가로 180㎝, 세로 110㎝의 '상자 텃밭'으로 고랑까지 합해 한 평 농장으로 돼 있다. 나무로 만들어진 상자 텃밭은 관리가 편리하며 휠체어가 들어갈 수 있는 통로를 확보하고 있다. 상자에 있는 흙은 코코피트와 상토를 섞어서 만든 것이어서 장갑 없이도 활동하는 데 전혀 어려움이 없을 정도로 부드럽고 촉감이 좋다. 코코피트는 코코넛 껍질에서 섬유질을 제거한 뒤 만든 유기 물질이다. 실제로 이곳에서는 호미를 사용하지 않아도 흙이 잘 파여 감자도 쉽게 심을 수 있다. 감자를 캘 때도 손으로 감자순들을 들어 올리면 감자가 줄줄이 따라 올라온다. 그냥 그 자체만으로도 치유가 된다는 사람들도 있다. 어렵고 힘들게 생각했던 농업이었는데, 상자 텃밭에서 생명이 자라는 걸 보면서 아이들도 어르신들도 흥미를 느낀다. 농장에 오면 먼저 자기 텃밭으로 달려가 한 주 동안 얼마나 변화됐는지 관찰부터 한다고 한다. 씨앗 파종 후 솎기 작업을 할 때는 내 안에 버려야 할 것들이 무엇인지 고민하고 이야기를 나누어 본다. 솎아낸 채소들은 버리지 않고 빵에 넣어 버거를 만들어 먹는다. 오이, 고추, 토마토는 자라면 지지대를 세워줘야 한다. 옆으로 누워서 자라고 있는 오이를 보면서 일으켜 세워주고 싶다고 먼저 말을 꺼내기도 한다. 서로 협동하면서 지지대를 세우고 끈으로 작물을 세운다. 내가 힘들었을 때 지지대 역할을 해준 분이 있었는지를 이야기해보면 어르신들의 경우 지난날 힘들었을 때 이야기를 꺼내시기도 하고, 아이들이나 장애가 있는 친구들은 부모님, 삼촌, 목사

님 등 다양한 이야기를 한다. 텃밭 작물들을 병해충으로부터 지키기 위해 계란, 마요네즈로 천연 방제를 만들어 뿌려주거나 식초를 타서 뿌려주는 등 하나의 놀이를 만들어 방제에 나선다. 임 공동대표는 "자신의 텃밭에만 방제를 뿌려줘도 되는데 남의 집 텃밭에도 다 뿌리고 다니는 아이들의 모습을 보면 절로 웃음이 나온다"고 말했다. 상자 텃밭의 토마토, 오이, 고추 모두 다 꽃이 피기 시작한다. 꽃이 피는가 싶으면 어느 새 열매가 맺히기 시작한다. 농장 산책을 다녀오다가도 텃밭에 들러 오이 하나를 따서 서로 나눠 먹으면 그 맛

에 모두 더위를 잊고 행복해한다고 한다. 유칼립투스 터널은 이곳에서도 가장 인기가 많은 장소다. 유칼립투스는 진한 향기도 좋지만 수피가 무척 아름답다. 유칼립투스 잎을 하나 따서 손으로 살짝 비빈 후 향기를 맡으면 막혔던 코가 확 뚫리는 기분이다. 임 공동대표는 "유칼립투스 잎 향기를 맡으면 폐가 열리면서 숨 쉬기가 좋아지고, 후각 기능이 살아나면서 인지 기능이 개선되는 것은 물론 신체적 · 정서적으로 안정감을 찾게 된다"고 설명했다. 단회차로 오는 경우 이곳에서 수업을 많이 하며 유칼립투스를 활용한 갈런드 행잉 플랜트나 유칼립투스 리스 만들기를 한다. 유칼립투스 터널 바로 옆에 하우스로 이동하면 안개꽃 하우스가 있다. 여기는 재배 동이긴 하지만 치유농업 자원으로도 많이 활용하고 있다.

방문객 대부분이 이곳에서 안개꽃 재배 현장을 처음 본다. 안개꽃이 필 때는 안개꽃 한 아름 따기 체험을 한다. 마음껏 따라고 해도 얼마만큼을 따야 할지 모르겠다며 소박하게들 딴다고 한다. 주인이 나서서 한 아름씩 안겨 주다 보니 '인심 좋다'고 소문이 났다고 한다. 고구마 심기 체험장도 인기가 좋다. 쇠꼬챙이처럼 생긴 고구마 심는 도구에 고구마순 하나를 집어 걸친 뒤 손에 힘을 주어 그대로 포대에 푹 찌르면 고구마순이 포대 안 흙으로 쉽게 들어간다. 포대 이곳저곳에 이렇게 5개 정도의 순을 푹푹 찔러 심으면 끝이다. 고구

마를 심은 지 100일이 지나면 수확철이다. 넓은 비닐을 깔아 놓고 자기 고구마 포대를 엎기 시작한다. 포대만 엎었을 뿐인데 많은 고구마가 숨어 있다. 비닐봉지에 고구마를 담는 방문객들 사이에서는 "집에 가져가서 이웃과 나눠 먹어야지"라는 말이 절로 흘러나온다.

우울증 치료 효과도 으뜸

농장에는 400평 규모의 등나무 터널이 있다. 종전에는 꽃을 재배하던 비닐하우스였는데 비닐을 걷어내고 골조만 남겨 3가지 색상의 등나무를 심었다. 등나무 터널을 만들어 꽃 축제를 하려고 계획 중이다. 여름에는 등나무 정원 아래에서 텃밭 활동을 한다. 위에는 등나무 터널이고 밑에는 잔디를 심었다. 상자 텃밭이 줄지어 있다. 등나무는 전지를 자주 해 꽃이 밑으로 다 떨어지도록 했고, 햇볕이 골조 사이사이로 들어와 텃밭 작물도 잘 큰다. 현장 체험학습으로 초등학교 학생들이 소풍을 자주 오는데 이곳에서 돗자리를 펴 놓고 도시락을 먹는 풍경은 정말 예쁘다고 한다. 부모·자녀 가족 단위 프로그램에서는 농업 활동을 함께하며 부모와 자녀 간 접촉을 통해 자연스럽게 대화가 이뤄진다. 초·중·고등학생을 위한 교육 연계 생태학습과 진로·직업 탐색 프로그램도 마련돼 있다.

발달 장애인은 치유 농장의 개방감에 자유로움을 느끼고 맘껏 소리도 지르고 편하게 머물다 가며 신체적 능력과 작업 수행 능력을 키워 간다. 정신 재활 및 우울증 환자들은 꽃과 식물 텃밭 활동을 통해 자신감과 자존감을 회복한다. 꽃다비팜에는 치매 어르신과 성인 발달 장애인, 특수교육 대상자, 다문화 가족, 정신 건강 재활 대상자, 지역 아동센터 아동이 많이 찾는다. 우울증이 심해 지적 장애가 온 한 청년은 8회기 텃밭 프로그램을 통해 작은 씨앗이 싹이 나고 커 가는 과정을 보면서 감정 이입을 하며 '보잘것없는 자기 모습이 이리 잘 커 가는 것 같다'고 힘을 얻었다. 평소 잡초의 모습이 자신처럼 보인다고 말하던 이 청년은 "버려진 잡초를 활용해 색을 입혀 보존화를 만들어 꽃바구니 만들기 소재로 활용할 때는 감동을 받았다"며 눈물을 보였다. 임 공동대표는 꽃다비팜이 '치유 맛집'으로 불리길 바란다. 기가 막히게 잘돼 있는 시설에서가 아니라 농장주의 말과 행동으로 치유가 된다는 말을 듣고 싶어서다. 임 공동대표는 "예전에 간호사로 보건소에서 근무할 때 어르신들이 보건소에 와서 '의사 선생님이 손만 만져줘도 병이 나은 것 같다'란 말을 많이 했다"며 "치유농업사를 만나고만 가도 치유가 된다는 소리를 듣고 싶다"고 했다. 꽃다비팜의 체험 프로그램은 20인 이상 기준으로 진행된다. 강사비를 포함한 가격으로 압화 유리 머그잔 만들기, 테라리움, 하트 꽃꽂이 등 프로그램이 각각 인당 1만5000원이다. 프로그램별로 가격은 다소 다르다. 체험 프로그램은 20인이 초과되도 인당 이용료는 늘어나지 않지만 15인 이하인 경우 이용료가 올라간다. 꽃다비팜 프로그램을 이용하기 위해서는 전화로 사전예약을 하면 된다. 월요일에서 토요일까지 오전 9시~오후 6시에 운영한다. 일요일은 휴무다.

모이라농장…
허브와 편백이 춤추는 늘 푸른 치유농장

전라남도 순천시 서면에 있는 모이라농장은 편백나무와 허브가 넘치는 8만5000평의 규모의 숲속 정원이 일품이다. 농장 주변에는 하늘로 높이 솟은 편백나무들이 빽빽하게 자라는 숲이 드넓게 펼쳐져 있다. 황칠, 산마늘, 작약, 허브, 원예 작물 등 다양한 작물도 풍성하다.

사철 푸르른 편백나무는 맑은 공기와 음이온, 피톤치드를 뿜어낸다. 모든 계절이 아름답지만, 계절에 따라 보랏빛 라벤더를 비롯해 여러 허브와 다양한 색으로 물드는 수국과 국화가 찾는 이들을 반긴다. 봄에는 편백나무 숲 아래의 푸른 산마늘과 정원의 다양한 허브와 꽃들이 아름답게 흐드러지게 핀다. 여름에는 산의 모든 조각이 푸르게 자라난다. 한쪽의 참나무에서는 표고

버섯이 풍성하게 올라오고 농장 입구와 길가에는 하얗고 파란 수국이 가득하다. 가을과 겨울에는 화려한 꽃이나 알록달록한 낙엽은 없지만 시원한 산 공기와 편백숲의 푸르름이 마음을 평안하게 해준다. 순천은 눈이 많이 내리는 곳은 아니지만 가끔 내리는 눈이 편백숲에 내려앉은 것을 보고 있자면 마치 한 폭의 그림을 보고 있는 것처럼 아름답다고 한다.

모이라농장은 농촌진흥청 농촌 돌봄 농장, 산림청 인증 교육기관, 교육농장, 진로 체험농장을 인증받은 전문 교육기관이다. 이곳은 허브 정원, 탄소 상쇄 숲, 산책로 등 교육 참가자들이 다양하게 치유 활동을 할 수 있도록 조성돼 있다. 교육시설로는 60평 규모의 대교육장과 소교육장 세 곳, 온실 교육장과 함께 100평 규모 데크 광장이 마련됐다. 40평 규모의 카페도 운영 중이다. 농촌 돌봄 농장 전용 실습장에 매년 다양한 작물을 심어 참가자들이 여러 작물을 직접 접해볼 수 있도록 하고 있다. 양재순 모이라농장 대표는 귀농하기 전에 동양화가로 활동했다. 자연을 벗 삼아 삶의 터전을 일구면서 살아가고 자연을 화폭에 담아 표현하는 것을 행복으로 여기며 살아왔다. 그러던 중 도시에서 벗어

모이라농장은…

주소	전남 순천시 서면 청소길434
대표자	양재순
연락처	061-751-7202
교통편	KTX순천역에서 53번 버스 승차, 청소 하차 후 도보 4분
주요 프로그램	나만의 편백 베개 만들기, 장애인·일반인 대상 농업 창업 교육
가격	숲체험활동 인당 1만5000원, 편백도마 만들기 3만원

나 진정한 자연 속에서 여생을 여유롭게 보내고 싶은 마음에 2009년 순천으로 귀농했다. 산과 계곡이 아름다운 이곳 청소리에 터전을 잡았다. 그가 바로 모이라농장을 설립한 것은 아니다. 귀농 후 자연 속으로 오게 되니 주변을 둘러볼 시간이 많아지고, 수많은 사람과 함께 자연을 즐기게 됐고 그런 시간들이 겹겹이 쌓이면서 자연과 함께하는 행복을 나누고 싶다는 마음이 생겼다. 마음 한쪽에는 사회 취약계층을 어떤 방식으로든 돕고 싶다는 마음도 컸다고 한다. 누구라도 편안하게 자연 속에서 쉬고 활동할 수 있는 공간이 우리 사회에는 부족한 게 아니라는 생각이 치유 농장을 만든 결정적 계기였다고 한다. 모이라는 그리스 신화의 생명을 관장하는 여신 이름을 따왔다. 모이라에 찾아오는 모든 사람이 몸과 마음을 치유하고 자연에서 생명력을 얻어 가는 힐링의 장소가 됐으면 하는 바람에서 간판을 걸었다.

처음 모이라농장을 시작했을 때는 소소하게 지역 어르신들이나 동네 작은 지역 아동센터들을 위주로 원예 치유 프로그램을 운영해왔다. 그러다 마음이 맞는 많은 임업인이 모여 더욱 전문적으로 프로그램을 운영하게 된 것이 치유 농장으로 발전하게 됐다. 양 대표는 모이라농장과 모이라 사회적협동조합을 운영하고 있다. 양 대표는 순천으로 귀농한 뒤 2013년에 임업후계자로서 산림소득사업을 시작으로 모이라농장을 조성하기 시작했다. 모이라농장은 처음 농업인으로서 여러 사업을 시작하기 위한 첫 단계이자 현재까지 사용하고 있는 상호다.

양 대표는 2022년까지 순천대에서 임업후계자 양성 교육을 해오다 지난해 산림청 전문 교육기관 승인을 받아 모이라 사회적협동조합을 설립했다. 모이라농장을 운영하며 만난 여러 임업인과 함께 좀 더 지역에 도움이 될 수 있는 프로그램을 운영하기 위해 별도로 법인을 만든 것이다. 모이라 사회적협동조합은 순천 지역 임업인들이 모여 세운 비영리 법인이다. 모이라 사회적협동조합을 통해 농촌 교육 농장, 치유 농장, 사회적 농장, 진로 체험 농장, 6차 산업 경영체, 산림청 임업 전문인 과정, 장애인 프로그램 등을 운영하고 있다.

순천 대표 사회적 농장…
농업 창업 프로그램 특화
모이라 사회적협동조합은 2022년 순천시 사회적 농장으로 지정돼 장애인 가족 재활·창업 교육, 여성 원예 치유 프로그램, 인근 지역 치유 프로그램을 운영했다. 현재도 모이라는 농업과 임업을 기반으로 한 다양한 교육 프로그램을 주로 운영하고 있고, 농촌진흥청에서 인증한 농촌 돌봄 농장과 산림청에서 인증한 전문 교육기관을 운영하고 있다. 농촌 돌봄 농장은 이름처럼 지역 취약계층을 농업 활동을 통해 치유하는 곳이다. 양 대표는 "모이라는 장애인·돌봄 가족과 도시를 떠나 농촌·산촌으로 귀농하려는 분들에게 적합한 치유 농장"이라고 강조했다. 모이라 사회적협동조합은 장애인·돌봄 가족과 함께하는 농업형 재활·창업 조력 프로그램을 운영하고 있다. 이 프로그램은 기존 장애인 복지 프로그램에서 벗어나 장애인과 그 부모·형제·자매들이 프로그램에 함께 참여해 간단한 원예 치유 프로그램과 함께 농업 분야에서 창업할 수 있도록 교육, 실습, 컨설팅을 제공한다. 노동력이 많이 드는 작물을 제외하고 시장 수요가 많은 편백이나 수국 재배를 주로 가르친다. 대상이 장애인인 만큼 차근차근 안전하게 교육 단계를 진행해 간다. 첫해에는 숲을 함께 거닐고 관찰하며 자연과 친해지는 시간을 갖고 이후 점차 톱, 칼 등 도구를 이용해 실제 농사 기술을 익히도록 한다. 마지막에는 실제 농업을 통해 수익을 낼 수 있도록 가르친다. 이처럼 농업형 창업을 목표로 다양한 재배 관련 이론·실습, 유통 방법, 사업체 관리 방법을 배우고 관련 자격증도 취득하도록 돕는다.

이 프로그램의 특징은 장애인 복지 대상을 장애인으로만 제한하지 않고 장애인 돌봄 가족으로까지 확대했다는 것이다. 양 대표는 "농업은 장애인·돌봄 가족의 장기적인 복지와 안정적인 가계 유지에 가장 이상적인 분야"라며 "장애인과 돌봄 가족을 대상으로 한 재활·창업 조력 프로그램은 단순하게 장애인만을 대상으로 한 직업훈련의 단점을 보완하고, 인구가 계속 줄어들고 있는 농촌과 강력한 시너지 효과를 낼 수 있다"고 말했다. 그동안 모이라농장에서 함께한 발달 장애인 제자 한 명은 2024년부터 보조 강사로서 다른 장애인 학생들을 교육한다고 한다. 모이라 사회적협동조합은 산림·임업 분야 전문 인재를 양성하는 산림청 전문 교육기관이기도 하다. 임업후계자를 양성하고, 임업후계자를 전문 임업인으로 발전시키는 교육을 한다. 임산물 재배·유통 이론과 실습부터 정책 사업 활용·유치 등 산림 경영·소득 창출 방법을 교육한다. 매해 수십 명의 교육생을 배출하고 있다. 2024년 3~4월에는 산림청, 한국임업진흥원, 모이라 사회적협동조합이 함께 임업후계자와 귀산촌 교육을 진행했다. 정책자금으로 산 구입하기, 보존 산지 형질 변경, 돈이 되는 공모 사업 추진, 전문 산림 경영 비법, 내 산에 내 집 짓기, 탄소중립 과정 이행 등 임업 경영 실무를 가르쳤다. 대면 교육(70만원)은 3~4월 한 달간 매주 토요일에 진행했고, 비대면 교육(30만원)은 3월 사흘에 걸쳐 진행했다.

양 대표는 "저 또한 임업후계자로 처음 시작해 다양한 산림 사업을 통해 모이라를 발전시켜왔다"며 "함께하고 있는 모이라 가족들 또한 모두 임업후계자로 각자 임업 사업체를 가지고 있으므로 더욱 진실성 있고 다양한 임업 경영 사례를 교육생들에게 제공해 줄 수 있다"고 말했다.

이곳 모이라를 찾는 사람들은 일회성에 그치지 않고 주기적으로 치유농업에 참가한다. 참여 가족들은 매년 조금씩 바뀌고 있지만 올해는 엄마·아빠·딸이 함께 2년간 열심히 농업·임업 교육을 받아 실제로 농업형 창업 중 하나인 청년 창업농에 도전해 그 결과를 기다리고 있다.

양 대표는 "청년 창업농으로의 전환이 처음부터 쉽진 않겠지만 모이라와 함께 계속 농업을 하겠다는 본인과 가족의 의지가 매우 강해 앞으로도 한 가족으로서 함께 해 나갈 생각"이라고 말했다.

편백 공예로 시름을 잊다

모이라농장은 일반인들을 위한 치유 프로그램도 운영하고 있다. 대표적인 프로그램이 편백 큐브와 열 전사지를 활용한 나만의 편백 베개 만들기다. 순면 베갯잇에 열 전사지를 활용해 자신이 원하는 그림을 디자인해 인쇄하고 편백 큐브를 넣어 베개를 완성한다.

티셔츠 인쇄에 많이 사용되는 열 전사지로 인쇄한 베개는 바로 사용할 수 있을 정도로 인쇄 속도가 빠르고 세탁한 후에도 인쇄가 유지된다. 편백 도마 만들기는 도마 크기로 잘라 놓은 편백나무를 사포를 이용해 도마로 만드는 프로그램이다. 편백나무를 부드럽게 사포질하고, 사포질된 도마 면에 우드버닝을 활용해 자신의 이름이

나 새기고 싶은 문구를 넣은 뒤 오일 처리한 후 손잡이를 달아 완성한다. 카멜레온 라벤더는 라벤더의 색깔과 꽃말 알아보기, 다양한 식물의 향기와 생김새 알아보기, 다양한 허브 식재료를 맛보고 올바른 식습관 알아보기 등으로 구성됐다. 해충 기피제 만들기는 자연물을 활용한 안전한 생활 알아보기, 해충 기피제 만들기 등으로 꾸려졌다. 초등학교 4~6학년을 대상으로 하는 허브차 만들기에서는 라벤더와 로즈메리 등 허브 채취하기, 허브차 만들기 체험을 할 수 있다. 이외에도 나만의 반려 화분 만들기, 편백숲 체험 교실, 편백 우드버닝 교실, 황칠 쿠키 만들기, 허브 건식 족욕 등 프로그램을 운영한다.

숲 체험 활동을 기반으로 한 힐링인 모이라는 주로 단체 프로그램으로 운영된다. 유럽식으로 아름답게 꾸민 정원과 편백숲을 돌아보며 숲 체험 활동과 함께 편백 베개 만들기, 도마 만들기, 건식 족욕 등 다양한 프로그램을 단체 특성에 맞춰 함께 진행하는 힐링 프로그램이다. 모이라농장은 지역 노인, 한부모 가정, 장애인복지관 등 다양한 취약계층 기관과 연계해 여러 원예 치유 프로그램도 운영하고 있다. 자연과 함께하는 모든 활동 그 자체를 치유라는 생각으로 어느 계절이든 그 계절에 맞는 작물을 활용해 다양하게 치유 프로그램을 구성하고 있다. 앞으로 모이라농장은 뜻을 같이하는 농업인·임업인들과 함께 계속 치유의 영역을 확대해 나간다는 계획이다.

국립장성숲체원…
'22세기 보존의 숲'에서 치유

전라남도 장성군 숲 치유의 메카인 국립장성숲체원은 크게 산림교육센터와 치유의숲(산림치유센터) 등 두 곳으로 구분된다. 산림교육센터는 북이면 방장로 353에, 산림치유센터는 장성군 서삼면 모암리 산 98에 위치해 서로 떨어져 있다. 산림교육센터는 말 그대로 교육에 초점을 둔 곳으로 사무동과 숙소를 겸하는 본관과 별관인 교육동 2개, 별관 숙소동 1개로 이뤄졌다. 산림치유센터는 치유의 숲과 붙어 있어 수요자 맞춤형 산림 치유 서비스를 제공한다.

국립장성숲체원은 389ha 규모의 편백나무 숲이 인상적이다. 자연 입지적 조건을 갖추고 있는 방장산과 국내 최대 편백나무 숲인 장성치유의숲이 있는 축령산을 기반으로 하고 있다. 편백

국립장성숲체원은…

주소	장성군 북이면 방장로 353(산림교육센터), 장성군 서삼면 모암리 산 98(산림치유센터)
연락처	061-399-1800
교통편	백양사역(무궁화호)에서 택시 탑승
주요 프로그램	초·중·고교 단체, 가족 단위, 기업체, 소외계층 연계 프로그램
가격	숲 오감체험 인당 8000원(단체 9000원). 재료에 따라 가격 상이

나무뿐 아니라 삼나무, 갈참나무, 굴참나무 등 수종이 이곳에서 자라고 있다. 축령산은 수령이 50~60년 된 편백과 삼나무가 잘 조림된 치유의 숲으로 유명하다. 자연 그대로의 아름다움을 간직하고 있어 '22세기를 위해 보존해야 할 아름다운 숲' '한국의 아름다운 길 100선'으로 지정됐다. 이곳에서는 방장산의 다양한 식생 자원을 보유한 국가산림교육센터에서 산림 교육 프로그램을 통해 자연의 가치를 배울 수 있다. 또 국내 최대 편백나무 숲인 축령산 장성치유의숲에서 산림 치유 프로그램을 통해 마음의 위로와 휴식을 얻을 수 있도록 했다. 피톤치드 함량이 높은 편백림으로 둘러싸여 있고 산림 치유뿐만 아니라 야외 수(水) 치유도 가능하다.

이곳에는 숲 내음 술길, 물소리 숲길, 맨발 숲길, 산소 숲길, 하늘 숲길, 건강 숲길 등 각기 특성을 가진 여러 숲길이 있다. 숲길에 따라 짧게는 15분에서 길게는 1시간30분이 소요된다. 국립장성숲체원은 산림 교육, 산림 치유 등 산림 복지 서비스를 통해 우리 숲의 가치와 중요성 바로 알기, 자연을 통한 인성 함양·마음 치유 등 산림 복지 프로그램을 운영하고 있다.

산림치유센터는 축령산 편백숲에 대해 알아볼

수 있는 전시실과 세미나실로 이뤄졌다. 축령산 편백숲이 생긴 과정을 알아볼 수 있는 전시 공간이 마련돼 있다. 40명이 들어갈 수 있는 세미나실에서는 실내 프로그램, 세미나, 소규모 회의를 진행할 수 있다. 국립장성숲체원은 2016년 4월 개원한 뒤 2018년 5월 신관과 숙소, 사무동 등 산림교육센터를 증축하며 교육 시설을 갖췄다. 2020년 6월에는 한국관광공사로부터 웰니스 관광지로 선정됐고, 2022년 11월에는 교육부 진로 체험 기관 인증을 받았다. 이곳에서 제공하는 프로그램은 크게 산림 치유와 산림 교육으로 나뉜다. 산림 치유는 경관, 햇빛, 소리, 피톤치드, 깨끗한 공기, 음이온 등 숲에 존재하는 다양한 환경 요소(산림 치유 인자)를 활용해

인체의 면역력을 높이고 신체적·정신적 건강을 회복시키는 데 중점을 뒀다. 숲 산책, 체조 스트레칭, 명상, 차 테라피, 공예 만들기 등으로 구성된다. 산림 치유는 임산부와 난임 부부의 숲 태교나 초·중·고등학생의 주의력 결핍 과다 행동 장애(ADHD) 치유, 학업 스트레스 해소용으로 추천된다. 성인의 경우 직장인 생활활력 증진과 스트레스 회복, 어르신들은 건강과 치매 예방 효과도 기대할 수 있다.
구체적으로 숲 테라피 프로그램은 숲의 치유 인자를 활용해 무뎌졌던 오감을 회복시키는 것을 목적으로 한다. 숲길 걷기, 씨앗 날리기, 하늘숲 보기가 이뤄진다. 편백봉 체조 프로그램에서는 편백으로 만든 긴 막대를 활용한 몸풀기 체조

를 통해 근육의 긴장을 완화하고 유연성을 높일 수 있다. 편백봉 스트레칭과 짝 체조, 편백봉 집기 등 활동이 이뤄진다. 편백숲 발목 펌프는 편백으로 만든 짧은 막대를 활용해 종아리 아래 뭉쳐 있던 근육을 자극해 혈액 순환을 돕는다. 1시간 동안 편백 막대로 발바닥, 종아리 등을 마사지하는 활동이 이뤄진다.

편백숲 노르딕 워킹 프로그램에서는 몸의 균형을 맞춰 전신 근육을 사용해서 걷는 방법을 배우고, 노르딕 스틱을 이용해 편백숲길을 따라 걷는다. 노르딕 워킹에서는 주법 교육, 신장별 스틱 조절, 준비운동, 숲길 걷기가 이뤄진다. 편백숲 아로마 요법은 편백 향을 담은 편백 미스트를 만들어 일상 속 스트레스 회복에 도움을 줄 수 있는 편백 오일 공예 프로그램이다.

편백숲 손수건 만들기는 하얀 손수건에 자연의 색을 입혀보고 나의 마음을 살펴볼 수 있는 프로그램이다. 1시간 동안 자연물 채집, 수건 물들이기, 추억 담기가 이뤄진다. 편백숲 도장 만들기는 무른 돌을 활용해 나의 이름이나 다짐을 도장으로 새겨보는 프로그램이다. 무른 돌에 대해 알아보고 나만의 문양을 만든 뒤 도장을 새기다 보면 시간이 훌쩍 지나간다.

산림 전문가와 숲을 거니는 오감 숲 체험

산림 교육은 산림의 다양한 기능을 체계적으로 체험 · 탐방 · 학습해 산림의 중요성을 이해하고 산림에 대한 지식을 습득하며 올바른 가치관을 가지도록 하는 것이다. 환경 감수성을 높이고, 사회성 · 긍정적 정서 발달에 도움을 주며, 심리 안정을 통해 학업으로 인한 스트레스 지수를 낮추는 데 도움을 준다고 한다. 전 연령을 대상으로 연중 운영하며 자연 관찰, 목공 놀이, 전통 놀이, 흙 놀이, 생태 미술 등으로 구성됐다.

초 · 중 · 고등학교 단체에서는 자유학년제로 교과 연계 프로그램, 방과 후 활동, 수련회, 작업 체험 등으로 활용할 수 있다. 장애인, 저소득층, 다문화, 한부모 가족 등 산림 복지 소외자에 대한 프로그램도 진행한다. 가족 단위 숲 체험 캠프나 교원 또는 산림 복지 전문가 연수, 공공기관 · 기업체 연계 프로그램도 진행된다.

숲 오감 체험 프로그램은 산림 복지 전문가와 함께 숲을 거닐며 오감을 통해 숲을 직접 느끼고 체험하며 숲과 가까워질 수 있도록 구성됐다. 손으로 느끼는 나무, 귀로 듣는 동물 이야기, 눈으로 보는 나무 이야기 등으로 이뤄졌다.

林탐정 홍길동은 자연 속에서 팀원들과 지도를 이용해 정해진 지점을 찾아가는 오리엔티어링을 하는 프로그램이다. 오리엔티어링은 지도와 나침반을 이용해 지정된 지점을 통과하고 목적지까지 완주하는 경기로 본래 장교 훈련에서 유래됐다. 이 프로그램은 오리엔티어링에 대해 알아보고 팀원들과 숲속에서 오리엔티어링을 하며 자연 관련 퀴즈를 풀면서 협동심 · 문제 해결 역량을 기를 수 있도록 설계됐다.

알록달록 숲 학교는 숲속 씨앗이나 새싹을 관찰하고, 씨앗이 퍼지는 방법에 대해 알아보도록 했다. 식물의 번식 알아보기, 종자식물 이해하기 등으로 구성됐다. 너와 내가 함께하는 목재 카프라는 미송(미국산 소나무의 일종) 칩을 이용해 구조물을 쌓고 협동 미션을 통해 성취감과 협동심을 함양할 수 있는 프로그램이다. 카프라를 쌓는 기본 원리를 알아본 뒤 기본 원리를 익히는 개인 미션과 팀워크를 높이는 단체 미션을 체험하도록 구성했다. 간직하고 싶은 마음, 꽃누르미(압화)는 꽃으로 알아보는 나, 방장산의 꽃 만나기, 압화 알아보기, 나만의 압화 작품 만들기로 이뤄졌다. 나무 속 작은 숲은 천연 재료로 만든 화분에 배양토·황토와 함께 반려 식물을 심고, 나만의 화분을 만드는 공예 프로그램이다. 탄소중립 첫걸음은 퀴즈와 보드 게임을 통해 탄소중립의 개념을 이해하고, 일상에서 탄소중립 실천 방법을 알아볼 수 있는 프로그램이다. 기후변화와 탄소중립 알아보기, 퀴즈로 풀어보는 탄소중립 이야기, 숲 탄소를 흡수하다, 국산 목재를 왜 사용할까?, 일상 속 탄소발자국 등 코너로 이뤄졌다.

소외계층 위한 나눔의 숲 캠프 운영

국립장성숲체원은 2024년 소외계층을 위한 1박 2일짜리 나눔의 숲 캠프 프로그램을 운영하고 있다. 이 프로그램은 복권기금으로 운영된다. 취약계층을 위한 국민기초생활 보장법, 노인복지법, 아동복지법 등 상의 기관·시설이 취약계층 20인 이상인 경우 신청할 수 있다. 1일 차에는 산림 교육 치유 프로그램을 2시간 진행하고 객실 입실과 저녁 식사를 한다. 2일 차에는 오전 8시에 아침 식사를 한 후 오전 10시부터 2시간 동안 산림 교육 치유 프로그램을 시행한다. 정오에 설문조사를 한 후 점심을 먹고 귀가하는 일정이다. 우천으로 야외 활동이 불가할 때를 대비한 대체 프로그램도 운영한다.

숙소는 방 하나 크기가 25.7~33.3㎡로 5인실이다. 방 하나당 최대 7명까지 묵을 수 있다. 이용료는 성수기(7월 15일~8월 24일)와 주말은 8만2000원, 비수기와 주중은 6만4000원이다. 기준 인원 초과 시 숙박 일수에 따라 1인당 1만원이 추가 징수된다. 식비는 성인(만 13세 이상) 8000원, 어린이 5500원, 영유아(36개월 미만)는 보호자 미동반 시 3000원(보호자 동반 시 무료)이다. 부대시설 중 대강당(면적 304㎡, 100명) 이용료는 40만원이다. 중회의실(104㎡, 60명)은 21만원, 낙엽송실(72㎡, 50명)은 19만원, 삼나무실(42㎡, 15명)은 9만5000원, 세미나실(66㎡, 40명)은 19만원이다. 모두 4시간 이용 기준이다. 프로그램 요금은 일반요금 기준 5000~1만1000원 선이다. 숲 오감 체험, 林탐정 홍길동, 너와 내가 함께하는 목재 카프라는 일반요금 9000원(단체요금 8000원)이다. 산림 치유 프로그램인 숲 테라피, 편백봉 체조, 편백숲 노르딕 워킹은 일반요금 5000원, 단체요금 4000원이다.

예약은 사전 전화 또는 온라인으로 할 수 있다. 개인은 숲e랑(www.sooperang.or.kr)으로, 20인 이상 단체는 숲e랑 또는 전화 상담을 통해 예약할 수 있다. 매월 15일 오전 9시부터 온라

인 예약 시스템을 통해 다음달 예약을 신청할 수 있다. 자가용을 타고 호남고속도로를 이용한다면 백양사 나들목 T자형 삼거리에서 좌회전한 후 고창 방향으로 15번 지방도를 따라 5㎞ 직진한다. 방장산자연휴양림 입구를 통과할 때 매표소에서 국립장성숲체원 산림교육센터 방문객을 확인하면 된다. 서해안고속도로를 이용한다면 고창 나들목에서 고창읍으로 접어들어 백양사 방향으로 11㎞ 직진한 뒤 좌회전하고 80m 이동한다. 역시 방장산자연휴양림 입구에서 방문

객 확인을 하면 된다.

기차를 이용한다면 호남선 목포행 무궁화호를 타고 백양사역에서 하차한 다음 산림교육센터까지 택시를 이용(6㎞)하면 된다. 광주에서 출발한다면 운암동 시외버스터미널에서 장성(사거리) 방향 버스를 타고 장성사거리 버스여객터미널에서 하차한 다음 산림교육센터까지 택시를 이용(6㎞)하면 된다. 주변에는 추암관광농원, 필암서원, 장성호, 백양사, 고창읍성, 고인돌박물관 등 관광지가 있다.

곡성치유의숲…계곡을 품은 힐링 비경

전라남도 곡성군에 폭 싸여 있는 국립곡성치유의숲은 산과 물의 매력을 함께 느낄 수 있는 산림 치유 공간이다. 곡성읍과 입면 사이로 동악산이 뻗어 나오다 섬진강을 만나 만들어진 청계동계곡 입구가 이곳 매표소다. 청계동계곡은 전남 지역은 물론 한국에서도 손꼽히는 계곡 중 하나다. 이 때문에 사람들이 많이 찾는 여름에는 시설에서 운영하는 프로그램에 참여하지 않더라도 한시적으로 입장료를 받는다.

국립곡성치유의숲의 장점은 솔바람과 폭포를 비롯한 다양한 산림 환경 요소다. 69㏊ 규모 용지를 구성하고 있는 나무들은 주로 3~5영급 소나무와 참나무류, 노간주나무 등이 꼽힌다. 시설에서 제공하는 산림 치유 활동도 이 같은 자원을 활용해 인체 면역력을 높이고 건강을 증진하는 방식을 담았다. 체험실과 강당이 있는 건축

물 면적은 856㎡이며, 적정 수용 인원은 60명이다. 일대가 걷기 좋은 명소라는 점도 매력 포인트다. 청계동은 임진왜란 때 금산 전투에 참여해 전사한 최초 의병장인 청계 양대박 장군의 근거지였다고 한다. 그는 동래성이 왜군에 함락당했다는 비보를 듣고 바로 낙향해 의병을 모아 청계동계곡 쪽에 진을 치고 군사를 조련했다. 청계동이란 지명은 그의 호를 따 생겼다. 이 같은 일화를 듣고 청계동계곡 일대 풍경을 본다면 사뭇 색다르다. 국립곡성치유의숲까지 가는 길 자체도 청계동계곡과 맞닿아 있다. 청계동계곡은 4㎞쯤 되는 긴 계곡으로 이곳을 오르는 산책길 중간에 시설로 들어가는 경로가 있다. 경사도는 평지처럼 완만해서 무더운 날에도 걷기 좋다. 운이 좋다면 섬진강 도로 옆 입구에서 500m가량 올라가면서 산토끼와 꿩, 고라니, 멧돼지 같은 야생 동물과 멸종위기 2급이자 천연기념물인 하늘다람쥐의 흔적도 볼 수 있다.

건물 전체가 목재로 된 국립곡성치유의숲은 최근에 지어진 만큼 시설 외관이 산림 치유 공간으로서의 정체성이 명확하다. 건물 안에는 신장계, 혈압계 등을 통해 현재 건강 상태를 확인할 수 있는 시설인 건강측정실과, 셀프바를 이용해

간단한 티 타임을 갖거나 독서와 함께 숲속에서 조용한 쉼을 즐길 수 있는 공간인 치유 북카페가 있다. 또 실내 프로그램 진행이 가능한 체험실과 강당이 있다. 야외에는 하늘바람길을 따라 올라가 솔 향을 느끼며 시설이 있는 동악산의 아름다운 경관을 감상할 수 있는 전망대가 있다. 국립곡성치유의숲이 있는 동악산은 그 자체로 명소다. 해발 고도 736.8m의 곡성을 대표하는 산으로 우뚝 솟은 형제봉이 중심을 잡고 있으며 일출 풍경이 환상적이라는 평가를 받는다. 마을 주민들에 따르면 곡성 마을에서 장원급제자가 탄생하면 이 산에서 노래가 울렸다고 한다.

원효대사를 주인공으로 한 설화도 이곳을 풍성하게 만들어 주는 요소다. 성출봉 아래에 길상암을 짓고 원효골(청류동 남쪽 골짜기)에서 도를 닦던 원효가 어느 날 꿈에서 성출봉과 열여섯 아라한이 그를 굽어보는 것을 느꼈다. 잠에서 깨서 산에 올라갔더니 1척 남짓한 아라한 석상들이 솟아났다는 것이다. 원효는 성출봉을 열일곱 차례 오르내리면서 이 같은 석상들을 길상암에 모셔 놓았고, 이후 육시(六時·불교에서 하루를 여섯으로 나눈 염불 독경의 시간)만 되면 천상에서 음악이 들려 온 산에 퍼졌다고 한다.

번아웃·불면증 힐링 효과 '으뜸'

국립곡성치유의숲의 산림 치유 프로그램은 솔바람과 폭포 같은 다양한 산림 환경 요소를 활용해 인체 면역력을 높이고 건강을 증진하기 위한 산림 치유 활동으로 구성돼 있다. 또 생애주기

국립곡성치유의숲은…

주소	전라남도 곡성군 곡성읍 신기리 산187 일대
연락처	061-363-0760
교통편	차량 이용 권장, 곡성역에서 10분 거리
주요 프로그램	수면건강 프로그램, 번아웃 치유 프로그램
가격	개인 1만원, 단체 8000원

별로 프로그램을 구성해 족욕 프로그램과 맨발 숲길 걷기, 공예 프로그램 같은 기본 활동을 만들었다. 이들 프로그램은 단일 활동에서 그치지 않고, 연령이나 테마별 맞춤형으로 구성된 활동에서 시너지 효과를 내고 있다.

맨발 숲길 걷기는 대다수 치유의 숲이 운영하는 프로그램이지만 오히려 그렇기 때문에 시설만의 특장점과 경쟁력을 체험할 수 있는 활동이다. 국립곡성치유의숲에서는 부드러운 흙길을 걷고, 자연의 소리와 꽃차 다도를 통해 향기를 느끼는 산림 치유 오감 활동을 운영한다. 발바닥 자극을 통한 혈액 순환과 면역력 증진, 세로토닌 활성화 효과를 바탕으로 건강을 한층 강화할 수 있다고 한다. 족욕 프로그램은 맨발 숲길 걷기와 함께 시설의 또 다른 대표 프로그램 중 하나다. 국립곡성치유의숲에서는 약초와 천연 아로마 오일

등을 이용한 온수 족욕과 발 마사지를 제공한다. 이를 종합한 '발을 행복하게 하는 숲' 프로그램은 봄~가을 동안 1일 2회 적정 인원 20명, 최대 인원 40명으로 120분 분량 프로그램으로 운영되고 있다. 실내와 실외를 오가며 숲 산책과 족욕, 차 테라피, 공예 등 활동을 진행한다.

체험자들의 만족도도 높다. 국립곡성치유의숲에서 2023년 10월 고객만족도 조사를 진행한 결과, 1위는 족욕과 차 테라피 프로그램이었다. 쑥 등으로 우린 족욕 물에 발을 담그며 동악산의 경관과 바람을 느끼는 활동을 두고 "예술 같다"고 표현한 답변이 한가득이었다고 한다. 거기에 더해 시설에서 직접 우린 건강 차까지 마시는 것은 '억만금으로도 쉽게 누리기 어려운 행복'이라는 설명이다. 공예 프로그램에는 천연 손 소독제와 편백 소원 팔찌, 나만의 화분 만들기 등 천

연 재료를 활용한 공예 활동이 있다. 미취학 아동, 치매 직전의 경도 인지 장애 환자에게 특히 효과가 좋다. 창작 활동을 통해 창의력과 자아존중감을 한층 강화할 수 있었다는 설명이다. 2023년 가을 특화 프로그램으로 '가을을 담자, 단풍 손수건 만들기' 체험을 진행하면서 어디에서도 살 수 없는 손수건을 선보였다.

국립곡성치유의숲에서는 노르딕 워킹 체험 행사도 운영하고 있다. 노르딕 워킹은 하체가 위주가 되는 일반적인 걷기 운동과 달리 상체와 하체를 모두 사용하면서 걷는 방법을 말한다. 전용 스틱을 사용해 걷는 북유럽의 크로스컨트리 스키 선수의 하계 훈련 방법으로 시작돼 등산용 스틱과 비슷한 모양의 노르딕 스틱을 사용한다. 관절 부담이 줄어 퇴행성 관절염 환자나 노약자에게 좋다고 한다.

국립곡성치유의숲이 운영하는 특화 프로그램

중 대표적인 게 수면 건강 증진 프로그램이다. 정식 명칭은 '잠자는 숲속의 그대'로 갱년기, 은퇴기, 교대 근무자를 비롯해 수면에 어려움을 겪는 사람 전부를 대상으로 한다. 봄~가을 1일 1회 적정 인원 20명, 최대 인원 40명으로 160분 분량 프로그램으로 운영하고 있다. 족욕을 기본으로 수면 방법을 연습하고 이완 요법을 통해 수면 건강을 되찾는 것이다.

잠자는 숲속의 그대 프로그램은 사전·사후 건강 측정을 통해 효과가 어느 정도 있는지를 정량적으로 접근한다. 또 전문의 특강을 비롯해 불면증으로 힘들어하는 사람들에게 실질적인 도움을 줄 수 있도록 전문성을 더하고 있다. 햇빛 샤워를 하며 즐겁게 걷기, 생각 비움, 맨발 걷기 등으로 기본적인 육체적 활동을 진행하고, 하늘 보며 족욕하기와 아로마 발 마사지로 쌓인 피로를 푼다. 또 조용하고 아늑한 수면 환경 만들기와 수면 자세 연습 등을 통해 일상생활에서 실천하는 방법을 터득한다.

또한 번아웃 증상이 있는 직장인과 청소년을 대상으로 번아웃 치유 프로그램을 운영한다. 숲길 산책과 흙 치유를 비롯해 자연과 함께하는 활동을 기반으로 지친 마음을 치유하고 자신이 갖고 있던 창의력을 다시 자극하는 방식이다. 봄~겨울 사계절 내내 1일 2회 실내와 실외를 오가며 120분 분량으로 진행하는 '숲은 나의 충전기'가 프로그램의 정식 명칭이다. 적정 인원은 20명이며 최대 40명까지 참석할 수 있다.

숲은 나의 충전기 활동은 숲 산책과 경관 명상,

숲 호흡과 같은 다양한 산림 치유 활동을 기반으로 직무에 의한 스트레스를 완화하는 것을 우선으로 한다. 또 스스로 마음을 긍정 에너지로 채울 수 있는 프로그램을 덧붙였다. 동악산의 다양한 모습을 눈에 담고 숲이 내뿜는 신선한 산소를 속에 가득 채운다. 오감 숲길 걷기와 뒷짐 명상으로 현대 사회의 경쟁을 잊고 건강과 치유를 위한 차담을 진행하면 어느 새 자기 스스로와 마주할 수 있는 용기가 생긴다. 자아존중감을 높이기 위한 활동도 탄탄하다. 봄~겨울 사계절 동안 1일 1회 180분 분량으로 진행하는 숲에서 만난 사람이 대표적이다. 적정 인원 20명, 최대 인원 40명의 이 프로그램은 안팎을 오가며 활동한다. 숲 산책과 함께하는 시 지어 보기, 세밀화 그리기, 재활용품을 이용한 생활소품 만들기를 비롯해 지성과 체력이 필요한 활동으로 구성돼 있다. 업사이클링 공예로는 양말목을 이용한 생활소품 만들기가 대표적이다.

봄~겨울 사계절 동안 1일 4회 60분 분량으로 진행하는 피톤치드 테라피는 심신 건강 증진을 위한 대표 활동이다. 3~5영급 소나무 숲을 산책하며 피톤치드 샤워를 통해 피톤치드를 만끽하고, 편백 큐브를 이용한 마사지도 체험한다. 또 편백 베개를 만들어 집에서도 피톤치드 효과를 누릴 수 있도록 운영하고 있다.

항노화 인지 향상 역시 국립곡성치유의숲에서 운영하는 대표 특화 프로그램 중 하나다. 만 55세 이상 참여자가 신체 활력 체조 프로그램에 참여해 두뇌를 깨우는 과정이다.

곡성·남원 숲길 한걸음

국립곡성치유의숲 숲길은 시설에서 만남의광장으로 이동하는 맨발 숲길을 거쳐 곡성읍 방면으로 솔바람전망대를 걷는 길과 남원 방면으로 소리광장과 폭포전망대를 향하는 길로 나뉘어 있다. 사무 건물에서 만남의광장으로 가는 길이 10분 길이라면 곡성읍 방면 솔바람길과 야자매트길은 각각 30분, 10분 길이다. 남원 방면 물소리길도 30분 길이여서 하루 체험 동안 전부 돌아볼 만하다. 2021년 조성한 무장애나눔길은 국립곡성치유의숲에서 체험할 수 있는 숲길 걷기의 시작점이다. 무장애나눔길은 장애인과 노약자, 유아를 비롯한 교통약자뿐만 아니라 국민 누구나 안전하고 편리하게 숲을 이용하고 즐길 수 있도록 경사로 8% 이하로 조성한 숲길을 말한다. 국립곡성치유의숲은 약 7억7000만원의 복권기금을 지원받아 901m 길이의 데크 기반 무장애나눔길을 조성했다. 옆으로는 청계동 사수골의 풍경이 펼쳐져 있다. 또 석당폭포로 연결되는 물소리길도 있어서 무장애나눔길을 다 돌고도 아쉬움이 남는다면 다른 경로를 걸어볼 수 있다.

국립곡성치유의숲은 무장애나눔길을 국산 낙엽송으로 제작한 데크 로드로 지었다. 바깥쪽 난간 중간에 손잡이를 달아 교통약자들의 안전사고를 예방하고, 참여자들이 힘들 때 쉽게 활용할 수 있도록 했다. 편하게 걸으며 일정 구간마다 만나는 쉼터와 의자는 일반적인 산악로에서는 체험하기 어려운 설비다. 누가 먼저 정상에 오르는지 경쟁할 필요 없이 눈에 들어오는 초록

의 빛을 온전히 체감하며 걷기 좋다.

국립곡성치유의숲 무장애나눔길은 청계동계곡, 석당폭포와 연결되는 물소리길 외에도 고리봉과 섬진강의 탁 트인 풍경을 즐길 수 있는 솔바람길로 이뤄져 있다. 이 길에서는 크나이프 요법을 활용한 계곡 수 치유, 노르딕 워킹, 마음 이완을 위한 숲속 휴식 같은 산림 치유 프로그램을 진행하고 있다. 크나이프 요법은 18세기 중후반 독일 바이에른주 남부의 바트뵈리스호펜 마을의 가톨릭 사제였던 세바스찬 크나이프에 의해 고안된 냉수욕 기반 물 치료 요법이다.

치유의 숲은 숙박 시설이나 식당을 운영하고 있지 않기 때문에 하루 이상 산림 치유 프로그램을 체험하고 싶다면 인근 숙박 시설과 식당을 이용해야 한다. '산림 치유'란 콘셉트를 살려 주변에 가볼 만한 곳을 함께 방문하는 것도 나쁘지 않

다. 섬진강변을 달리는 증기기관차와 레일바이크로 유명한 기차마을, 장미공원을 비롯해 야영과 래프팅을 할 수 있는 청소년 야영장과 별자리를 관측할 수 있는 천문대가 있는 곡성 가정 농촌체험휴양마을, '춘향전' 배경으로 유명한 광한루원, 유아 숲 놀이터가 있는 청계동 솔바람야영장 등이 대표적이다. 국립곡성치유의숲은 프로그램 체험료와 부대시설 이용료를 따로 받는다. 프로그램 체험료는 2시간 기준 개인 1만원, 단체 8000원이다. 단체는 20인 이상부터 적용할 수 있다. 부대시설 이용료는 4시간 기준 강당이 15만원이다. 15인실 규모 체험실 두 곳은 8만원, 20인실 규모 체험실 한 곳은 12만원이다. 프로그램 운영을 위해 일반 등산객과 탐방객에게는 등산로 일부를 통제하고 있으며, 시설 안으로는 애완동물 출입이 어렵다.

화순치유의숲…맛 좋은 샘물이 샘솟는 곳

전라남도 화순 지역은 아름다운 비경을 간직한 명산이 많은 것으로 잘 알려져 있다. 지역 주민들에게 풍경이 좋은 곳을 추천받으면 만연산과 안양산, 옹성산, 모후산, 용암산, 화학산, 백아산, 천운산, 예성산 같은 산 이름이 쏟아진다. 이들 산에는 멸종위기에 처했거나 천연기념물로 지정된 동식물이 2000종 이상 자생하고 있다. 화순 지역에 여러 곳의 치유의 숲이 있는 것은 어쩌면 당연한 일이다.

국립화순치유의숲은…

주소	전라남도 화순군 한천면 용암길 58-21
연락처	061-375-8990
교통편	차량 이용 권장, 광주송정역에서 40분 거리
주요 프로그램	항노화 프로그램
가격	개인 5000원, 단체 4000원

2024년 정식 개장한 국립화순치유의숲은 운영 시점을 기준으로 보면 지역 내 치유의 숲 중 막내에 해당한다. 하지만 전문성은 철저하다. 2023년 노인요양원을 비롯한 일부 취약계층 대상 기관과 시범 사업 격으로 협업하면서 산림 치유 프로그램 운영 경험을 쌓았다. 한국산림복지진흥원 산하 다른 치유의 숲과 프로그램을 공유하면서 시설을 찾는 이들에게 최적의 치유프로그램을 제공하고 있다.

국립화순치유의숲은 용암산 중턱에 자리 잡고 있다. 용암산이 있는 화순군 한천면 일대는 예로부터 어디를 파더라도 맑고 시원한 샘물이 솟아 물이 좋기로 유명한 지역이다. 해발 고도 547m의 용암산은 높은 바위가 용처럼 높이 솟아 있다고 해서 붙여진 지명이다. '동국여지지'

에는 금오산(金鰲山)의 별칭으로 적혀 있다. 금오(金鰲)는 산 위에 있는 샘에서 하늘로 올라간 금자라가 살았다고 해서 생겨난 이름이다. 더욱 정확하게는 용암산과 금오산은 남북으로 붙어 있는 하나의 산으로 간주하기도 한다.

용암산의 바위는 용암산층이라는 지질층으로 구성됐다. 이 층은 용암산이 중심 배사부(습곡이 위로 향해 구부러져 지층이 반대 방향으로 기울어진 곳)를 이루고, 오랫동안 변성을 받은 유백색의 규암질을 성분으로 한 단단한 바위로 형성돼 있다. 산 정상 지역이 험준하고 경사가 급한 암벽으로 이뤄져 있어 요새로서 입지가 좋다. 실제로 용암산 산등성이에는 고려 때 왜구 침입을 막기 위해 쌓았다는 금오산성지가 있다. 금오산성은 용암산의 자연 암벽과 작은 계곡을 이용해 축조한 포곡식 산성(성 안에 골짜기를 포함해 축조한 성)으로 성안이 넓지 못하다는 단점이 있다. 하지만 성을 방어하는 데 유리한 조건이었다. 산성은 서남쪽에 있는 예성산성(화순군 춘양면과 화순군 청풍면의 경계에 있는 산성)과 함께 북쪽 화순군 능주 지역을 방어하는 것이 주목적이었다고 한다. 금오산성지는 1984년 전남 문화재자료 제118호로 지정됐다. 인근에 있는 금전저수지도 확 트인 전망으로 시설의 회복력을 지지하고 있다. 금전저수지는 농업용수 개발을 위해 1957년 착공해 1962년에 준공된 농업 수리 시설물이다.

국립화순치유의숲은 이처럼 청정한 용암산의 여러 환경 인자를 활용한 산림 치유 프로그램을 운영하고 있다. 산림 치유는 숲 향기나 경관 같은 자연의 다양한 요소를 활용해 인체의 면역력을 높이는 활동을 말한다. 시설에서 진행하는 주요 활동들은 '숲속 건강 채움'과 '숲속 마음 비움'을 키워드로 삼고 있다. '숲속 건강 채움'은 숲속에서 몸을 움직이며 체험하는 건강 증진 프로그램이다. '숲속 마음 비움'은 숲속에서 치유를 통해 심신을 안정시키는 휴식 치유형 프로그램을 뜻한다. 용암산의 백합나무 군락이 장점인 국립화순치유의숲은 기본 프로그램으로 당일형 산림 치유 활동과 회기형 체험 활동을 운영한다. 당일형 산림 치유 프로그램은 실내와 실외를 오가며 진행된다. 강당에서 이뤄지는 균형 테라피와 싱잉볼, 통나무 명상이 대표적이다. 숲속 해먹 프로그램은 기상 상황에 따라 변경될 수 있다. 회기형 체험 행사로는 목재를 이용한 액자, 젓가락 만들기, 나만의 블렌딩 티 만들기 체험 등이 대표적이다.

기본 프로그램 중 균형 테라피와 통나무 명상은 숲속 건강 채움 활동의 일환으로 숲을 산책한 뒤 진행한다. 용암산 숲길을 거닐며 피톤치드로 면역력을 높이고 실내 체육 활동으로 일상생활에서 지쳤던 몸과 마음을 녹여낸다는 것이다. 균형 테라피는 간단한 스트레칭을 통해 참여자들의 몸이 어떤 상태인지 본격적으로 점검하는 활동이다. 프로그램 참여에 앞서 자율 신경 검사(HRV)와 체성분 분석기 검사로 파악한 요소를 더해 자신의 건강 지수를 측정한다. 통나무 명상은 편백 통나무를 이용해 몸 뒤쪽 감각에 집중하고 수축된 근육을 이완하는 활동이다.

숲속 해먹 프로그램은 대표적인 숲속 마음 비움 활동이다. 편백나무 숲속에 해먹을 설치하고 그 위에 누워 하늘을 바라보고 눈을 감아 숲의 향기에 집중한다. 일상생활 속에서 쌓인 온갖 스트레스와 번뇌로 복잡했던 머리를 비울 수 있는 시간이다. 이어서 싱잉볼 명상과 아로마 마사지를 하며 일상으로 돌아가기 전 치유의 기운을 온몸에 담을 수 있다. 싱잉볼 명상은 싱잉볼 소리와 진동이 만들어 내는 공명을 피부와 뇌로 느끼며 소리에 집중하는 것이다. 아로마 마사지는 참여자에게 필요한 아로마 오일을 찾아 마사지한 뒤 호흡 명상으로 마무리하는 활동이다.

회기형 체험 프로그램은 보통 8회기로 구성돼 있다. 주 2회, 회기당 1개월 단위. 복권기금 숲 체험 교육 사업 예산으로 지원을 받지만, 참가 기관의 자체 예산도 필요하다. 스트레스 완화와 심신 안정을 위한 산림 치유 프로그램을 기반으로 한다. 또 인지 능력과 신체 기능 향상을 위한 항노화 산림 치유 프로그램으로 맞춤형 진행도 가능하다. 앞서 언급했던 기본 프로그램은 당연히 포함돼 있고 회차마다 지역 특색이 담긴 활동이 뒤따른다. 화순군 농산물로 만드는 치유 음식 만들기 프로그램이 대표적이다. 돼지감자와 자두 같은 치유 임산물을 활동에 사용한다. 녹차를 기본으로 한 블렌딩 티를 직접 만들어 보고 차담까지 진행하는 차 테라피도 주요 활동 중 하나다. 화순군은 2008년부터 10대 농·특산물로 누에와 더덕, 버섯, 복숭아, 인진쑥, 찰옥수수, 토마토, 파프리카, 한약초, 한우 등을 지정하고 재배·사육

기술 보급과 작목별 연합회 결성, 공동 작업장 확충과 같은 정책을 추진하고 있기 때문에 활동 범위는 더 늘어날 수 있다.

치매 극복 이끄는 치유 메카

국립화순치유의숲은 2023년 12월 화순군이 지정한 치매 극복 선도 단체로서 현판식을 진행했다. 치매 극복 선도 단체는 단체 구성원이 치매 파트너 교육을 받고 치매 극복 활동이나 치매 친화적 사회 조성에 동참하는 단체를 말한다. 국립화순치유의숲은 치매 환자들의 인체 면역력 강화와 건강 증진을 위해 다양한 산림 요소를 활용한 산림 치유 프로그램을 제공하기로 했다. 또 화순군 치매안심센터와 협조해 치매에 대한 부정적 인식을 개선하고 지역 사회 치매 돌봄 문화 확산과 치매 극복 캠페인 등 다양한 치매 관련 활동을 하고 있다. 국립화순치유의숲이 진행하는 회기형 프로그램이 다른 무엇보다 항노화에 초점을 맞춘 까닭이다. 시설은 국립산림과학원이 제작한 '노인 대상(치매 예방) 산림 치유 항노화 프로그램 운영 워크북'을 활용해 치매 환자들의 인지 능력과 신체 기능 향상에 초점을 맞췄다. 프로그램 참여 전후로 건강 상태를 확인해

효과를 파악하고, 참여자들이 다치지 않으면서도 쉽게 질리지 않게 프로그램의 다양성을 늘리는 데 집중하고 있다. 건강 활동 목표 나무 액자 만들기는 회기형 프로그램 첫날 진행하는 활동으로, 그 같은 목표를 충분히 담아냈다. 자율 신경 검사, 체성분 분석기를 사용한 스트레스, 체성분 검사를 통해 건강 지수를 측정하고, 달성하고자 하는 목표를 우드버닝 공예로 기록한다. 다음 활동에 참여하기 전 항상 확인하게 하는 등 경도 인지 장애가 있는 참여자들도 의욕을 갖고 활동할 수 있도록 활용하고 있다.

'1! 2! 3! 나무로 계산해요'는 산림 공간의 특성을 반영한 두뇌 활성화 활동이다. 치유의 숲을 구성하고 있는 나무 종류와 정보를 제공한 뒤 이를 퀴즈로 내면서 이해 능력을 높이고, 암기나 암산 활동을 통해 기억력 향상을 도모하고 있다. 야외 활동인 '으랏차차! 내 몸 깨우기'는 걷기와 박수 치기, 말하기를 비롯해 신체의 여러 감각을 동시에 사용함으로써 참여자들의 인지력과 신체 지각력을 높이고 있다.

'으쌰으쌰 숲속 운동'도 치매 환자를 위한 대표적인 항노화 야외 활동이다. 음악과 함께 가볍게 움직이는 스텝 밟기로 신체를 활성화하고, 스트레칭과 근력 운동으로 신체 능력 향상을 도모한다. 대패를 이용해 자연스럽게 전신 근육 사용을 유도하는 젓가락 만들기도 이색적인 신체 활동이다. 특히 편백나무를 자재로 사용하고 있어서 활동하는 동안 자연스럽게 피톤치드를 느낄 수 있다. 이 밖에도 탄력 밴드를 이용해 어깨나 목을 집중적으로 스트레칭하고 자세 운동을 통해 바른 자세를 갖는 습관을 갖도록 유도하는 밴드 테라피는 참여자들의 신체 능력을 고려해 세심하게 진행되고 있다. 이 같은 활동은 시설을 떠나 집으로 돌아가서도 수행할 수 있어 지속 가능하다는 장점이 있다. 프로그램을 담당하는 국립화순치유의숲 소속 최주연 주임은 "심리 안정 측면에서는 인지 기능과 기억력 향상은 물론 치매를 유발할 수 있는 우울감을 감소하는 효과를 기대하고 있다"며 "신체적으로도 전반적인 체력 향상과 상·하체 근력 개선, 보행 시간 확보 등 수치상으로도 긍정적인 요소가 많다"고 설명했다.

치유 능력 더해주는 지역 자원

전남 화순군은 산림 면적이 73%에 달해 산림 치유 프로그램을 운영하기에 최적의 조건을 갖췄다. 2023년 10월에는 세계 각국의 산림 치유 경험과 지식을 공유하기 위해 최근에 연구되는 산림 치유의 과학적 연구 결과를 발표하는 '2023 세계산림치유대회'를 화순군 일원에서 개최했다. 세계 10여 개국 산림 치유 전문가와 관련 단체 등 3000여 명이 참여해 프로그램 기법과 실행 기술을 공유했다.

국립화순치유의숲도 당시 대회에 참석했다. 상위 기관인 국립나주숲체원 이름으로 '햇빛과 향기를 활용한 현대인과 갱년기 성인 대상 불면증 개선 산림 치유 프로그램'을 시연했다. 아직 시설의 정식 프로그램으로 운영하고 있지 않지만 머지않아 참여할 수 있을 전망이다.

고창치유의숲…문수산의 정기가 가득

국립고창치유의숲은…

주소	제1치유센터: 전라북도 고창군 고창읍 월산리 588-1 제2치유센터: 전라북도 고창군 고창읍 화산리 32-1
연락처	042-719-4000(한국산림복지진흥원)
교통편	차량 이용 권장, 정읍역에서 47분 거리
주요 프로그램	내마음休 캠프, 자개·편백 공예
가격	프로그램별 상이

2024년 개장한 국립고창치유의숲은 문수산 정기를 가득 품은 산림 치유 시설이다. 높이 621m의 문수산은 전라남도와 전라북도의 경계를 이루는 노령산맥 중의 한 산으로, 북쪽 방장산과 남쪽 고성산·태청산 등과 함께 북동에서 남서 방향으로 뻗어 나가고 있다. 산 정상을 중심으로 전북 고창군에서는 문수산이라고 부르

며, 전남 장성군에서는 축령산이라고 부른다. 북쪽 산자락에는 천년 고찰 문수사(文殊寺)가 있는데, 문수산이라는 지명은 문수사가 창건되면서 붙었다는 설이 유력하다.

문수산은 1970년대에 조림한 편백나무 숲이 울창하다. 73㏊ 규모의 편백림은 각각의 나무 굵기가 최대 가슴 높이 지름 36㎝ 이상으로 왕성한 성장세를 보이며 곧게 자라고 있다. 편백나무 외에도 천연기념물 제463호로 지정된 단풍나무숲과 고로쇠나무, 비자나무, 졸참나무, 서어나무 등이 울창하게 숲을 구성하고 있어 가을이면 붉게 물든 단풍이 장관이다. 특히 문수사 사찰로 들어가는 숲길 주변 단풍나무 50여 그루는 수령이 200~400년으로 추정되는 노거수로, 가을 정취를 느끼기에 최적이다.

국립고창치유의숲은 이 같은 산림 자원을 활용해 산림 치유 프로그램을 진행하는 전북 최초 국립 치유의 숲이다. 내부 시설은 제1 치유센터와 제2 치유센터로 나뉘어 있는데 제1 치유센터는 편백나무 숲이 둘러싸고 있다. 한국 남부 지방에서 주로 자라는 수종인 편백은 천연 항균 물질인 피톤치드를 다량으로 함유하고 있어, 신진대사를 활발하게 해주는 것으로 유명하다. 숲길은 따라 걷기 좋은 상태로, 장애인과 노약자를 비롯한 보행 약자들도 안전하고 편안하게 산책할 수 있는 데크 길도 조성돼 있다. 제1 치유센터는 3개 프로그램실과 숲 문화마당(공연장)을 보유하고 있다. 또 유아 숲 놀이터와 숲속 정원 3개소가 있으며, 건식 반신욕기 30개가 마련돼

있다. 이곳에서 4㎞가량 떨어진 제2 치유센터에는 2개 프로그램실과 셀프 산림 치유 시스템 설비, 온열 의자 20대가 설치돼 있다. 제1 치유센터가 방장산의 수려한 산림 경관과 편백·신나무숲을 장점으로 삼고 있다면 제2 치유센터는 고창이 내려다보이는 경관과 피톤치드가 풍부한 편백숲, 구절초로 이뤄진 정원이 매력 포인트다.

국립고창치유의숲을 한 번에 즐길 수 있는 최적의 경로는 예향천리마실길이다. 고창군의 예향천리마실길은 2010년 고창의 자연 환경과 문화역사 자원을 걸으며 즐길 수 있도록 만들어졌다. 마실길은 읍성성곽길(14㎞)과 편백숲길(7.2㎞), 문수산 단풍길(9.5㎞), 온천길(7.2㎞), 양고살재길(5.2㎞), 방장산길(17.5㎞), 고인돌길(5㎞), 해안문화 마실길(17㎞), 동학농민군진격로(19.5㎞), 가시연꽃길(13㎞)을 비롯해 고창군의 역사와 문화, 생태가 묻어나는 총 10개 코스 115㎞ 길이의 경로다.

제2 치유센터의 편백가득길은 편백숲을 온전히 즐길 수 있도록 화산리 방향과 월산리 방향으로 걷기 코스를 제공한다. 길을 따라 깔린 야자 매트를 따라가면 된다. 다만 둔덕이 있어 휠체어 사용자는 이용이 어려울 수 있다. 거동이 불편한 참여자들은 제1 치유센터에 있는 데크 길을 통해 문수산 풍경을 즐길 수 있다.

항노화 프로그램 중장년층에 인기

국립고창치유의숲은 참여자들의 성향을 다양하

게 반영한 산림 치유 프로그램을 운영하고 있다. 산림 치유 항노화 프로그램은 치유의 숲 이용 비중이 높은 중·장년층과 고령층 수요를 반영했다. 경도 인지 장애 환자를 비롯해 치매 위험군에 속해 있는 노인들을 대상으로 인지 능력 증진과 치매 상태 완화를 목표로 운영하고 있다. 이 활동에서는 산림청 국립산림과학원에서 개발한 표준형 산림 치유 프로그램을 사용하고 있다. 프로그램 참여 대상은 광역치매센터나 치매안심센터, 독거 노인 수행 기관 등으로 적정 인원은 20명 이상이다. 프로그램과 식비를 포함한 비용은 무료이지만 이동을 위한 버스는 참여 기관에서 부담해야 한다. 여행자보험 가입도 필수다. 세부 프로그램으로 항노화 체조와 숲 인지 능력 증진 게임, 숲 해설과 같은 활동이 제공된다. 산림을 조성하는 나무 유형 등의 정보를 제공하고 이를 기반으로 암기력과 이해력을 높이는 방식이다.

저출생 문제 완화에 이바지할 수 있는 숲 태교 산림 치유 프로그램도 운영한다. 문수산 숲 태교 한마당은 국가적 문제로 부상한 저출생에 대응하고 출산 장려 분위기를 조성하기 위해 만들어진 가족형 산림 치유 프로그램이다. 참여 대상은 출산을 기획하고 있는 가족과 임산부 가족, 출산 후 가족 등이다. 적정 참여 인원은 20명 이상이다. 프로그램비와 식비 등은 무료다. 다만 이동을 위한 버스는 지원되지 않는다. 여행자보험 가입도 필수다. 세부 프로그램으로는 '사드락! 문수산 숲 산책'과 가족 숲 레크리에이션이 있다.

국가 재난 관련 대상자와 재해 구호 업무에 종사하는 사람들을 위해 마련한 프로그램도 있다. 문수산 숲에 안기다 프로그램은 산불이나 풍수해 지역 등 국가 재난 관련 피해자와 지역 주민들을 대상으로 운영하는 스트레스 저감 캠프다. 국가 재난 선포 지역 공무원과 구호 업무 종사자도 참여할 수 있다. 적정 인원은 20명 이상으로, 프로그램비와 식비 등은 무료다. 여행자보험은 반드시 가입해야 하며, 이동을 위한 버스 등은 지원하지 않는다.

'리프레시 산림 치유 캠프'는 사회복지사, 요양보호사를 비롯해 고객 접점 근로자를 대상으로 한 스트레스 완화 프로그램이다. 적정 인원은 20명 이상이다. 일반 취약계층을 대상으로 한

'나눔의 숲 캠프'도 있다. 산림을 접하기 힘든 취약계층을 대상으로 힐링 캠프를 제공해 삶의 질을 향상시킨다는 취지다. 55세 이상 참여 희망자와 장애인, 다문화가정, 저소득층 등이 참여 대상이다. 적정 인원은 20명 이상이다. 두 활동 모두 프로그램비 비용과 식비 등은 무료다. 이동을 위한 버스는 지원하지 않고, 여행자보험 가입도 필수 사항이다.

산림 치유가 필요한 전 국민을 대상으로 한 산림 치유 캠프로는 '내 마음 休 캠프'가 있다. 교원 연수나 직장인 연수, 관광 프로그램 형식으로 운영하고 있다. 적정 인원은 10명 이상이다. 세부 프로그램은 참여자가 희망하는 내용을 중심으로 구성된다. 비용은 구성에 따라 달라진다.

숲속 공예로 마음의 안정을

국립고창치유의숲에서 운영하는 단위 프로그램은 편백림을 비롯한 문수산의 풍부한 산림 환경 자원을 활용해 만들어졌다. 이들 활동은 참여자들의 정서적·신체적 활동을 통해 치유 효과를 유도하고 있다. 또 농악이나 판소리 같은 지역 문화 자원을 활용한 프로그램을 개발하면서 일종의 시너지 효과를 기대하고 있다. 각각의 프로그램은 캠프를 비롯한 대단위 활동을 통해서도 참여할 수 있다. 국립고창치유의숲 단위 프로그램은 크게 숲 치유형과 건강 치유형, 공예 치유형으로 나뉘어 있다. 숲 치유형 활동으로는 노르딕 스틱, 소리 명상, 싱잉볼 힐링 등이 있으며 주로 편백숲에서 진행된다. 노르딕 스틱은 수려한 편백숲을 스틱을 활용해 거닐며 올바른 자세와 산림 운동을 체험하는 활동이다. 상체와 하체 모두 사용하면서 걷는 노르딕 워킹을 편백 숲에서 진행한다.

소리 명상 활동은 19세기 고창 지역에서 활동했던 판소리 이론가이자 비평가인 동리(桐里) 신재효의 작품을 비롯한 고창 농악과 판소리를 산림 치유와 결합한 프로그램이다. 싱잉볼 소리와 진동이 만들어 내는 공명을 피부와 뇌로 느끼며 소리에 집중하는 싱잉볼 힐링 역시 고창 농악·판소리와 결합했다. 고창군은 지역을 '농악의 고장'으로 삼고 차별화된 관광 상품을 개발·운영하고 있다. 고창 관광 상품으로 소리 투어 테마가 있을 정도다.

건강 치유형 단위 프로그램으로는 온열 치유 장비를 활용한 활동이 있다. 편백숲에서 건식 반신욕기(제1 치유센터)나 일라이트 안락 의자(제2 치유센터)에 앉아 온몸을 이완하는 활동이다. 일라이트 안락 의자는 일라이트 세라믹을 발열체에 적용해 원적외선과 음이온으로 온열 치료 효과를 증진하는 장비다. 통나무와 기구를 이용해 온몸을 스트레칭하는 데일리 스트레칭도 건강 치유형 활동 중 하나다.

공예 치유형 단위 프로그램은 곳곳에서 묻어 나오는 지역 특색이 매력 포인트다. 이 지역 특색 활동으로는 야광패나 전복, 조개 같은 특정 조개류 껍질을 잘라 모양을 내어 붙이고 옻칠하는 자개 공예가 있다. 대표적인 공예품으로 나전칠기가 손꼽힌다. 또 편백으로 팔찌나 향기 주머니 같은 간단한 공예품을 만드는 편백 공예도 참여자들에게 좋은 평가를 받고 있다.

편백이나 삼나무 묘목 또는 와송을 직접 심어보는 힐링 프로그램도 국립고창치유의숲이 운영하는 공예 치유형 단위 프로그램 중 하나다. 돌나무과 식물인 와송은 바위솔로도 불린다. 주로 한국과 중국, 일본에 분포하는 여러해살이풀로, 약재류의 하나이지만 다육 식물로 키우기도 한다. 이 밖에 꽃차나 건강 차를 숲의 아름다운 경관을 바라보며 마셔보는 차 테라피 활동도 운영 중이다. 국립고창치유의숲은 지역 산업과 연계한 프로그램도 다수 운영한다. 프로그램에 참여

하면서 먹는 도시락부터 지역 사회와 공동 개발한 특산 도시락을 제공하고 있다. 고창 햇빛 도시락 같은 협력 업체를 통해 황토배기 쌀, 고구마, 장어, 복분자 식초 같은 지역 특산물을 사용한 음식물을 제공한다.

해당 도시락은 1만원 식단으로 구성돼 있으며, 자부담한다면 1만5000원 고급형과 1만8000원 상당의 고창 장어 도시락을 구매할 수 있다. 지역 조합과 연계한 공예 활동에도 참여할 수 있다. 국립고창치유의숲은 장성편백산마늘영농조합과 함께 편백 베개 만들기, 편백 도마 만들기 활동을 전개하고 있다. 조합에서 강사가 파견

돼 프로그램을 진행한다. 편백 베개 만들기는 편백 큐브를 활용해 베개를 만들어 보는 프로그램으로, 2만원의 비용이 든다. 편백 도마 만들기는 나만의 도마를 직접 만들어 본다는 콘셉트로 진행한다. 지역 업체와 지역 특산물로 치유 음식을 만드는 활동도 준비돼 있다. 전남

문인협회 부회장을 맡고 있고, 문화관광해설사로 활동하는 임춘임 씨가 강사로 참여한다. 건강한 식재료를 활용한 건강 젤리 만들기(1만원)와 계절별 꽃을 활용해 나만의 꽃차 만들기(1만5000원), 다육 식물이나 향기 식물들을 도자기에 심어보는 식물 심기(1만5000원), 마을 주민이 기른 작물로 된장을 빚어보는 전통 된장 만들기(1만8000원) 등이 있다.

국립고창치유의숲은 시설 내에 별도 숙박시설이나 식당을 운영하고 있지 않아 필요할 경우 인접 시설을 사용해야 한다. 고창 지역은 관광지로도 명성을 얻고 있어 산림 치유와 결이 맞는 관광지를 골라 방문하는 것도 좋은 방법이다. 1500년 역사를 지닌 사찰 선운사가 대표적이다. 선운사에서는 매년 9월 말 선운문화제가 열리는데, 붉은 꽃무릇이 장관을 이루고 있어 시점을 맞춰 방문한다면 잊지 못할 추억을 쌓을 수 있다. 방장산을 둘러싼 고창읍성은 성곽을 따라 산책하

기 좋다. 고창읍성은 조선 시대 왜적의 침입을 막기 위해 쌓은 석성으로, 1965년 사적으로 지정됐다. 모양성(牟陽城)이라고도 하는데, 백제 시대 때 고창 지역이 '모량부리'로 불렸기 때문이라는 설이 지배적이다. 거칠게 다듬은 자연석으로 쌓은 성벽은 그 형태가 비교적 잘 남아 있고, 읍성으로서는 거의 완전한 형태로 보존돼 있다는 평가를 받는다.

고창 고인돌박물관은 청동기 시대 각종 유물과 생활상은 물론 세계 고인돌 문화를 한눈에 살펴볼 수 있는 공간이다. 상설전시관은 전체 전시 공간에 대한 관람 정보와 상설 전시 공간으로 구분돼 있다. 주제별 전시실의 전시 내용을 압축해서 상설 전시함으로써 전시 내용에 관한 관심과 흥미를 일으켜 적극적인 관람을 유도하고 있다. 전시관 3층에 마련된 체험 공간에서는 불 피우기와 암각화 그려보기, 고인돌 만들기 같은 활동을 직접 체험해 볼 수 있다. 또 원형 움집 내부를 일대일 실물 크기 모형으로 만들어 직접 사진을 찍을 수 있는 포토존도 있다.

뜨락…
경북 원예 치료의 '메카'

경북 경산시 자인면에 있는 뜨락은 '원예치료센터'를 표방하는 치유 농장이다. 발백산 기슭에서 시작된 오목천이 동대구 방향으로 저 멀리 유유히 흐르고 주변에는 복숭아나무밭이 농장을 포근히 감싼다.

전체 면적은 537평으로 아담하다. 하지만 사계절 자연의 아름다움을 느끼기에는 충분한 공간이다. 봄이 되면 가장 먼저 구근 식물들이 꽃을 피우기 시작한다. 보라색, 분홍색, 하얀 빛깔 색색의 히아신스는 향기를 내뿜으며 이곳을

뜨락은…

주소	경북 경산시 자인면 한장군로 293
대표자	신은숙
연락처 이메일	010-8560-2024 mahallo@hanmail.net
교통편	경산시청에서 990번/남산2번 버스 탑승 후 농업기술센터 건너에서 하차
주요 프로그램	농장에서 쓰담쓰담, 숨쉬는 이랑, 그대여 걱정하지 말아요, 토닥토닥 내 마음
가격	예약 단체별 상담 후 결정

다채롭게 꾸민다. 겨울을 이겨낸 수선화와 무스카리도 힘차게 올라온다. 봄에 뜨락을 찾는다면 생명의 기운을 한껏 느낄 수 있다.

신은숙 뜨락 대표는 "원예 치료는 의학적 측면의 전문적인 치료 방법은 아니더라도 전문적으로 행해질 때는 전문적인 치료 방법으로 다른 대체의학이 줄 수 없는 효과를 가져다줄 수 있다"고 강조한다.

4월이 되면 뜨락은 초록으로 물든다. 개망초를 닮은 캐모마일이 지천으로 피기 시작한다. 주변 농장에서 피는 복사꽃의 아름다움에 흠뻑 취할 수 있다. 여름에는 아이 얼굴 만한 크림색 라임라이트 수국이 일품이다. 초저녁이면 농장을 밝히는 라임라이트 수국은 여름 내내 농장을 찾는 이들의 사랑을 받는다. 가을이 되면 추명국, 향등골 등 가을꽃이 앞다퉈 피어난다.

이곳 치유 농장은 4차선 대로인 한장군로에 접해 있어 접근성이 좋다는 것도 큰 장점이다.

스마트팜 온실…300여 종 식물 한가득

농장 한쪽에는 사계절 따뜻한 100평 규모의 스마트팜 온실이 갖춰져 있다. 온실에서 자라는 식물은 300여 종에 달한다. 유실수인 비파나무와 꽃과 잎을 감상할 수 있는 관목류, 향기로운 허브류, 꽃으로 시각과 후각을 자극하는 화초류, 질감과 시각으로 감각을 자극하는 다육 식물이 자라고 있다. 스마트팜 온실은 시간을 설정해 자동 관수가 될 수 있도록 설비돼 있고, 온실의 개폐 장치도 온도나 기상 조건에 따라서 개폐가 되도록 자동화돼 있다.

효율적인 작물 재배를 위해 10평 공간의 식물공장도 갖췄다. 담액식 재배 시스템을 갖춘 이곳에서는 녹즙으로 먹을 수 있는 케일, 재배가 까다로운 바질, 아이스플랜트, 로메인 상추 등을 농약 없이 재배한다.

이곳에서 수확한 채소들은 제철과일과 함께 녹즙을 만들거나 카나페, 샌드위치 등을 만드는 프로그램에 사용된다. 68㎝ 정도 화단을 높여서 재배할 수 있도록 조성돼 휠체어를 이용하는 장애인이나 무릎 관절이 좋지 않은 어르신들도

의자에 앉아서 경작 활동을 할 수 있다.

뜨락을 운영하는 신 대표는 경상북도 영주 과수원집 넷째 딸로 태어났다. 젊은 시절 어린이집을 운영했던 그는 도시에서의 삶에 염증을 느꼈다. 어린 시절 드넓은 자연에서 뛰놀았던 기억은 그가 치유농업사라는 새로운 꿈을 꾸게 했다.

그는 자신의 꿈을 이루기 위해 2009년부터 대구가톨릭대 보건과학대학원에서 원예치료학과를 다니기 시작해 2011년 1기로 석사 학위를 받았다. 2010년에는 당시 경기도 수원에 있던 농촌진흥청을 오가며 원예프로그램 지도자과정을 밟았다. 이렇게 원예 관련 공부를 하고 경산시 청년 최고경영자(CEO) 육성 사업에 선정됐고 2011년 '뜨락 원예치료센터'라는 이름으로 마침내 치유 농장을 열었다. 당시만 해도 치유농업사라고 하면 주변 사람들이 "아픈 식물을 치료해주는 직업이냐"고 물어볼 정도로 치유농업에 대한 인식이 적었던 때였다.

'뜨락'이라는 이름에는 자신의 어린 시절처럼 아이들이 뜰에서 자유롭게 뛰어놀길 바라는 마음을 담았다. 신 대표는 "원예 활동은 식물과 오감으로 교감하며 전인적 치유 역할을 한다"며 "도시 생활에 마음이 각박해진 사람들에게 나눔의 기쁨을 심어주고 싶었다"고 말했다.

이후 뜨락은 한국형 치유 농장의 선두 주자로 성장했다. 2018년 경상북도에서 돌봄 농장으로 선정됐다. 농촌진흥청에서는 농촌교육농장 품질인증을 받았다. 농업 자원, 교육 운영자, 교육 프로그램, 교육 환경, 교육 서비스 등 5개 영

역 29개 평가지표에서 80점 이상을 받아야 품질인증을 받을 수 있다.

원예치료에 '진심'…4단계 구성 프로그램

뜨락은 '원예치료'에 진심인 곳이다. 이곳의 치유농업 프로그램은 신 대표의 △상담·진단 △프로그램 계획 △운영 △평가·사후 관리 등 4단계로 체계적으로 이뤄진다.

일단 프로그램 신청자와 상담을 통해 치유농업 활동을 희망하게 된 이유를 파악하고, 이를 통해 활동 목표를 설정한다. 신청자의 상태와 계절별 상황 등을 고려해 프로그램을 짜는데, 단체 의뢰를 받는 경우 타 분야 전문가들과 협업하기도 한다. 프로그램이 시작되면 참여자와 뜨락 곳곳에서 함께 활동하며 식물과 교감을 유도한다. 체험 과정에서 참여자의 변화 정도를 파악하며 추가적인 활동을 진행하기도 한다.

신 대표는 "원예 치료는 원예뿐만 아니라 전문가가 대상자의 상태를 파악하고 의도적인 목표를 정하고, 원예 활동을 이용해 파악된 문제를 개선하며 그 결과를 평가하고 보고하는 과정을 포함하고 있다"고 말했다. 또 그는 "식물은 생애주기가 짧아 생명의 순환을 경험함으로써 무기력한 마음을 치유하고 할 수 있다는 희망과 깨달음을 얻을 수 있다"고 설명했다.

운영하는 치유 프로그램도 다양하다. 청소년을 위한 프로그램만 해도 여럿이다. '치유농업 체험 프로그램을 통한 자연에서 通하기'는 자유학기제 진로 탐색 프로그램이다. 청소년들에게 농업

에 대해 새로운 가치를 부여하고 인식 전환을 꾀하면서 스트레스를 풀어주도록 설계됐다.

'당신은 움츠리기보다 피어나도록 만들어진 존재입니다'에서는 위기 청소년의 심리 상담이 진행된다. 위기 청소년을 대상으로 하며 분노 조절과 스트레스 완화 프로그램을 적용해 그들이 자기존중감을 느끼게 하고 사회적 관계를 개선하도록 한다. '고운 빛깔 꽃물로 하나 되어' '숨을 쉬는 이랑'과 같은 가족 문제 예방, 소통 프로그램도 마련돼 있다.

'농장에서 쓰담쓰담'은 장애가 있는 아동과 청소년들을 위한 사회 적응 프로그램이다. 특수교육 대상 학생들이 농장에서 다양한 활동을 통해 사회적 기술을 향상하고 자신감을 키울 수 있다.

청각 장애인의 사회 적응 프로그램 '꽃으로 말해요'는 청각 장애인 자존감과 사회 성숙도 향상에 중점을 뒀다. '자연에서 通하다'는 여성 장애인의 자녀 양육·소통에 대한 자신감 회복을 도와주는 과정이다. '토닥토닥 내 마음'은 우울증이

나 조현병을 앓는 정신 질환자 치유 프로그램이다. 내적 변화를 끌어내 심리적 갈등 해결과 변화된 삶에 대한 희망과 의지를 갖게 한다.

신 대표는 "장애인들은 오랫동안 가족이나 주위 사람들에게서 보호를 받아왔다. 그래서 그들은 자신이 보호받는 존재라고 생각하고 남들에게 의존하려는 경향이 크다"며 "원예 치료에 참여해 직접 식물을 돌보고 키워 수확물을 얻으면서 자신도 누군가를 돌볼 수 있다는 자신감을 가질 수 있다"고 말했다.

'흙이랑 꽃이랑 오감 자극 총명 학교'는 치매 위험이 있는 어르신들을 대상으로 한다. 함께 풀을 뽑으며 어린 시절 밭일하던 추억을 회상하고 적당한 대·소근육을 사용하며, 그동안 살아오면서 버리지 못했던 마음속 앙금들을 풀과 함께 뽑아버릴 수 있도록 한다.

가을이 되면 창호 문에 누름꽃(압화)으로 장식했던 기억을 떠올리면서 서로의 추억을 공유하고 지지하며 함께 누름꽃을 만들고 장식해 보는 과정을 밟는다. 뇌 기능을 활성화해 치매를 예방·지연하는 것을 목표로 한다.

'그대여 걱정하지 말아요'는 치매 어르신 가족 소통·치유 프로그램이다. 치매를 앓고 계신 어르신을 모시는 가족들의 스트레스를 완화해 가족 관계 개선을 돕는다. 이런 프로그램들 때문에 뜨락에는 치매 어르신을 모시는 가족이 많이 찾는다. 신 대표는 "한 번은 치매 환자 보호자를 대상으로 프로그램을 진행했는데, 치매에 걸린 어머니를 둔 따님께서 온실의 창살로 비치는 햇살이 자신을 위로하는 것 같다면서 눈물을 흘리셨다"며 "이렇듯 농장의 다양한 요소가 대상자에게 위로를 준다. 그래서 농장의 풀 한 포기, 흙 한 줌도 소중하다"고 말했다.

뜨락은 2014~2019년 문화체육관광부 주최, 한국문화예술교육진흥원 주관으로 하는 '꿈 다락 토요문화학교'라는 문화예술 프로그램을 운영했다. 초등학교 고학년과 그 학부모들이 대상이었다. 매주 토요일마다 총 30회에 걸쳐 이뤄지는 프로그램으로 참여자들이 심고 싶은 씨앗을 결정하고 씨앗을 심고 싹을 틔우며, 밭을 가꾸고 열매를 수확하며 서로를 배려하고 협력하는 삶의 자세를 배우는 시간이었다.

마지막 수업에서는 수확한 채소들로 음식을 만들어 주변 어르신 등과 나눠 먹었다. 신 대표는 엔데믹을 맞아 이 프로그램 복원을 준비하고 있다.

신 대표는 치유 농장을 찾는 사람들이 행복과 치유를 경험하기 위해서는 먼저 치유농업사 스스로가 행복해야 한다는 철칙을 갖고 있다. 이런 지론 때문에 이곳 원예 활동 프로그램을 찾는 사람은 많지만, 프로그램 운영은 일정 수준 이하로 유지하고 있다. 신 대표는 "치유 농장은 농장의 다양한 작물이 주는 에너지와 농장주가 가지고 있는 선한 에너지가 모두 중요하다"며 "이러한 에너지를 나누기 위해 농장주를 비롯한 농장 자원들을 가꾸어 나가겠다"고 말했다.

뜨락은 예약제로 운영된다. 주로 단체로 프로그램을 진행하기 때문에 가격은 단체와 협의로 정한다. 예약은 전화로 할 수 있다.

물사랑교육농장…
호수와 산새가 같이 노는 곳

경남 진주에 있는 진양호는 면적이 약 23.55㎢에 달하는 넓은 호수다. 1970년 낙동강 유역 최초의 다목적댐인 남강댐이 지어지면서 생겨났다. 지리산에서 내려오는 덕천강과 남강이 모이는 곳으로 천연기념물 수달이 서식할 정도로 수질이 좋다. 시원하게 트인 호반이 주변 산새와 계절마다 조화를 이루고 있어 '한 폭의 그림 같다'는 감탄이 절로 나온다.

물사랑교육농장은 진양호의 이 같은 풍경을 즐기기에 최적인 공간이다. 진주역에서 달맞이언덕을 지나 진수대교 끝단에 이르면 나오는 이곳은 한겨울에도 산세가 청록의 빛이 창창하다. 농장 안쪽 벤치에 앉아 호수를 바라보면 그 아름다움에 일상생활서의 번뇌와 스트레스가 눈 녹듯 사라지는 것이 느껴진다.

물사랑교육농장이 다른 곳과 차별화한 치유농업 프로그램을 운영할 수 있는 까닭이다. 진양호의 깨끗한 물을 활용한 텃밭 가꾸기와 제철 농산물 요리 클래스는 그 자체로 뛰어난 완성도를 자랑한다. 목재에 문양을 넣어 소품을 만드는 냅킨 공예와 테라리움 만들기 같은 활동도 활발하다. 도심에서는 볼 수 없는 자연의 자태가 일종의 영감(靈感)으로 작용하는 셈이다.

농장을 찾는 방문객의 유형도 다양하다. 발달장애인과 치매 환자를 비롯한 경도 인지 장애인

물사랑교육농장은…

주소	경남 진주시 대평면 호반로 414-17
대표자	윤계자
연락처	010-9236-6454
교통편	차량 이용 권장, 진주역에서 18분 거리
주요 프로그램	텃밭 가꾸기, 쿠킹 클래스, 원예활동, 냅킨 공예, 테라리움 만들기, 1박2일 힐링캠프
가격	상담 후 결정

은 물론 학교 부적응 청소년, 외상 후 스트레스 장애(PTSD)를 겪는 소방관들도 이곳 프로그램에 참여하고 있다. 다자녀 워킹맘 가족을 비롯한 비(非)환자 방문객 수요도 많다.

물사랑교육농장을 설립한 이는 유치원 교사 출신의 윤계자 대표다. 그는 "1999년 처음 진양호에 자리를 잡을 때부터 자연 환경을 이용한 다양한 프로그램을 고민해왔다"며 "현재 자체 펜션도 운영하고 있어 1박2일 프로그램에 대한 방문객 수요에도 충분히 대응하고 있다"고 설명했다.

사계절 즐기는 농업 활동

물사랑교육농장의 치유농업 프로그램은 텃밭 가꾸기를 기반으로 한다. 참여자별로 활동성에 차이가 있는 만큼 윤 대표와 사전 상담을 거쳐 키울 작물과 진행 기간을 맞춤형으로 정한다. 작은 화분에 꽃이나 허브를 심는 일회성 프로그램부터 텃밭을 10회 이상 관리하면서 직접 농작물을 재배하고 수확하는 활동까지 그 종류가 다양하다.

계절별 대표 프로그램도 뚜렷하다. 봄에는 딸기 수확과 딸기잼 만들기 활동이 인기가 많다. 여름에는 텃밭 야채 수확 프로그램을 주로 운영한다. 가을철에는 단감 따기와 밤 줍기가 주요 활동이다. 겨울에는 온실에서 자라는 농작물을 활용한다. 봄~가을에 비해 활용할 수 있는 자원이 한정적인 건 맞지만 치유농업을 즐기기에 충분하다.

수제 음료 만들기와 요리 클래스 역시 치유농업 활동의 연장선에 있다. 단순히 제철에 생산되는 식재료로 요리 체험을 하는 수준을 넘어 생활 습관에 순기능을 줄 수 있도록 경험의 폭을 넓히는 데 초점을 맞췄다. 이색 체험으로는 태양열을 이용한 조리 기구로 간식 만들기 같은 활동을 준비해 참여자들의 이목을 모았다.

윤 대표는 "요리사 체험 활동은 아이들 사이에서 가장 인기 있는 프로그램 중 하나"라며 "식재료를 직접 손질해 요리하는 '김치 쌀 피자 만들기'를 가장 좋아한다"고 설명했다. 이어 "단호박 영양밥을 비롯해 인절미와 강정, 식혜, 수정과 같은 전통 식문화 체험 활동도 주요 프로그램 중 하나"라고 덧붙였다.

활동성이 높은 참여자를 대상으로는 농장에 있는 꽃과 허브를 활용한 원예 활동을 진행한다. 꽃다발은 물론 꽃바구니와 스머지 스틱, 포푸리, 리스 같은 생활용품을 만들어 프로그램의 효용성을 높였다. 이 중에서도 스머지 스틱과 포푸리는 향초, 디퓨저 같은 인공 방향제 대용품을 찾는 참여자들에게 호응을 얻고 있다고 한다.

테라리움 만들기…다양한 공예 활동

물사랑교육농장의 공예는 계절과 무관하게 참여할 수 있는 치유 활동이다. 윤 대표가 직접 참여자별 성향을 분석해 최적의 내용으로 진행한다. 경증 치매 노인부터 활동량이 많은 청소년, 일반인 기관 연수 등 모두 프로그램에서 높은 만족감을 보일 수 있는 까닭이다. 경제적 활동을 희망하는 일반인을 대상으로는 자격증반도 운영하고 있다.

테라리움 만들기가 그렇다. 테라리움은 라틴어

'테라(terra · 땅)'와 '아리움(arium · 용기, 방)'을 합성한 말이다. 습도를 지닌 투명한 용기 속에 식물을 재배하는 것을 칭한다. 가령 어항 같은 둥근 유리 속에 다양한 종류의 화초를 심는 식이다. 물사랑교육농장 세미나실에서는 판매용을 포함해 수십 종류의 테라리움을 볼 수 있다.

냅킨 공예도 팬층이 두꺼운 활동 중 하나다. 데쿠파주 기법을 활용해 다양한 디자인의 냅킨을 원목이나 금속, 천, 유리 같은 소재에 오려 붙이는 활동이다. 국내에서는 대표적인 DIY 수공예 활동으로 인지도가 높다. 물사랑교육농장에서는 참여자들이 나무 쟁반이나 도마, 장식용 그릇, 보관함을 만들고 집에 가져가게끔 운영하고 있다.

건축용 타일을 이용해 편지꽂이나 시계, 장식용 벽걸이를 만드는 타일 공예도 완성도를 갖춘 프로그램이다. 윤 대표는 "다양한 색깔과 크기의 유리 타일을 이용한 타일 공예는 영유아의 창의력을 높이는 데 좋은 활동"이라며 "가정에서 사용할 수 있는 용도로 만들어 재미와 실용성 모두 잡으려고 노력하고 있다"고 설명했다.

목공예 활동으로는 나무 화분 만들기가 있다. 물사랑교육농장에서 제공한 목재에 취향에 맞는 색을 입혀 일종의 미술 치료 효과를 얻는 활동이다. 목재 특유의 향기가 은은하게 퍼져 실내 소품으로도 활용도가 높다. 참여자들의 창의력과 집중력 향상에 도움을 줘 아이들과 단체 방문객에게 특히 인기가 많다고 한다.

노령층을 대상으로 한 오자미 만들기도 호응이 높다. 오자미 만들기는 회상 자극과 지남력 향상에 도움을 줘 치료 효과가 좋다는 평가를 받는다. '오자미로 박 터트리기' 같은 운동회를 열어 신체적 활동도 높이고 있다. 이 밖에 천연 비누 만들기와 타일 액자 만들기, 천연 염색 활동 같은 프로그램에도 참여할 수 있다.

1박2일의 '힐링 캠프'

물사랑교육농장의 1박2일 힐링 캠프는 짧은 시간 안에 프로그램을 밀도 있게 체험해 최고의 치유 효과를 얻고자 하는 방문객에게 딱 맞는 활동이다. 세부 활동은 윤 대표가 참여자들의 성향을 분석해 최적의 시너지 효과를 낼 수 있도록 유기적으로 배치해 운영한다. 농장 안에 펜션이 있어 불필요한 이동 시간이 없다는 것이 장점이다.

힐링 캠프는 치유농업 활동을 찾아 방문한 소방관들과의 인연에서 비롯됐다. 처음에는 40명을 한 팀으로 다회차 진행하는 것을 커리큘럼으로 삼았다가, 프로그램에 만족한 소방관들이 캠프 형식으로도 진행할 수 있는지를 물으면서 시작했다. 물사랑교육농장은 경남도청 경남소방본부와 연계해 2023년에 4회 힐링 캠프를 운영했고, 2024년에도 6회 진행한다. 힐링 캠프는 일반 희망자들도 참석할 수 있다. 윤 대표는 "진양호의 매력을 충분히 느끼면서 다양한 치유농업 프로그램을 경험하려면 하루로는 부족할 수밖에 없다"며 "2024년부터는 암 환자를 대상으로 한 맞춤형 힐링 캠프 프로그램을 운영하는 등 종류를 다양화할 계획"이라고 설명했다.

1박2일 프로그램은 윤 대표가 물사랑교육농장을 연 직후부터 꾸준히 추진해 온 활동이다. 2003년에는 농어촌 1호 민박집을 열어 도시인들도 진양호의 24시간을 체험할 수 있는 기회를 제공했다. 또 세미나장과 바비큐장 등 공간 임대 사업도 별도로 운영하면서 비환자 손님들의 방문을 유도하고 있다. 윤 대표는 "기혼 부부들이 결혼기념일을 맞이해 다시 한 번 결혼식을 치르는 '리마인드 결혼식'을 비롯해 생일 파티, 팜 파티, 야유회 등 각종 이벤트에 맞춘 대관 사업도 운영하고 있다"며 "개인이나 가족 단위 방문객도 편하게 찾아올 수 있도록 무인카페를 비롯한 각종 편의시설도 보강하고 있다"고 말했다.

물사랑치유농장은 윤 대표의 인생이 온전히 녹아 있는 공간이다. 1999년 용지를 매입한 이후 현재까지 농장의 모든 프로그램을 개발하면서 25년이 넘는 시간을 투자하며 달려왔다. 1350㎡ 규모 텃밭과 1300㎡ 크기의 잔디정원, 1000㎡ 넓이의 치유정원 등 농장 구석구석에 그의 손이 닿지 않은 곳이 없다.

지역 사회를 위한 기여도도 높다. 2005년 대평면 내촌마을이 농림부로부터 녹색농촌체험마을로 선정되면서 윤 대표는 초대 사무국장과 마을 운영위원장, 축제추진위원장 등 직책을 맡으며 지역 발전에 힘을 실었다. 2012년부터는 지역 순환 경제사업단을 만들어 지역 소농민이 텃밭에서 생산한 농산물을 직거래로 판매하는 사업도 시작했다.

2019년부터는 지역 순환 경제사업단을 진양호 힐링센터로 이름을 바꾸고 지역 사회 취약계층을 위한 프로그램도 펼치고 있다. 2021년부터는 농림부 지정 '사회적 농장'으로 선정돼 현재까지 지역 사회 취약계층을 위한 치유 활동에 힘을 쏟고 있다. 물사랑치유농장은 매년 3~5명의 시니어 일자리를 창출하고 있다.

농장을 운영하면서 기억에 남는 방문객 역시 많다고 한다. 윤 대표는 "우울증을 비롯한 정신 질환에 괴로워하는 환자들과 정서적으로 교감했던 순간은 언제 돌이켜봐도 마음이 따뜻해진다. 담임 교사에게 농장에 다시 방문할 수 있도록 도와달라고 말했던 학교 부적응 청소년과의 일화는 치유농업 활동이 앞으로 한국 사회에서 어떤 역할을 할지 상상하는 계기가 됐다"고 말했다.

윤 대표의 다음 목표는 '노인학교'를 만드는 것이다. 저출생·고령화 사회에서 치유농업 시설이 가야 할 방향과도 맞고, 그 자신의 바람과도 맞닿아 있다는 설명이다. 윤 대표는 "물사랑교육농장은 앞으로도 저의 삶의 터전"이라며 "운영자보다는 한 명의 학생으로서 평안한 여생을 보내고 싶다"고 말했다.

선비촌한과…
우리 농산물로
치유 한 걸음

선비촌한과는…

주소	경상북도 영주시 창진로 195번길 316
대표자	권오영
연락처	054-638-8900
교통편	차량 이용 권장, 영주역에서 11분 거리
주요 프로그램	전통 한과 만들기
가격	1인당 2만원부터 (협의 필요)

통상 치유농업이라는 개념을 상상하면 농장 위주 활동이 떠오른다. 원예나 숲, 동물 같은 농업 자원을 바탕으로 농작업을 하는 방식이 대표적이다. 실제 국내 치유 농장 중 상당수가 이 같은 방식을 착실히 따른다. 치유농업 활동을 통해 참여자들의 건강 회복과 유지로 사회적 비용을 줄이고, 농촌에는 새로운 활로와 소득 창출 기회를 제공한다는 목표를 달성하기에 가장 일반적인 방법이기도 하다.

경상북도 영주시에 있는 선비촌한과는 농장 중심의 치유 시설이 아니다. 이곳을 찾으면 우리 농산물을 활용한 요리를 기반으로 한 특이한 치유농업 프로그램을 만날 수 있다. 농촌 자원의 부가가치를 높이는 방법으로 융복합 6차 산업을 말하는 것처럼, 선비촌한과는 6차 산업 중 2차 산업 단계에서 체험할 수 있는 치유농업 프로그램을 운영한다. 6차 산업 체계에서 1차 산업은 유·무형 자원을, 2차 산업은 제조 가공을 말한다. 3차 산업은 체험관광에 해당한다.

선비촌한과는 1998년 '농촌 여성 일감 갖기' 사업으로 시작한 업체다. 2013년 지금의 권오영 대표가 모친에게서 이곳을 물려받으며 세대교

체가 이뤄졌다. 그는 평생교육원에서 식품·영양학을 배우고, 농민사관학교를 수료하면서 이 분야에 대한 전문성을 쌓았다. 선비촌한과는 옛 순흥부를 중심으로 영주 지역에서 전수된 전통 방식으로 한과를 생산·판매하고 있다. 이곳에서 생산하는 한과에는 전부 국내산 농산물을 사용하고 있다고 한다.

전통 식품 제조에 대한 권 대표의 자긍심은 대단하다. 전통 방식으로 한과를 만드는 것을 고집하면서도, 스스로 만든 위생 규정을 철저히 지키고 있다. 쌀과 찹쌀을 직접 생산해 유과와 조청을 만들고, 조청 재료인 엿기름까지 직접 가공한다. 전통 식품을 알리고 홍보하기 위해 단순한 판매가 아닌 체험 교육을 진행하고 있다. 전통 식품이 만들어지는 과정 그 자체로 그 소중함을 알리기 위해서다.

물론 변주는 피할 수 없다. 제빵 체험과 다양한 요리 활동을 통해 새로운 것을 받아들이고 또 개발하고 있다. 한국 전통 식품이 디저트로서 자리 잡지 못한다면 그 존재를 언제라도 상실할 수 있다는 생각으로 색다른 시도와 도전을 지속하고 있다.

치유농업 시설로서 선비촌한과는 누구라도 소외되지 않고 활동에 참여할 수 있도록 지원하고 있다. 전체 300㎡ 규모 시설은 실내 교육장 115.5㎡, 실외 공간 100㎡, 판매장 46㎡ 등으로 구성돼 있다. 유치원 정교사(2급) 자격증과 보육교사(2급), 한국 전통 음식 전문가 자격을 보유하며 전문성도 인증받았다. 시설 내부는 휠

체어가 자유롭게 이동할 수 있도록 문턱을 전부 제거했으며 자동문과 비상벨, 장애인 화장실, 위기 대응 공간 등 기본적인 수요자 맞춤형 시설도 갖췄다.

전통 한과에서 퓨전 디저트까지

선비촌한과의 치유농업 프로그램은 주로 음식 만들기 활동을 기초로 한다. 그 종류만 수십 가지다. 계절마다 가장 맛이 좋은 재료들을 활용한다. 권 대표는 "몇 년 동안 매달 방문하는 단체가 있다"며 "참여자들에게 더욱 알찬 시간을 제공하고 싶어 늘 새로운 프로그램을 생각한다"고 설명했다. 이어 "2월에는 떡볶이와 주먹밥을 만들고, 3월에는 햄버거와 보틀 샐러드, 4월에는 딸기청을 준비하는 식으로 다양함을 제공하고 있다"고 덧붙였다.

선비촌한과의 대표 체험 활동은 전통 한과 만들기다. 치유농업 프로그램을 진행하기 전부터 한과를 생산하면서 전통 식품과 지역 특산물을 홍보할 수 있는 체험 프로그램을 개발한 영향이다. 전통 조청과 한과 만들기 체험뿐만 아니라 특산물을 이용한 다양한 프로그램을 시즌에 맞춰 소재와 주제를 달리하면서 맞춤형 체험을 제공한다. 이는 현재 치유농업 프로그램에 반영돼 있다.

선비촌한과를 방문하면 전통 과자가 만들어지기까지의 모든 과정을 배우는 것은 물론 조상들의 삶과 지혜, 그 옛날의 맛과 멋을 알아갈 수 있다. 발효의 원리와 과정, 가정 생활과 전통 식품에 대한 지식을 접할 좋은 기회이기도 하다.

시작은 조청과 유과를 만드는 과정이다. 질 좋은 쌀로 고두밥을 짓고, 엿기름은 겉보리를 물

에 담가 싹을 틔워 만든다. 겉보리에 싹이 돋으면 건조한 뒤 잘 빻아 가루로 만든다. 엿기름가루로 물을 내리고 이를 걸러 미리 지어 놓은 고두밥과 잘 섞는다. 이후 당화, 즉 효소 작용으로 단맛이 더해지면 끓여서 식혜를 완성한다. 밥알은 체로 걸러낸다. 그리고 계속 끓여 조청을 만든다. 불에 오래 끓이다 보면 점점 점성을 갖게 되면서 조청으로 변한다.

유과는 끓은 조청에 쌀과자를 넣고 골고루 묻힌 뒤 찐쌀 튀김인 찐쌀 튀밥을 표면에 붙여 완성한다. 강정과 오란다 과자를 만드는 과정도 비슷하다. 끓은 조청에 찐쌀 튀밥을 냄비에 넣고 버무린 뒤 틀에 붓고 둥근 막대로 편편하게 굴려 굳히면 강정이 완성된다. 참여 과정에서 뜨거운 조청을 다루는 만큼 스태프들의 꼼꼼한 안내가 뒤따른다. 보기에 간단해도 한 번 참여하면 유대감과 친밀감이 한층 높아진다.

전통 한과 중 하나인 산자 꾸미기도 인기가 많은 프로그램이다. 특히 유치원생과 초등학교 저학년 참여자들이 좋아한다. 미리 만들어 놓은 정사각형의 유과 산자에 초콜릿이 들어간 펜과 조청이 들어간 풀, 초콜릿·시리얼로 활동을 시작한다. 참여자들이 조청이 들어간 풀로 개성이 담긴 그림을 그리면, 초콜릿 펜과 과자 장식으로 완성도를 높인다. 맛있는 먹거리로 자유로운 미술 시간을 경험할 수 있는 활동이다. 집에서 할 수 있는 체험 장비도 준비돼 있다.

영주 특산품인 사과와 조청을 혼합한 퓨전 음식 만들기도 다양하다. 사과파이를 비롯해 견과류

타르트, 사과 타르트, 딸기 타르트 만들기가 대표적이다. 영주 특산품인 부석태 콩가루를 이용한 볼 쿠키 만들기도 맛과 흥미가 훌륭한 체험 행사다. 이 밖에 조청을 활용한 고추장 만들기, 막장 만들기, 찜닭 만들기, 떡볶이 만들기 등도 선비촌한과만의 매력이 가미된 활동이다.

알찬 프로그램 위해 인원 제한

선비촌한과는 2014년부터 체험 프로그램을 운영했다. 처음에는 전통 한과 만들기로 시작해 지역 특산물을 활용한 체험과 지역 연계 체험 등으로 점차 영역을 넓혀갔다. 치유농업 활동에 관한 관심은 그때부터 시작했다. 권 대표는 "장애인 참여자들의 방문이 늘면서 체험관 시설과 편의시설 확충에 대한 필요성을 느꼈다"며 "체험관을 신축하고 일회성 방문이 아닌 매달 고정적으로 방문할 수 있는 단체를 유치하기 위해 노력했다"고 설명했다.

선비촌한과의 치유농업 프로그램은 단체마다 적정 참여 인원을 다르게 두고 있다. 발달 장애인의 경우 10명 전후를 권장하고 최대 20명 이하로 받고 있다. 일반적인 경우보다 교사 비율이 높아 활동 자체가 어수선해질 수 있기 때문이다. 프로그램 최소 운영 비용은 2만원부터이지만 프로그램별로 금액대를 차등 적용한다. 요리 같은 경우 식자재 비용과 직결하는 부분이 많아 맞춤형으로 진행할 수밖에 없다는 설명이다.

치유농업 프로그램을 찾는 사람도 늘어나고 있다. 연간 체험 행사 참여 인원이 4000명 규모라

면 그중 1500명은 치유농업 프로그램 참여자라고 설명한다. 특히 시설을 다시 찾는 단체가 늘면서 항상 새로운 프로그램을 개발하고, 운영 중인 프로그램도 지속해서 보완하고 있다고 한다. 무엇보다 수제 청 만들기 활동 가운데 참여자가 만든 상품이 실제로 판매되는 제품이 될 수 있다는 점을 보여주면서 참여자들의 자존감을 높이는 방법도 지속적으로 강화하고 있다는 설명이다.

기억에 남는 참여자도 늘어가고 있다. 권 대표는 "지금 3년째 매달 방문하는 단체가 있다"며 "이제는 이름을 다 외워 이름을 부르면서 프로그램을 진행한다"고 입을 열었다. 이어 "서로 표정만 봐도 지금 기분이 어떤지 알 수 있다"며 "매달 오늘은 어떤 활동을 할까 기대하는 참여자들을 위해 더 최선을 다한다"고 말했다. 또 "2년째 방문 중인 다른 단체는 아예 1년 단위로 계약을 맺었다"며 "한국에서 '식구'는 함께 음식을 먹는 사람들이다. 스스로 음식을 만들어 먹고 먹이는

과정에서 생각 이상의 만족감을 느낀다"고 덧붙였다.

선비촌한과의 체험 프로그램은 전 연령대에서 참여할 수 있다. 참여자들의 특성에 맞춰 시간과 과정, 재료는 물론 스태프도 다르게 준비하기 때문에 원활한 진행이 가능하다는 설명이다. 다만 효율적인 준비를 위해 사전 상담과 조율이 필수적이다.

치유농업 활동에 대한 권 대표의 노력도 점차 인정받고 있다. 2014년 조청 가공 시설 확충과 체험관 설립 등 본격적으로 6차 산업 전환의 준비를 마치고 2015년 농림수산부가 주관하는 6차 산업 인증 브랜드가 됐다. 2017년에는 농촌교육농장과 교육 기부 체험 기관으로 지정됐다. 농림축산식품부 식생활 우수 체험 공간으로 선정된 데 이어 2018년에는 농촌교육농장 품질인증을 받고 농림축산식품부 자유학기제 현장처로 지정됐다.

선비촌한과의 체험 프로그램은 예방과 치료, 재

활 효과 모두를 아우르고 있다. 치유농업 프로그램은 대상에 따라 활동 난도와 방식이 달라진다. 참여 대상은 이론적으로 예방형과 특수 목적형으로 나뉜다. 예방형은 유아동과 청소년, 성인, 노인 등이 해당한다. 특수 목적형은 지체 장애 등 신체적 장애가 있거나 우울·불안 같은 심리·사회적 장애가 있는 경우, 알코올·약물·인터넷 등 중독 문제가 있는 경우, 위기 청소년, 수용자, 실업자, 부양자 등으로 나뉜다. 이에 따라 치유농업 프로그램도 예방과 치료, 재활 등을 목적으로 농작업과 그에 따른 활동을 진행하게 된다.

접근성이 좋다는 점도 또 다른 매력이다. KTX 이음 개통으로 영주까지 이동이 매우 쉽고 빨라진 데다 영주에는 선비 이야기의 핵심이 되는 특별한 명소가 많아 '전통 음식'이나 '농촌 치유'를 콘셉트로 일정을 짜기 좋다.

영주시 부석면에 있는 콩세계과학관이 대표적이다. 콩을 토종 자산으로 계승·발전시키고자 2014년 건립된 이곳은 콩의 역사와 문화를 살펴보고 콩의 생육과 생태 환경을 이해할 수 있는 공간이다. 또 콩의 다양한 활용법과 사람에게 미치는 영향을 알아볼 수 있다. 환경 문제 해결과 석유 자원의 대체 산업으로도 성장이 기대되는 만큼 한 번 들러보는 것도 권장할 만하다.

영주 지역 대표 특산물인 사과를 홍보하기 위한 사과 축제도 시간이 맞는다면 참여할 만하다. 지역에서는 부석사의 가을과 함께 대표 축제로 자리 잡고 있다. 사과는 콜레스테롤 수치를 떨어뜨리고 폐 기능과 뇌 기능 향상에도 이바지하는 것으로 알려졌다. 당뇨병과 암 예방에도 좋으며 면역 기능을 강화하고, 변비 해소 등 현대인의 건강 증진에 필수적인 과일이다. 선비촌한과에서도 사과를 이용한 체험 프로그램을 다수 진행하고 있다.

영주시 순흥면 선비촌은 콘셉트 투어로 가장 제격인 곳이다. 한국 유교 문화 발상지인 순흥의 소수서원 인접에 자리 잡고 있으며, 옛날 생활 공간을 재현해 전통적 고유 사상과 생활상의 체험교육장으로 좋다. 주요 시설로는 전통 마을과 정려각, 산신각, 연자방아 등 토속 민속 시설이 있다. 강학 시설과 저잣거리 등도 볼 수 있다. 매년 5월 선비문화축제를 개최해 회헌 안향 선생 학술대회와 전국 죽계 백일장을 열고 있다. 이 밖에 도자기전, 닥종이전 등 전시 행사를 진행한다.

안단테교육치유농장…
폐교 위에 핀 치유의 꽃

경상남도 함안군에 있는 안단테교육치유농장은 저출생·고령화 추세가 10여 년간 이어진 한국 사회의 그림자가 만든 뜻밖의 보물 같은 장소다. 2007년 폐교한 옛 대산초 건물을 전부 치유농업 시설로 되살린 이곳은 일상생활에 지친 사람들을 위해 다양한 프로그램을 제공한다. 1만 3000㎡에 달하는 규모의 이곳 농장은 주요 공간으로 실외 공간 2000㎡를 비롯해 실내 교육장 600㎡, 카페 겸 강당 300㎡, 표고버섯 하우스 1500㎡ 등이 있다.

농장 자원으로는 표고버섯 하우스 8동과 온실 1동이 있다. 또 학교 운동장과 12개 교실을 재활용한 텃밭 정원과 원예 교실, 목공 교실, 요리 교실, 치유실 등이 있다. 텃밭 정원은 6300㎡ 규모다. 비가 오거나 날씨가 궂어도 실내에서 충분히 다양한 프로그램을 진행할 수 있다. 교실 복도는 미술 작품 갤러리로 조성돼 있고, 농장 전 지역은 휠체어를 타고 이동할 수 있다. 장애인 화장실도 갖췄다.

얼핏 상상에서만 가능한 공간을 현실로 소환한 사람은 이종진 안단테교육치유농장 대표. 대

안단테교육치유농장은…

주소	경상남도 함안군 대산면 고원길 47
대표자	이종진
연락처	010-8528-9394
교통편	차량 이용 권장, 마산역에서 30분 거리
주요 프로그램	표고버섯 수확, 표고버섯 쿠키 만들기
가격	상담 후 결정

형 입시 어학원 원장 출신인 그는 수십 년간 경쟁 사회에서 열심히 달리다 갑자기 맞은 공황장애로 멈춰야만 했다. 이 대표는 "공황장애로 힘든 시간을 보내다가 우연히 건물 옥상에 상추 씨앗을 던졌다"며 "그 씨앗이 발아해 꼬물꼬물 자라는 모습을 보고 농업 활동에 호기심을 갖게 됐다"고 말했다. 그는 "농작업에 빠져 활동할 때마다 공황장애가 사라지는 기분이 들었다"며 "그때부터 농업의 무한한 가능성에 매료됐다"고 설명했다.

농업 활동에 빠진 이 대표의 학구열은 그야말로 대단했다. 2018년부터 본격적으로 도시 농업을 시작한 그는 2020년 농업 법인을 설립하고 2021년 치유 농장 프로그램을 시작했다. 이 대표는 그해 도시농업전문가 교육을 80시간 이수받았다. 이듬해인 2022년 농업인대학 아열대 과정 100시간, 같은 해 농촌 융복합과 치유농업 교육을 30시간 이수했다. 안단테교육치유농장의 치유 프로그램 기본기가 탄탄하다고 평가받는 이유다.

폐교 터는 현재 임대로 사용하고 있다. 하지만 학교를 치유농업 공간으로 탈바꿈하기 위해서는 12억원에 달하는 막대한 돈을 들여야 했다. 이 대표는 "처음에는 학교에 대한 추억이 있었고, 일단 넓어서 좋다고 생각했다"며 "막상 작업을 시작하니 모든 것이 돈이었다. 화장실도 작동하지 않았고 교실은 물이 샜다"고 회상했다. 그는 "운동장도 밑은 뻘밭이어서 이를 밭으로 바꾸는 데 꽤 고생했다"며 "가끔은 폐교 터를 달리

사용한 선배가 한 명이라도 있었으면 좋겠다고 생각하기도 했다"고 전했다.

하지만 폐교 용지에 장미와 클레마티스를 심고, 조롱박과 여주, 수세미를 손보면서 그는 농업 활동이 주는 기쁨을 다른 사람에게 나누고 싶어졌다. 이 대표는 "농업을 지속해서 배우고 경험하면서 치유 농장 분야에 자연스럽게 관심이 생겼다"며 "나처럼 공황장애를 앓는 이를 비롯해 치유농업 활동이 필요한 사람이 있다면 그에게 힘을 주고 싶었다"고 설명했다.

씨앗 퍼즐부터 표고 수확까지

안단테교육치유농장의 치유농업 활동은 농작업을 기반으로 한다. 식물 자원을 활용하는 만큼 텃밭에서 직접 식물을 심고 만지며, 향기를 맡고 물을 준다. 또 그 결실을 직접 수확하고 요리하면서 다양한 신체 활동을 수반한다. 중간중간 씨앗 퍼즐이나 허브 천연 비누 만들기 등 특별 활동을 진행하면서 프로그램에 대한 참여자들의 관심이 떨어지지 않도록 북돋우기도 한다. 활동당 적정 인원이 10명 안팎의 소규모로 책정되는 까닭이다.

안단테교육치유농장에서 운영하는 프로그램의 최대 참여 인원은 12명으로 제한한다. 발달 장애인은 10명 이내다. 또 모든 프로그램은 2명의 치유농업사와 농장주 등 3명의 스태프가 진행한다. 이 대표는 "대부분 치유농업 프로그램이 고령자와 장애인을 비롯한 사회적 약자를 대상으로 하고 있다"며 "농촌의 부족한 사회·의

료적 기반 시설을 고려한다면 프로그램 운영에도 더 세심할 필요가 있다고 생각한다"고 설명했다.

치유농업 프로그램 대상자는 확장되는 추세다. 교사나 공무원, 소방관 등 스트레스 고위험군을 위한 프로그램과 다문화 가정을 위한 프로그램은 2024년 시범 사업으로 진행한다. 모든 프로그램이 단기적 수요에 따라 폐지되거나 사장되지 않고 지속해서 운영되면서 운영 요령도 고도화하고 있다. 가령 다른 대상에게 접목할 수 있는 부분이 있다면 이를 적극 활용하는 식이다. 실제 암 환자를 위한 회복 치유 프로그램 등은 이 같은 방법으로 시작해 실질적인 개선 효과도 보고 있다.

정식적인 치유농업 활동은 아니더라도 농촌 활동과 연계해서 진행하고 있는 프로그램도 있다. 표고버섯 생물 수확하기와 표고버섯으로 쿠키 만들기 같은 표고버섯을 활용한 활동이 대표적이다. 또 텃밭 정원의 다양한 화훼 감상과 농작물 수확·재배도 기존 프로그램에 결합할 수 있는 활동이다. 이 밖에 친환경 퇴비 만들기, 커피 화분 만들기 같은 다양한 공예 활동도 제공한다.

기억에 남는 참여자들도 쌓여가고 있다. 이 대표는 가장 먼저 인근 특수학교에서 온 발달 장애인 학생들을 꼽았다. 그는 "프로그램 후 농장 중앙에 모여 K팝에 맞춰 군무를 추는 모습을 보고 감동을 받았다"며 "동작은 느렸지만, 마음의 벽을 허물고 진정성 있게 춤을 추는 모습이 아직도 눈에 선하다"고 말했다. 또 인근 노인주간보호센터에서 방문한 참여자들도 기억에 남는다고 했다. 이 대표는 "프로그램이 끝나고 차마 떠나지 못하고 그네를 타고 춤을 추는 모습은 그 자체로 너무 감사했다"고 덧붙였다.

안단테(andante)는 음악에서 악곡의 빠르기를 나타내는 용어 중 하나로, '조금 느리게'라는 뜻이 있다. 하지만 이 대표에게 이 말은 삶의 방향성을 가리킨다. 그는 "안단테는 명사로 '걸음걸이'라는 의미다. 즉, 사람이 걷는 속도인 것"이라며 "그간 열심히 달렸던 만큼 지금은 지나온 인생을 반추하며 살고 싶다. 또 그러면서 주변 사람들도 부족하게나마 돕고 싶다"고 말했다.

안단테교육치유농장이 취약계층을 위해 농업 활동과 연계한 다양한 활동을 제공하는 배경이다. 프로그램에 참여한 일부 기관은 협력 관계를 유지하며 프로그램 간 연계도 추진하고 있다. 시설은 2023년 한 해 동안 성인 발달 장애인, 청소년 발달 장애인, 치매 전 단계의 경도 인지 장애인, 만성 질환 노인, 노숙자·장애인을 비롯한 복지마을 입소자, 재가노인센터 이용자 등을 대상으로 농업 활동과 연계한 돌봄·치유 활동을 진행했다.

성인 발달 장애인을 대상으로 한 프로그램은 매주 1회, 총 8회기로 진행했다. 회당 인원은 10명이다. 주간 보호 활동 돌봄 서비스로 치유농업 프로그램을 적용했다. 농장을 방문해 파종과 모종을 심고, 곁순 제거와 표고버섯 재배 같은 각종 농업 관련 프로그램을 진행하며 신체 능력 향상과 재활에 집중했다. 안단테교육치유농장은 2023년 프로그램의 체계성과 뛰어난 효과를 인정받아 전국 치유농업 프로그램 경진대회에서 농촌진흥청장상(우수상)을 받았다.

청소년 발달 장애인을 대상으로 한 프로그램은

주 1회, 총 8회기 진행했다. 회당 참여 인원은 9명이다. 시설 내 돌봄 치유 텃밭 정원에서 다양한 농작물을 재배하며 발달 장애인의 체력과 집중력, 운동 능력을 향상시켰다.

치매 전 경도 인지 장애 노인을 대상으로는 주 1회, 총 20회기로 프로그램을 진행했다. 회차당 참석 인원은 12명이다. 각종 농작업과 치유 프로그램을 통해 사회적 지지 및 인지 능력 향상을 유도했다. 사회적 지지는 어떤 사람을 둘러싸고 있는 중요한 타인 또는 외부 환경에서 얻는 여러 형태의 원조를 말한다. 인간이 소속감과 연결감을 느끼는 데 도움을 줘 자아를 긍정적으로 형성하는 데 결정적 역할을 한다.

만성 질환 노인을 대상으로 한 활동은 주 1회, 총 12회기로 진행했다. 회차당 참석 인원은 15명이다. 당뇨, 고혈압 등 만성 질환 노인을 대상으로 농작업을 통해 우울함과 스트레스를 완화하고 심리적 안정감을 도모하는 것을 목표로 한다. 다양한 기능성 작물을 재배함으로써 일상생활에서의 건강 생활 실천을 유도할 수 있다.

노숙자, 장애인 등 사회복지시설 이용자를 대상으로는 주 1회, 총 17회기 프로그램을 운영했다. 회당 12명이 참여했다. 각종 농작업을 통해 건강을 회복하고, 입상부터 솎기, 수확, 판매 등 표고버섯 재배 전 과정에 참여시키면서 재활과 사회 복귀에 초점을 맞췄다. 재가노인센터에서 주간 돌봄 서비스를 받는 노인을 대상으로는 고독감과 우울감을 해소하는 꽃과 농작업을 활용한 돌봄 서비스를 제공했다.

산림치유원…
숲 치유의 모든 것

백두 대간 기운이 흐르는 경상북도 영주시 국립 산림치유원의 별칭은 '보약의 숲'이다. 치유원에 들어서는 순간부터 스케일이 남다르다. 중심 시

설 지구 넓이만 142㏊로 축구장 203개가 들어 갈 정도로 광활해 숲 치유를 위한 인프라스트럭 처가 총망라됐다.

소백산 자락에 펼쳐진 47㎞ 숲길은 마실 치유, 솔 향기 치유, 맨발 치유 등 12개 테마로 꾸며져 본인 건강과 심리 상태에 맞게 다양한 숲을 맛 볼 수 있는데, 뛰어난 풍광에 깨끗한 공기를 즐 기다 보면 걷는 것만으로도 어느덧 심신이 안정 된다. 치유문화센터, 건강증진센터는 물론 각 종 수련 시설과 수(水)치유센터까지 두루 갖췄는 데, 108개 객실이 있는 숙박 시설까지 조성돼 하루 최대 500명까지 수용할 수 있다.

2016년 4월 설립돼 산림 치유 시설이 들어선 지는 그리 오래되지 않았다. 하지만 양질의 숲 치유 프로그램을 공인받으면서 2017~2023년

국립산림치유원은…

주소	경상북도 영주시 봉현면 테라피로 209
연락처	054-639-3400 www.sooperang.or.kr
교통편	• 영주 출발: 영주종합버스터미널 정류장에서 승차한 후 택시 이용(25~30분 소요)하거나 시내버스 24번 이용 후 두산 1리에서 하차(60~70분 소요) • 풍기 출발: 풍기역 정류장에서 승차한 후 택시 이용(10~15분 소요)하거나 시내버스 24번 이용 후 두산 1리에서 하차(20~30분 소요)
주요 프로그램	숲 산책, 수(水) 치유 프로그램, 밸런스 테라피
가격	노르딕 워킹 1만원, 산림욕 1만원, 해먹 휴식 1만원, 수(水) 치유 운동 2만원

한국관광공사가 지정한 웰니스 관광지 25선에 잇달아 선정되며 입소문을 탔다.

국립산림치유원은 규모가 거대한 만큼 경북 영주시와 경북 예천군의 어름에 걸쳐 들어섰다. 영주시에 있는 주치지구에는 음이온 치유 정원과 수치유센터, 명상센터와 수련센터, 방문자 안내센터 역할을 겸한 건강증진센터가 자리 잡고 있다. 영주시 쪽에 투숙객들이 머무는 주치마을도 이곳에 들어섰다.

예천군에 있는 문필지구에는 향기 치유 정원과 맨발 치유 정원, 산 약초와 음이온을 테마로 한 치유 정원이 있다. 마찬가지로 투숙객들이 쉬어 가는 문필마을에 숙박시설이 옹기종기 모여 있다. 현장 운영을 맡고 있는 박나경 국립산림치유원 대리는 "조용한 환경을 찾아 혼자 오시는 분들은 물론 가족 동반으로 오는 3050세대도 많다"며 "대부분 사전 예약이 조기 마감될 정도로 치유 프로그램에 관해 관심이 크다"고 분위기를 전했다.

"아무것도 안 해도 돼"
숲속 해먹에 누워 휴식

주치지구와 문필지구로 나뉘어 있는 것처럼 국립산림치유원의 매력은 이중적이다. 정적인 요소와 동적인 요소가 모양새 좋게 한데 모여 있다.

한쪽에는 명상과 다도, 휴식이 있고 다른 한쪽에는 땀을 흘리며 산길을 오르내리고, 활발히 몸을 움직이는 신체 활동이 자리 잡고 있다.

휴식의 트레이드 마크는 깊은 산에서 받는 수 치

유 프로그램이다. 물 요법을 통해 산림 치유 효과를 극대화하도록 짜인 프로그램인데, 근육통을 완화하고 관절과 허리를 치유하는 데 효과가 좋다. 발목 근력 강화에 도움이 되는 수중 재활 운동기기도 이용할 수 있다.

동맥 경화와 고혈압 등에 효과적인 수압 마사지기가 있는 풀이 있는데, 뛰어난 자연 풍광을 바라보며 냉온욕을 할 수 있는 노천욕장도 인기다. 근육 결림과 통증 완화, 다이어트에 효과적인 건식, 습식 열 치유실은 중장년층 방문객들 사이에서 만족도가 높다. 다만 수치유센터를 이용하려면 개인 수영복과 수영 모자가 있어야 하며 어린이는 구명조끼를 갖춰야 하니 미리 준비하는 게 좋다. 키가 130㎝ 이하인 어린이는 사용이 제한되지만, 가족과 함께 입장할 때는 이용 가능하다. 수 치유 프로그램 이용 시간은 2시간으로 이용료는 2만원이다.

바쁜 일상에서 탈출해 아무것도 생각하고 싶지 않다면 숲 휴식 프로그램을 이용하면 된다. 2시간 동안 해먹에 누워 편안하게 휴식을 취하는 해먹 휴식과 치유숲길을 고요히 느끼며 산림욕의 재미를 맛보는 과정이 준비됐다.

주치지구 건너편으로 넘어가 문필지구에 다다르면 식이 요법과 운동 요법을 적용해 방문객들에게 특별한 치유 프로그램을 제공하는 산림 치유 문화센터가 나온다. 산림 치유 문화센터에서는 자연에서 딴 찻잎을 음미하면서 심신을 안정시키는 다도와 명상 프로그램이 특히 인기가 많다. 소리의 공명을 통해 신체 감각을 일깨워 안정을

찾는 싱잉볼 명상과 통나무를 활용해 신체 균형을 맞추는 통나무 명상, 보디 스캔 명상은 젊은 세대가 많이 찾는다.

처음 방문자가 입소할 때 체크인을 하는 건강증진센터에는 각종 치유 장비가 있다. 온열, 수압, 원적외선 치유 장비를 경험할 수 있는 전용 공간이 마련돼 심신을 이완하고 혈액 순환을 개선하는 효과를 볼 수 있다. 아쿠아 마린, 아쿠아 스파, 반신욕기를 통해 피로 회복을 돕는 프로그램으로 20명 이내 이용객이 1시간 동안 이용하는데, 이용료는 1만원이다.

피톤치드 가득한 12개 다채로운 숲길

다양한 신체 활동을 하며 근심을 잊고 싶다면 숲길로 나가자. 주치지구와 문필지구 사이에는 12개의 다채로운 숲길이 사방으로 펼쳐져 있다. 이곳 산림은 경관이 아름답고 피톤치드와 음이온이 풍부해 인체 면역력을 높이고, 정서 안정에 도움을 주는 것으로 유명하다.

방문객의 체력과 시간에 따라 상황에 맞는 다양한 숲길을 경험해 볼 수 있는데, 가장 쉽게 참여할 수 있는 숲길은 길이 1㎞ 안팎인 솔향기치유숲길과 잣나무숲길, 맨발치유숲길이다. 각각 15~30분이면 둘러볼 수 있어 부담이 적다. 마실치유숲길과 볕바라기숲길은 길이가 5.9㎞로 2시간 정도 시간을 들여 산책해야 하지만 노약자도 비교적 쉽게 이용할 수 있어 인기가 있다.

좀 더 속 깊은 숲 치유를 하고 싶다면 금빛치유숲길이나 마루금치유숲길이 좋다. 2시간50분~3시간30분 동안 산속을 걸으며 다채로운 자연을 느껴볼 수 있다. 체력에 자신이 있다면 난도가 가장 높은 등산치유숲길이나 산악스포츠숲길을 이용해보는 것도 좋다.

다양한 숲 환경을 활용한 프로그램도 각양각색이다. 치유 숲속에서 스트레칭과 체조, 요가를 하며 근육을 이완시켜주는 숲 체조가 대표적이다.

스모비(링 모양 기구에 구슬이 들어 있어 미세진동을 통해 온몸의 기능을 깨워주는 도구)를 흔들며 전신 근력을 높이면서 오감으로 산림 치유를 받아보는 스모비 워킹의 이용률이 높다. 노르딕 스틱을 활용해 올바른 걷기 자세를 배우고, 코어 근육을 발달시켜 신체 균형감을 끌어올리는 노르딕 워킹도 유명하다.

가족 단위 방문객이 좋아할 만한 치유 프로그램도 있다. 산림 치유 자원을 활용해 각종 숲속 체험 미션을 달성하면서 협동심과 성취감을 끌어내는 숲 오리엔티어링 과정과 나무나 목재칩 같은 자연물을 이용해 다양한 작품을 만들어 보는 숲 공예 프로그램이 그 주인공이다. 공예 활동에 참여해 자연의 매력에 푹 빠져 나무를 깎고 다듬다 보면 어느덧 근심이 스르르 사라진다.

이곳의 백미는 각종 치유 자원을 활용해 맞춤형 힐링을 제공하는 프로그램이다. 2024년 시그니처 프로그램은 숲 태교 과정이다. 숲 활동으로 임신부의 스트레스 지수를 낮추고, 임신부와 태아 사이에 관계를 강화할 수 있도록 설계됐다. 맨손 스트레칭과 다양한 소도구를 활용해 근력

을 강화하고, 건강을 증진하는 밸런스 테라피 과정은 MZ세대 사이에서 인기가 높다.

반려동물을 키우는 가구가 602만가구로 네 집 중 한 집이 키울 정도로 많아지며 펫로스 증후군 심리 회복 지원 프로그램도 생겼다. 반려동물과 이별한 후 겪는 정신적 스트레스와 우울감을 완화하기 위한 전용 프로그램으로 다른 곳에서는 참여하기 어려운 과정이다.

근로자 심신 회복이나 직무 스트레스를 풀어주는 근로자 지원 프로그램과 외상 후 스트레스(PTSD)로 고통받는 사람들을 위한 산림 치유 프로그램도 있다. 노화로 인해 저하된 인지·신체 능력을 높이고, 정서적 안정을 도모하는 치매 예방 과정인 항노화 프로그램 역시 대폭 강화된다.

박 대리는 "연령대나 참여하시는 분들의 성향에 따라 맞춤형으로 제공하는 특화 프로그램을 지속해서 개발한다는 계획"이라며 "생애 주기별로 치유 프로그램을 다각화하고 있다"고 말했다.

많은 치유 프로그램을 경험하다 보면 하루로는 부족할 수 있는데, 그럴 때는 미리 숙박 시설을 예약하면 된다. 주치·문필지구에 있는 2인실 숙소는 비수기에 하루 4만6000원, 주말과 성수기에 8만5000원에 이용할 수 있다.

4인실은 8만1000~13만5000원, 6인실은 10만4000~18만4000원에 투숙할 수 있다. 국립산림치유원을 이용하려면 사전에 전화(054-639-3400)나 숲e랑 홈페이지(www.sooperang.or.kr)를 통해 예약해야 한다.

대운산치유의숲…
울산·경남 최초 힐링 숲

울산광역시 울주군 온양읍과 경상남도 양산시 웅상면에 걸쳐 있는 대운산은 높이가 742m다. 동국여지승람을 비롯해 오래된 읍지에서는 불광산이라는 이름으로도 표기한다. 낙동정맥의 최고봉으로 평가받고 있으며, 원효 대사의 마지막 수도지로 알려져 있다. 경치가 빼어난 산은 아니라도 능선에 적당한 기복과 오르내림이 있어 산행하는 재미가 좋다는 평가다. 대운산 내

원암계곡은 울산 12경에 들어가는 대표적 명소로, 청량한 계곡 속의 수려한 못과 폭포가 명당의 조건을 형성하고 있다.

2019년 개장한 국립대운산치유의숲은 이 같은 산의 정기를 온전히 품고 있는 산림 치유 시설이다. 산림 면적 25㏊ 규모의 이곳은 편백나무와 굴참나무, 산철쭉, 산딸나무 같은 나무가 주요 수종이다. 2015년 1월부터 2017년 11월까

국립대운산치유의숲은…

주소	울산광역시 울주군 온양읍 운화리 대운상대길 225-92
연락처	052-255-9800
교통편	차량 이용 권장, 울산역에서 39분 거리
주요 프로그램	숲톡스, 푸른 쉼
가격	개인 5000원, 단체 4000원

지 약 35개월 동안 조성 기간을 갖고 지금의 형태를 갖췄다. 대운산의 청량한 계곡에 풀향기길과 바람뜰치유길, 명품숲길 등 다양한 산림 치유 활동을 위한 공간을 마련했다. 최대 수용 인원은 40명이다.

이곳은 울산·경남 지역 최초의 치유의 숲이기도 하다. 동남권에 거주하는 지역민들이 언제라도 방문할 수 있도록 개방하고 있다. 다만 울산수목원과 입구를 공유하고 있어 차량 번호가 등록되지 않은 차량은 출입할 수 없다. 차량 통행기 시속 10㎞ 미만으로 서행해야 하며, 치유의 숲 내 주차장은 프로그램 예약자만 사용할 수 있다. 원활한 프로그램 운영을 위해 등산로 일부는 일반 등산객과 탐방객에게 공개하지 않고 있다.

주요 시설로는 나눔힐링센터와 건강 측정실, 온열 치유실 등이 있다. 나눔힐링센터는 건강 측정실과 세미나실, 온열 치유실이 있는 운영동이다. 각종 워크숍과 산림 치유 교육 때 사용하는 공간이다. 건강측정실은 프로그램 전후 자기 혈관 건강 상태나 스트레스 지수 같은 몸 상태를 검사할 수 있는 공간이다. 프로그램에 참여한 후에도 측정을 반복해 실질적인 효과를 확인하고 있다. 온열 치유실은 건식 반신욕기를 이용해 혈액 순환을 촉진하고, 아늑하게 여유를 즐길 수 있는 공간이다.

현재 시설이 보유하고 있는 건강 측정 기구로는 체지방 측정기 두 대와 자동신장 체중계 두 대, 자동 혈압 측정기 두 대, 반신욕기 여덟 대, 스트레스 측정기 네 대가 있다. 해당 설비는 대운산의 청량한 숲속에서 인체의 면역력을 강화하는 다양한 산림 치유 프로그램에 기본으로 사용하고 있다. 이 밖에 기타 부대 시설로는 대피소와 나눔 쉼터 8개소를 갖추고 있다. 나눔 쉼터는 국립대운산치유의숲 내부 산책로에 조성돼 있다.

무장애데크길과 물치유욕장도 국립대운산치유의숲의 주요 시설 중 하나다. 무장애데크길은 세 개의 숲길을 무장애데크로드로 연결하면서 남녀노소 누구나 즐겁게 청량한 계곡과 울창한 편백나무 숲을 경험할 수 있도록 지원하고 있다. 국립대운산치유의숲은 전국 치유의 숲 중에서도 경사도가 완만하기로 손에 꼽을 정도여서 장애인과 노약자, 유아를 비롯한 교통약자에게 적합하다. 물치유욕장은 울창한 굴참나무 숲속 한가운데에 있다. 유아·청소년 방문객에게는 놀이터가 되고, 성인에게는 휴식의 공간이 되는 주요 산림 치유 공간이다.

국립대운산치유의숲은 들어서는 길부터 산의 정기로 가득하다. 대운산 내원암계곡을 따라 울산수목원 옆길로 올라가면 나눔힐링센터를 지나 치유숲길과 각종 체험시설을 차례로 들러볼 수 있다. 치유숲길은 풀향기길과 바람뜰치유길,

명품숲길, 치유숲길, 진솔길 등으로 구분하고 있으며, 체험 시설로는 숲속교실, 물치유욕장, 소공연장, 황토마당 등이 있다. 길 안쪽으로는 음이온 명상 터를 조성해 프로그램에 활용하고 있다. 숲은 30분 정도면 전체를 둘러볼 수 있을 만큼 아담한 편이다. 구룡폭포가 있는 위쪽 등산로까지는 왕복으로 40분가량 소요된다.

국립대운산치유의숲이 지역에서 걷기 여행 명소로 언급되는 까닭이다. 나무데크길을 따라 치유길을 걷다 보면 높이 뻗은 측백나무의 정취 속에서 아홉 마리 이무기가 용이 돼 승천했다는 전설을 가진 구룡폭포까지 다다르게 된다. 중간중간 보이는 작은 오두막도 잠시 앉아 일상생활을 잊기에 좋다. 피톤치드 샤워를 동반한 걷기 여행은 천연 살균 효과가 있을 뿐 아니라 교감신경 활동이 낮아지고 세로토닌 분비가 촉진돼 우울

감을 감소시킬 수 있다고 알려졌다.

사시사철 흐르는 계곡물의 아름다움을 느낄 수 있는 장소도 있다. 음이온 명상 터가 그렇다. 이곳은 계곡물 소리를 들으며 와식 명상을 할 수 있도록 조성된 장소다. 황토마당에서 물치유욕장까지 맨발로 걷는 활동과, 차를 마시며 담소를 나누는 '소담 소담' 프로그램 등과 함께 방문객들의 만족도가 높다. 물치유욕장에서는 시원한 계곡물에서 받는 발 마사지와 지압, 황토 염색, 수중 발목 운동 같은 활동을 진행한다. 또 계곡 소리를 들으며 명상할 수 있다.

운동과 명상, 동작 테라피와 차, 향기 테라피는 시설에서 제공하는 산림 치유 프로그램의 기본 단위다. 운동 테라피는 숲속 체조, 삼박자 워킹 등 빛과 공기, 소리, 피톤치드와 같은 치유 자원을 효과적으로 만날 수 있는 활동이다. 명상 테라피는 음이온 명상, 와식 명상, 요가 명상 등 자연에서 누리는 쉼 활동이다. 동작 테라피는 힐링 모션, 춤 테라피, 맨발 걷기 등 신나는 노래와 함께 신체 활동량을 높이는 프로그램이다. 차 테라피는 대운산에서 맛볼 수 있는 다양한 건강 차를 마시며 자신을 발견하는 소통의 수단으로 진행하고 있다. 향기 테라피는 아로마 오일을 이용한 손 마사지를 통해 심신 안정과 혈액 순환을 돕는 활동이다.

특별 프로그램으로 숲 태교도 진행하고 있다. 숲 태교는 숲이 갖고 있는 다양한 물리적 환경 요소를 활용해 임산부의 심리적 안정과 건강을 도모하고, 태아와 오감으로 교감하는 활동이다. 주요

활동으로는 임산부 체조와 숲속 산책, 태담 나누기, 태교 동화 등이 있으며, 예비 아빠의 건강 측정 등을 통해 부부 모두가 참여할 수 있도록 유도하고 있다. 실제 임신 16~36주 산모를 대상으로 보건 지표를 조사한 결과 신체적·정서적 측면에서 모두 개선이 있었다고 한다.

참여자 성향에 맞는 특화 프로그램이 강점

국립대운산치유의숲은 참여자들의 성향에 맞춰 산림 치유 프로그램을 제공한다. 크게 자연물을 활용한 테라피 활동과 신체 균형 운동, 명상·휴식 활동으로 나뉜다. 그중 '숲톡스'는 실외 자연물 테라피 활동으로 아토피, 천식 같은 환경성 질환 예방과 개선을 목적으로 한다. 여름~가을에 1일 4회, 적정 인원 30명, 최대 인원 40명으로 180분, 240분 분량 프로그램이다. 체내 독소를 배출하기 위한 체조와 맨발로 황토 밟기, 황토를 활용해 나만의 손수건 만들기, 차 테라피 등을 진행한다.

고령층을 대상으로 인지 능력 강화와 활력 증진을 목적으로 하는 '활력 UP! 숲' 프로그램은 봄~가을 1일 4회, 적정 인원 10명, 최대 인원 40명으로 120분, 180분 분량으로 운영하는 신체 균형 운동 활동이다. 숲속에서 세라밴드를 활용한 체조를 통해 참여자들의 활력을 높이고, 하늘을 보며 누워 자신의 과거를 회상해 보는 명상 프로그램으로 구성돼 있다. 세라밴드는 천연고무 소재로 만든 탄력 밴드로, 강도를 세분화하고 있어 참여자 상태에 맞춘 근력운동이 가능하다.

'숲, 숨, 쉼'은 중장년, 노인은 물론 청년도 참여하기 좋은 신체 균형 운동 프로그램이다. 호흡기 건강 유지와 증진을 목적으로 삼고 있다. 봄~겨울 사계절 동안 실외에서 진행하며 적정 인원은 10명이고, 최대 40명까지 참여할 수 있다. 1일 9회이며 소요 시간은 120분, 180분으로 나뉘어 있다. 대운산의 울창한 숲속에서 맑은 공기를 마시며 참여자 스스로 호흡근을 강화하고, 올바른 호흡법을 배워볼 수 있다.

'푸른 쉼'은 청년과 중장년, 노년을 대상으로 한 치유 명상 프로그램이다. 특히 직장인들에게 강력 추천한다고 한다. 스트레스 저감과 심리 안정 효과를 목적으로 실외에서 진행한다. 봄~겨울 사계절 동안 1일 5회, 소요 시간 120분, 180분으로 나눠 진행하고 있다. 적정 인원 10명, 최대 인원 40명이다. 숲속에서 함께 동작 테라피를 하며 경직된 몸을 풀어주고, 마음을 편안하게 해주는 와식 명상으로 구성하고 있다. '힐링 동산(冬山)'은 겨울에만 운영하는 숲 휴식 프로그램이다. 중장년과 노년을 대상으로 1일 3회 120분 분량으로 제공하고 있다. 적정 인원은 8명, 최대 인원도 8명이다. 온열 치유실과 풀향기길, 소공연장, 황토마당 등 시설 곳곳을 돌며 진행한다. 겨울 숲을 느끼며 참여자들의 몸에 활력을 불어넣는 체조와 운동을 수행한다. 또 온열 치유와 다도로 지친 심신을 달랜다. 다만 모든 활동에서는 편안한 복장과 운동화 착용을 권장하며, 벌 쏘임 같은 안전사고 예방을 위해 향이 나는 화장품이나 향수 사용은 자제하는 것이 좋다.

2023년에는 금연 희망자와 흡연 관련 질환자를 대상으로 건강 힐링 금연 캠프도 운영했다. 숲속 트레킹과 산림욕, 아로마 테라피처럼 청정 공기 속에서 산림 치유 활동을 진행해 참가자들의 금연 의지를 고취하고 금단 증상 완화와 스트레스 해소를 지원했다.

조영민 국립대운산치유의숲 센터장은 "금연 지원 산림 치유 프로그램뿐만 아니라 다양한 계층을 대상으로 특화된 산림 치유 프로그램을 제공할 계획"이라고 설명했다.

치유 효과 더하는 지역자원

국립대운산치유의숲은 숙박 시설이나 식당을 운영하고 있지 않다. 하루 이상 산림 치유 프로그램을 체험하고 싶다면 인근 숙박 시설과 식당을 이용해야 한다. '산림 치유'란 콘셉트에 맞춰 지역 내 관광 명소를 방문하는 것도 권장할 만하다. 특히 입구를 공유하는 울산수목원은 난대성 수종과 한대성 수종 식물을 수집, 전시, 연구하는 것 외에도 수목 · 산림 전문가를 양성하고 다양한 숲 체험 활동도 제공하고 있어 함께 방문하기 좋다.

울산 태화강 십리대밭길은 태화강대공원 안에 자리 잡은 대나무 숲이다. 대나무밭이 태화강을 따라 십 리(4km)에 걸쳐 있다고 해서 붙여진 명칭이다. 폭 20~30m, 전체 면적은 약 29만㎡에 이른다. 태화강은 한때 죽음의 강으로 불리기도 했지만 2004년 에코 폴리스 울산 선언과 함께 강 살리기 운동이 시작됐고, 지금은 대나무 숲을 통해 울산의 도심 속 허파 역할을 맡고 있다. 또 울산 12경 중 첫손에 꼽히는 풍광으로 전국적인 명성을 얻고 있다.

태화강 대나무숲에는 70만그루에 이르는 대나무가 빽빽하다. 대나무 사이로 난 산책로와 강변 산책로를 걷다 보면 대숲과 강의 정취가 자연스럽게 스며드는 것을 느낄 수 있다. 죽림욕은 공기의 비타민이라 불리는 음이온을 온몸으로 마실 기회이기도 하다. 태화강 십리대숲에는 공기 1cc당 1500개가 넘는 음이온이 들어 있다고 한다. 걷다가 대숲 가운데 놓인 벤치에 앉아 눈을 감으면 일상생활에서 시달렸던 온갖 번뇌에서 벗어날 기회를 잡을 수 있다.

태화강 상류에 있는 선바위공원도 산림 치유를 맛보고 싶다면 찾아볼 만한 곳이다. 선바위공원은 숲속 힐링 쉼터로 손색없는 울산의 피크닉 명소로, 면적이 42만㎡에 이르는 큰 규모가 장점이다. 공원 옆에는 태화강을 바라보며 달릴 수 있는 자전거 전용 도로가 있다. 울산 선바위는

깎아지른 절벽 모양으로 십리대밭의 시작점이 기도 하다. 선바위 바로 뒤 벼랑 위에는 학성 이 씨의 정자인 용암정과 선암사가 있다.

간절곶 등대는 정동진, 호미곶과 함께 동해안 최 고의 일출 여행지로 꼽힌다. 동해안에서 가장 먼 저 떠오르는 해를 맞이할 수 있는 장소이기도 하 다. 2000년 1월 1일에도 새천년의 해가 가장 먼 저 떠오른 장소로 명성을 얻었다. 바다를 바라보 고 우뚝 선 하얀색 등대 안으로 나선형의 계단이 나 있으며, 등대 창으로 바라보는 바다가 색다른 느낌을 준다. 아카시아가 필 무렵에는 산길과 바 닷길의 공존이 아름다워 방문객이 많다.

울산 울주군 외고산옹기마을은 옹기 장인들의 숨결을 느낄 수 있는 장소다. 이곳에 뿌리내린 옹기 장인들은 굵고 갈라진 손마디로 개성 넘치 는 독을 만들고 있다. 옹기마을에는 울산광역

시 무형문화재 기능 보유자로 지정된 장인들이 직접 옹기를 제작하는 공방과 가마가 마련돼 있 다. 장인 중에는 선친에 이어 2대째 옹기를 만 드는 장인도 있고, 삼국 시대 토기를 재현해 현 대식 생활 토기를 만드는 장인도 있다. 옹기를 테마로 그린 벽화와 장인의 모습이 담긴 대형 구 조물도 방문객들의 시선을 사로잡는다.

김천치유의숲…
사계절마다 변신하는
감성 창고

경상북도 김천시의 국립김천치유의숲은 수도산 자락에 자리 잡은 대표적인 산림 치유 공간이다. 경관이 아름다운 대가천과 무흘구곡 같은 주변 계곡과 어우러져 사계절이 변하는 동안 서로 다른 매력의 절경을 볼 수 있다. 산림 면적 52ha 규모로 자작나무와 잣나무, 낙엽송 등이 주요 수종이다. 그중에서도 100년 수령의 잣나무 숲은 '김천 8경'으로 지정될 만큼 경관이 아름답다. 또 울창한 자작나무 숲이 만든 아름다운 숲길과 풍부한 산림 치유 자원을 활용해 어디에서도 쉽게 느끼기 어려운 여운을 선사하고 있다.

2019년 초 준공한 국립김천치유의숲은 같은 해 9월 시범 운영을 시작해 2020년 4월 개장했다. 이시형 정신과 의사가 만든 사단법인 '세로토닌

국립김천치유의숲은…

주소	경상북도 김천시 증산면 수도길 1237-89
연락처	054-434-4673
교통편	차량 이용 권장, 김천역에서 53분 거리
주요 프로그램	수도산 웰니스 · 바디 · 마인드 테라피, 수도산 치유 두드林
가격	개인 5000원, 단체 4000원

문화'와 업무협약을 체결하고 산림 치유 프로그램을 한 단계 더 발전시켰다. 두 기관은 '산림 복지가 세로토닌 활성화에 역할을 할 수 있다'라는 데 공감대를 갖고 건강한 개인이 건강한 사회를 만든다는 주제로 활동하고 있다.

세로토닌은 흔히 행복 호르몬으로 알려져 있다. 신체에 세로토닌이 부족해지면 우울하고 불안한 기분이 든다. 정신 건강을 유지하는 데 세로토닌 분비가 필수적인 까닭이다. 세로토닌을 생성하기 위해서는 단백질을 구성하는 아미노산 중 트립토판이 필요하다. 이는 체내에서 합성되지 않아 반드시 식품으로 섭취해야 한다. 겨울철에는 특히 트립토판이 풍부한 음식을 충분히 섭취해야 우울증을 예방할 수 있다.

세로토닌 분비를 활성화하는 또 다른 요소는 햇빛과 수면이다. 해가 더 있는 낮에 햇볕을 쬐면서 활동하다가 해가 진 밤에 잠을 충분히 자야 하는 까닭이다. 그러나 바쁜 일상에 치이는 현대인들에게 운동 부족과 수면 부족은 피하기 어렵다. 충분한 양의 세로토닌을 얻지 못하는 것도 당연한 일이다. 치유의 숲을 비롯한 산림 자원이 문제의 해법이 될 수 있는 이유다. 나무가 우거진 이곳 숲길을 걸으며 햇빛을 받고, 피톤치드와 음이온 샤워를 하고, 아름다운 경관과 소리를 즐기다 보면 어느덧 건강과 행복이 자연스럽게 뒤따라와 있다.

국립김천치유의숲은 치유 효과를 극대화할 수 있는 기반 시설도 탄탄하다. 숲의 정취를 마음껏 느끼고 편안하게 쉴 수 있는 세심정이 대표적이다. 숲속 연못과 정자에서 사계절의 아름다움을 가감 없이 느낄 수 있다. 잣나무 숲 데크로드는 누구라도 잣나무가 주는 산림 치유 효과를 경험할 수 있도록 이동 편의성을 더했다. 자작나무의 치유 인자와 아름다운 경관을 체험할 수 있는 자작나무 숲은 이곳의 핵심 산림 치유 공간이다.

또 다른 산림 치유 프로그램 공간으로는 한반도 습지가 있다. 한반도 모양의 연못으로 경관과 햇빛, 산소 같은 다양한 산림 치유 인자를 활용해 치유 효과를 높이고 있다. 숲속 데크를 활용해 다양한 산림 치유 프로그램을 진행하고 숲을 체험할 수 있는 숲속 명상소도 있다. 운영 건물인 힐링센터에는 세미나실과 건강 측정실, 관리

실 등 공간이 있다. 이곳은 실
내에서 진행하는 산림 치유 프
로그램을 비롯해 각종 활동 공
간으로 사용하고 있다.

수도산 정기로 심신 회복

높이 1317m의 수도산은 가
야산맥(伽倻山脈)에 있는 고봉
중 하나다. 가야산맥은 소백산
맥의 대덕산에서 동쪽으로 뻗어 나간 한 지맥으
로 우두령(牛頭嶺)에 의해 소백산맥과 분리된 독
립 산괴로 자리 잡았다. 수도산은 이 산맥 중 가
장 서쪽에 있는 고봉으로, 그사이에는 경남과
경북의 경계선을 따라 단지봉, 두리봉, 가야산
과 같은 1000m 이상의 명산이 솟아 있다. 수도
산 중복에는 청암사(靑巖寺)와 수도암(修道庵)
이 있다.

국립김천치유의숲은 수도산 자락에서도 산림
치유 효과가 가장 좋다는 해발 800~1000m 중
간산 지역에 자리 잡고 있다. 하늘을 향해 쭉쭉
뻗은 자작나무가 있는 아름다운 숲길을 기반으
로 산림 치유 자원을 풍부하게 활용한 프로그램
을 운영한다. 수도산 웰니스 테라피와 수도산
보디 테라피, 수도산 마인드 테라피 등이 대표
적이다. 또 청소년을 대상으로 한 수도산 치유
두드림(林)도 주요 치유 활동 중 하나다.

웰니스 테라피는 건강 트레킹을 통해 스트레스
완화와 피로 해소 효과를 거두기 위한 활동이
다. 숲길 트레킹을 50분 진행한 후 소도구 테라

피 50분, 와식 명상 20분 순
으로 진행한다. 소도구 테라피
는 소도구를 이용해 긴장을 이
완하고, 신체 균형과 신진대사
활성화를 도모하는 활동이다.
적정 인원은 15명 규모로 최소
인원 10명, 최대 30명까지 참
석할 수 있다. 30명 단체 예약
시 조를 나눠 진행하고 있다.
이용 요금은 1인당 1만원이다.

보디 테라피는 2시간 동안 숲에서 피톤치드 호
흡 스트레칭 등을 경험하는 프로그램이다. 건강
트레킹을 동반해 스트레스 완화와 피로 해소 효
과를 거두고, 명상 등 활동으로 심신 건강을 증
진하는 것을 목적으로 한다. 구체적 순서는 숲
길 트레킹 30분, 숲속 건강 스트레칭 10분, 숲
속 소도구 테라피 60분, 숲속 와식 명상 20분
순이다. 적정 인원은 15명 규모로 최소 인원 10
명, 최대 30명까지 참석할 수 있다. 이용 요금
은 1인당 1만원이다.

마인드 테라피는 숲의 다양한 인자를 통해 오감
을 자극하고, 걷기와 명상, 쉼을 통해 심리적 안
정을 경험할 수 있는 과정으로 짜여 있다. 단위
프로그램은 숲길 트레킹과 걷기 명상 50분, 물
소리 명상 20분, 해먹 명상 40분 순으로 구성돼
있다. 적정 인원은 15명 규모로 최소 인원 10명
이다. 명상 활동의 특성상 15명 이상 수용하지
는 않는다. 이용 요금은 1인당 1만원이다.

수도산 치유 두드림(林)은 청소년활동진흥원에

서 공식 인증을 받은 프로그램이다. 스트레스에 노출된 현대인을 대상으로 하는 북을 활용한 스트레스 해소 활동이다. 북 활동을 통해 자연 감수성과 심신 회복 효과를 도모한다. 이 활동은 3시간형과 2시간형으로 구분돼 있다. 3시간형은 숲길 트레킹 70분 후 모듬북 70분, 명상 40분 순으로 진행한다. 2시간형은 숲길 트레킹 50분 후 모듬북 50분, 명상 20분 순으로 진행한다. 최소 인원 10명, 최대 인원 28명이다. 비용은 3시간형의 경우 1인당 1만5000원, 2시간형은 1만원이다.

숲에서 맛보는 인문학

국립김천치유의숲은 참여자들의 성향에 따라 다양한 맞춤형 프로그램을 운영한다. 숲속에서 시를 비롯한 인문학적 활동을 전개하며 참여자들의 감성을 충전하는 한편 심신 이완을 목적으로 하는 요가 · 피트니스 활동도 다양하게 펼치고 있다. 1인 온열 테라피, 차 테라피를 맞춤형으로 운영한다. 반면 같은 활동이라도 10인 이상 대단위로 조직하면서 참여자들의 시너지 효과를 유도하기도 한다.

전 연령을 대상으로 하는 '숲에서 시 한잔'은 국립김천치유의숲이 운영하는 대표적인 인문학 감성 프로그램이다. 사계절 내내 1일 3회 운영하고 있다. 소요 시간은 120분으로 적정 인원 10명, 최대 40명까지 참여할 수 있다. 숲에서 시와 소설을 비롯한 다양한 인문학 서적을 읽으며 감성을 충전한 뒤 해먹에 누워 쉼 명상 시간을 갖는다. 편안한 옷과 운동화 착용을 권장하고 있으며, 비용은 1인당 1만원이다.

'인문학 테라피'는 숲속 집에서 진행하는 감성 충전, 심신 이완 활동이다. 전 연령을 대상으로 하며, 봄~겨울 사계절 동안 1일 5회 운영한다. 소요 시간은 60분으로 적정 인원 10명, 최대 40명까지 참여할 수 있다. 숲속에서 자신이 원하는 인문학 서적을 읽으며 감성을 충전하는 것을 골자로 한다. 편안한 옷과 운동화 착용을 권장하고 있으며, 비용은 1인당 5000원이다.

'해먹 쉼'은 국립김천치유의숲이 운영하는 대표

적인 치유 명상 활동이다. 숲에 설치한 해먹에서 숲을 경험하고 몸과 마음의 편안함을 체험하는 심신 이완 프로그램이다. 적정 인원 10명, 최대 20명까지 참여할 수 있다. 이완 명상은 자작나무 숲 마당에서 이완 동작을 통해 몸과 마음의 편안함을 경험하는 활동이다. 적정 인원 10명, 최대 50명까지 참여할 수 있다. 두 프로그램 모두 사계절 내내 1일 5회 차로 운영하며, 소요 시간은 60분이다.

신체 균형 활동 중 '숲 요가'는 임산부도 참여할 수 있는 프로그램이다. 자작나무 숲 마당에서 신체의 이완을 돕는 요가 동작을 취하며 건강을 증진하는 활동이다. 적정 인원 10명, 최대 80명까지 참여할 수 있다. '숲 피트니스'는 근력 강화 활동을 추가했다. 자작나무 숲 마당에서 근력 강화 동작을 통해 신체 건강 증진을 도모한다. 적정 인원 10명, 최대 50명까지 참여할 수 있다. 두 프로그램 모두 사계절 내내 1일 5회 차로 운영하며, 소요 시간은 60분이다.

혼자서도 진행할 수 있는 프로그램으로는 공예 테라피가 대표적이다. 연꽃 씨앗이나 압화 같은 자연물을 활용해 참여자의 개성이 담긴 작품을 만들어 보는 활동이다. 1일 7회 60분 분량으로 진행하고 있다. 향기 치유 요법을 접목한 '나만의 향기 숲-아로마'도 홀로 진행할 수 있는 활동이다. 자연에서 추출한 아로마 오일을 활용해 심리 안정 효과를 유도한다. 1일 7회 60분 분량으로 진행한다. 이 밖에 아름다운 숲을 눈에 담으며 건식 반신욕기와 힐링 차를 통한 온열 치유

효과를 얻는 온열 테라피, 수도산의 임산물을 활용한 차를 통해 오감 만족을 경험하는 차 테라피도 1인 프로그램으로 운영되고 있다.

지역 명소와 치유 시너지

국립김천치유의숲은 숙박 시설이나 식당을 운영하고 있지 않다. 하루 이상 산림 치유 프로그램을 체험하고 싶다면 인근 숙박 시설과 식당을 이용해야 한다. 다만 주변에 산림 치유와 연계해 찾아가 볼 만한 관광지가 많아 이를 키워드로 한 여행 일정을 짜는 것도 권장할 만하다.

수도산에서 발원해 수도리 일대를 흐르는 수도계곡은 김천 지역에서 여름철 관광지로 유명한 곳이다. 계곡 바닥에 기반암이 노출돼 절리, 포트홀, 하식애 같은 다양한 지형이 어울려 기암절경을 이룬다. 한강 정구(鄭逑·1543~1620년)가 중국 남송 시대 주희가 지은 '무이구곡'을 본떠 지은 '무흘구곡'에 나오는 9개 계곡 중 제7~9곡이 수도계곡에 포함돼 있다. 제7곡 만월담은 평촌리 장뜰마을에서 약 100m 상류부에 있으며, 바위 절벽에 자생하는 여섯 그루의 소나무와 맑은 계곡이 절경을 이루고 있다.

만월담에서 약 1.4㎞ 상류부에 있는 제8곡 와룡암은 바위 모양이 마치 용이 누워 있는 형상 같다고 해서 붙은 이름이다. 제9곡 용추는 최상류부에 있으며, 달리 용소폭포라고도 한다. 용소폭포에서 약 1㎞ 떨어진 곳에 선녀탕이 있는데, 무흘구곡에 속하지 않지만 기반암이 드러난 곳에 형성된 폭포가 계곡과 어우러져 경치가 아

름답다는 평가를 받는다. 계곡 주변으로 식당을 비롯한 편의시설도 점차 늘어나고 있어 찾아가는 게 어렵지 않다.

수도산에는 청암사를 비롯해 백련암, 수도암 등 이름난 사찰과 암자가 많다. 청암사는 신라 현안왕 때(858년) 도선국사(道詵國師)가 창건하고 조선조의 허정화상(虛靜和尙)이 중창해 화엄종(華嚴宗)을 선양한 곳이다. 훼손되지 않은 자연 경관 속에 천년 고찰의 신비로움을 그대로 간직하고 있다는 평가를 받는다. 현재 청암사승가대학을 건립해 100여 명의 비구니 스님이 수학하고 있는 곳이기도 하다.

수도암은 수도산 상부에 있는 도량이다. 도선국사가 이 도량을 보고 앞으로 무수한 수행인이 나올 것이라고 해, 산과 도량 이름을 각각 수도산과 수도암이라고 칭했다는 설이 있다. 100여 년 전부터는 부처님의 영험과 이적이 많다고 해 사람들이 불영산이라고도 부르고 있다. 경내에 있는 석불상과 석탑, 지형을 상징한 석물 등도 모

두 1000년이 넘는 역사를 지니고 있다. 매우 조용하고 한적한 곳으로, 암자까지 걸어 오르는 숲이 우거진 오솔길은 아늑한 정취를 느끼기 좋다. 김천 부항댐은 다목적댐으로 조성돼 레인보우 짚와이어와 생태탐방로, 테마공원 등 각종 체험시설을 즐길 수 있는 공간이다. 상설전시실과 기획전시실에서 다양한 체험이 가능하며, 전망대에서 부항댐의 경치를 즐길 수 있다. 물문화관에는 댐과 물에 대한 이해를 돕는 전시뿐 아니라 트릭아트 같은 콘텐츠도 있다.

목장053···
도심에서 만나는
'치유 목장'

대구시 동구에 있는 목장053은 동물 교감 프로그램을 체험할 수 있는 도심 속 치유 목장이다. 동대구역에서 차로 30분 거리에 있는 이곳은 한 번의 환승을 거쳐 버스로도 방문할 수 있다. 목장으로 가는 길은 바쁜 일상생활에 치여 미처 보지 못했던 것들을 돌아볼 수 있는 짧은 오름길이기도 하다.

목장 입구에 들어서면 아기자기한 디자인의 건물들이 동심을 깨운다. 과거 돼지 2000마리를 키우던 축사를 리모델링해 만든 목장053은 약 8000㎡ 규모로 실내 교육장과 방목장, 잔디밭, 텃밭, 축사로 구성돼 있다. 목장 주변으로

목장053은···

주소	대구광역시 동구 사복로 151
대표자	서영준
연락처	instagram.com/farm053
교통편	KTX동대구역에서 818번 버스 승차, '숙천동 건너' 하차 후 도보 13분
주요 프로그램	동물교감 프로그램, 수영장·미로찾기 등 계절 활동, 텃밭 수확 프로그램
가격	평일 성인 1만원 영유아 7000원, 주말 1인당 1만5000원

2000㎡ 넓이의 밭을 임대해 사용하고 있어 위치에 따라 시원한 풍경을 즐길 수 있다.

목장에는 2024년 2월 기준으로 조랑말 2마리와 양 14마리, 염소 15마리, 기니피그 5마리, 토끼 20마리가 군데군데 흩어져 살고 있다. 이는 서영준 목장053 대표가 치유 목장을 구상하면서 내렸던 결심이기도 하다. 좁은 공간에서 답답하게 지내는 돼지들을 보며 측은지심을 느꼈다고 한다.

목장053 대표 프로그램도 이들 동물을 활용한 동물 교감 활동이다. 동물 교감은 인간이 동물과 상호작용으로 정신적·신체적 건강을 증진할 수 있다는 점을 활용한 치유농업 중 하나다. 연구 결과에 따르면 동물을 돌보는 활동은 성취감과 자아존중감을 향상시키는 것은 물론 스트레스를 줄이고 근력이나 평형 감각도 향상시킨다.

목장053의 동물 교감 활동 중 가장 인기가 높은 것은 조랑말 '비키' '로니'와 함께하는 간판 프로그램이다. 서 대표의 감독하에 참여자들은 말에게 먹이를 주거나 짧은 거리를 함께 걸을 수 있

다. 초등학교 고학년 학생들은 안전 요건에 따라 말 목욕시키기와 같은 활동도 가능하다.

방목장에서 양을 만나는 것도 인기 프로그램 중 하나다. 밭에서 호밀을 직접 꺾어 먹이로 주거나 접촉을 통해 순간이나마 직접 키운다는 느낌을 선사한다. 이 같은 신체적 교감 활동은 토끼와 기니피그, 염소 등과도 마찬가지로 진행된다.

오감으로 경험하는 삶의 순환

목장이라는 공간은 필연적으로 생명의 탄생과 죽음 같은 삶의 순환을 동반하게 마련이다. '동물 복지 준수'란 기본 원칙을 위해 동물들의 개체수를 제한하고 있는 목장053도 이를 피할 수 없다. 서 대표는 그중에서도 동물들의 임신과 출산을 그 자체로 야생성을 보호하는 활동으로 여기고 동물별로 새끼를 낳도록 운영하고 있다. 목장053을 방문하는 손님들 역시 이 같은 순환의 순간을 체험할 수 있다. 프로그램 도중 동물이 새끼를 낳을 기색을 보이면 이를 지켜볼 수 있도록 안내하고 있다. 다만 동물과 관람객 모두의 안전을 위해 이중 펜스를 두고 일정 거리 밖에서 지켜보는 것이 원칙이다. 이는 동물들의 스트레스 관리에도 꼭 필요한 일이다.

생명체에 대한 목장053의 마음가짐은 운영 3년 만에 충실한 팬덤이 만들어지는 데 밑바탕이 있다. 자녀에게 살아 있는 동물을 처음 보여줄 수 있는 공간으로 동물원이 아닌 이곳을 선택하는 사람이 늘어나고 있다는 설명이다. 창살 뒤에 갇힌 동물들을 보는 대신 토끼와 염소, 양들이 호밀밭과 잔디를 거니는 모습을 보여주고 싶어 하는 수요가 그만큼 많다는 방증이다.

서 대표는 목장을 찾는 가족들로부터 자신의 선택이 틀리지 않았음을 깨닫는다고 한다. 목장053에 입주한 동물 중 거위가 있었을 때 에피소드다. 주말마다 운영하는 퀴즈 프로그램에서 최후의 승자에게 상품으로 거위알을 건넸는데, 동물에 대한 애정으로 이를 거절하는 가족의 모습을 보고 일종의 공감을 느꼈다는 것이다.

서 대표는 "양돈 농가에서 치유 목장으로 업종을 변경할 때 겁이 많이 났지만, 동물과 교감하는 손님들의 모습에서 응원을 받는다"며 "개인적으로 힘들었던 축사에서의 경험이 동물들에게 이로울 수 있음을 깨달은 순간이기도 했다"고 말했다.

계절별로 즐기는 야외 활동

목장053 프로그램은 사계절을 따른다. 동물들의 활동량이 떨어지는 겨울에는 약 3개월 동안 짧은 휴지기를 갖기도 한다. 하루 중에서도 동물들의 생활 사이클이 인간의 활동 시간과 맞지 않는다는 것도 문제다. 서 대표는 이 같은 변수에 대응하기 위해 동물 없이 진행할 수 있는 활동을 계절별로 마련했다.

목장 한쪽에 마련한 바비큐 시설 '요리존'이 대표적이다. 서 대표가 세계 각국 목장 프로그램을 찾아보다 호주 사례를 벤치마킹했다고 한다. 다만 가스버너와 프라이팬, 식기구 등은 개인이 직접 챙겨야 한다. 배달 음식을 주문하는 것도 가능하다. 음식물 쓰레기를 비롯한 각종 쓰레기

처리도 개인이 책임져야 한다.

자녀를 동반한 가족 단위 방문객에게는 '보물 찾기' 프로그램을 제공한다. 목장053이 제공하는 '보물'을 부모들이 숨기면 아이들이 찾고, 최종 개수에 따라 상품을 주는 식이다. 불필요한 경쟁을 지양하고 가족 안에서 유대감을 높일 수 있는 길을 찾다가 선택한 방법이라고 한다. 보물 찾기를 멈추는 시간 또한 자유로운 만큼 활동적인 아이들에게 알맞다.

핼러윈이나 크리스마스처럼 특정 시기가 되면 그에 어울리는 주제로 야외 활동도 즐길 수 있다. 목장 내부에 설치된 초등학교 저학년생을 대상으로 한 미로 찾기도 상시 제공한다. 가을 이후에는 '불멍'을 할 수 있도록 장작불을 떼고 감자, 고구마 등도 구워 먹을 수 있다. 아이들이 즐길 수 있는 모래밭도 있다. 모래 놀이에서는 개인 도구 사용이 가능하다.

목장 밖 텃밭을 활용한 활동도 많다. 호밀밭을 걸으며 동물들에게 줄 먹이를 직접 마련해 보거나, 경증 치매 환자를 대상으로는 맨발 걷기 후 발을 씻겨주는 프로그램을 제공하고 있다. 체리를 수확하는 프로그램도 준비하고 있다. 2022년부터 심은 체리 묘목이 곧 열매를 맺어 이르면 2024년 말부터 정식 프로그램으로 편성한다는 계획이다.

동식물 통합 치유 프로그램 인기

치유농업은 아직 대중적 인지도가 높지 않은 시장이다. 그나마도 치매 환자나 그 가족들, 또는 인지 장애인들의 신체적 능력을 보조하는 개념으로 더 친숙하다. 통상 치유농업은 '농장이나 농촌 경관을 활용해 정신적·육체적 건강을 회복하기 위해 제공하는 모든 농업 활동'으로 정의된다.

목장053의 초기 성장도 이 같은 시장 전략에 따라 이뤄졌다. 동물과 메밀·호밀을 활용한 동식물 통합 치유 프로그램이 대표적이다. 20명 규모로 회당 2시간씩 총 10회 분량 프로그램으로 스트레스 완화와 치유 효과 증대를 유도했다. 그 결과 스트레스 측정기를 활용한 효과 조사에서 참여자들의 스트레스가 16% 감소하고 행복감은 15% 늘어난 것으로 나타났다.

지역 내 관계 기관의 예약도 뒤따랐다. 프로그램을 정식으로 운영한 지 1년 반 만에 지역사회 서비스원에서 11회(170명), 치매안심센터에서 10회(150명), 주간보호센터에서 1회(20명) 등으로 참석했다. 가족 단위 손님을 포함한 연간 방문객은 2022년 8000여 명, 2023년 1만 2000여 명으로 파악하고 있다.

서 대표는 이 같은 인식을 넘어 목장053이 모든 사람이 쉽게 찾아올 수 있는 공간으로 자리를 잡을 수 있도록 프로그램을 늘려가겠다는 방침이다. 이를 위해 평일 야간 프로그램을 신설하거나 소규모 방문객을 위한 프로그램을 구상하고 있다. 다만 현재도 유치원과 요양원 단체 예약이 밀리고 있어, 중장기 계획으로 추진한다는 설명이다. 육아와 가사 노동에 치인 3040세대 여성을 대상으로 한 치유 프로그램은 그 절충점의 일환이다. 10명 안팎의 소그룹으로 회당 2시간씩 진행하는 이 프로그램은 말과 양을 비롯한 다양한 동물과 교감으로 육아 스트레스나 우울감을 해소하는 것을 목적으로 한다.

서 대표는 "치유 목장을 운영하면서 '치유농업은 아픈 사람만 하는 것'이라는 선입견에 종종 부딪힌다"며 "일반 대중에게도 다가갈 수 있도록 활동의 문턱을 낮추고 적극 홍보하고 있다"고 설명했다.

목장053은 평일과 주말을 나눠 프로그램을 운영한다. 평일은 최소 인원 25명의 단체 손님만 받는다. 다만 인원이 부족해도 25인 비용을 맞출 수 있다면 예약할 수 있다. 이용 요금은 영유아 1인당 7000원, 성인 1인당 1만원이다.

평일 목장 사용 시간은 오전 10시부터 오후 3시까지다. 다만 2024년부터 야간 운영을 검토하고 있다. 단체 프로그램의 경우 참여자 유형에 맞춰 세부 활동을 구성한다. 같은 치매 환자라고 해도 활동성이 다르고, 같은 아이들이라도 동물에 대한 두려움이나 공포가 있을 수 있기 때문이다. 평일에도 동물 교감 프로그램 외 야외 활동 시설은 사용할 수 있다.

주말에는 적정 인원을 80~120명으로 두고 20팀가량 받는다. 목장 내 최대 수용 인원이 200명이지만 사고 예방을 위해 가급적 적정 인원을 유지한다. 주말의 경우 팀당 인원 기준을 따로 두고 있지는 않다. 주말 이용 요금은 인당 1만5000원이다. 방문 일자 기준으로 19개월 미만 유아는 무료 입장이다. 이 밖에 별도 체험료로 먹이 추가 시 1000원, 해먹 대여 3000원(3대 선착순), 원터치 텐트 대여 5000원(5대 선착순) 등이 있다.

주말 목장 사용 시간은 오전 10시 30분부터 오후 5시 30분까지다. 주말 프로그램은 시간표를 따라 진행한다. 정오는 목장053의 간판 동물인 비키와 로니를 만나는 시간이다. 오후 2시부터는 방목장에서 양과 교감하는 프로그램을 진행한다. 오후 3시부터는 가족 단위에서 즐길 수 있는 보물 찾기 시간이다. 쿠킹존의 경우 상시 사용할 수 있다. 사용 가능 물품으로 개인 원터치 텐트와 테이블, 의자, 돗자리가 있다. 목장 내에 매점과 정수기는 따로 없으며, 전자레인지는 쓸 수 있다.

개와 고양이 같은 반려동물 출입은 금지한다. 목장 동물들과 충돌이 발생하는 불상사가 생길 수 있고 위생상 관리 측면에서도 어려움이 있어서다. 안전 관리 측면에서 업장 자체 보험에도 가입했다.

서 대표는 "대중적으로 알려진 치유농업 프로그램이 한정적이어서 목장을 경험하려면 강원도를 비롯한 먼 곳으로 가야 한다는 인식이 많다"며 "목장053은 남녀노소 누구나 도심 속에서 동물들과 교감하고 그로부터 정서적 안정을 누릴 수 있도록 도울 것"이라고 포부를 밝혔다.

환상숲곶자왈공원…
제주의 밀림, 늘 푸른 피톤치드 숲

제주 서쪽 한경면에는 1만평이 넘는 거대한 숲이 있다. 여러 종류의 상록수와 양치식물이 우거진 이 숲은 밤낮을 구분하기 어려울 정도로 늘 어둡다. 열대 지방의 밀림을 연상케 하는 이곳의 어두움은 고요함을 품고 있다. 숲 전체에 퍼지는 피톤치드와 흙 내음까지 더해져 마음이 절로 평온해진다. 숲속에 조성된 산책로를 걸으며 생각을 정리할 수도 있다. 모두에게 열린 이 공간은 치유 농장 환상숲곶자왈공원이다.

곶자왈의 '곶'은 숲을, '자왈'은 가시덤불을 뜻한다. 나무와 덩굴이 한데 모인 수풀이 곶자왈인 셈이다. 제주 전역에는 곶자왈이 고루 분포돼 있다. 용암의 흔적에 따라 안덕 곶자왈, 애월 곶자왈, 조천 곶자왈, 성산 곶자왈 등 4개 지대로 나뉜다. 환상숲은 이 중 안덕 곶자왈 지대에 있다. 과거 곶자왈은 경작지로 쓰기 어려워 버려진 땅으로 인식됐다. 하지만 안덕 곶자왈 지대 일부는 2011년 4월 환상숲으로 거듭나면서 '힐링 공간'으로서 가치를 인정받게 됐다. 제주도는 1997년 이후 곶자왈 지대를 지하수 보존 등급 2등급, 생태 보전 등급 3등급 지역으로 관리하고 있다.

환상숲은 상록수가 빽빽하게 서 있어 사시사철 초록빛을 유지한다. 나뭇잎으로 덮인 공간인 만큼 한겨울에도 기온이 15도 안팎 기온을 유지한다. 수많은 잎사귀 덕에 날씨가 궂을 때도 숲 바

환상숲곶자왈공원은…

주소	제주특별자치도 제주시 한경면 녹차분재로 594-1
대표자	이형철
연락처	064-772-2488
교통편	제주버스터미널에서 182번 버스 승차, '동광환승정류장5' 하차 후 도보 4분 거리 '동광환승정류장2'에서 784-1번 버스 승차, '환상숲곶자왈공원' 하차
주요 프로그램	숲 해설, 족욕 체험, 나무 목걸이 제작, 염색 체험
가격	입장권(숲 해설 포함): 성인 5000원, 학생·단체 4000원, 족욕 1만2000원

덕에는 빗물이나 눈이 거의 떨어지지 않는다. 이 덕분에 비나 눈이 오는 날에도 방문 예약을 취소할 필요가 없다.

용암이 만들어 낸 공존

환상숲은 한림읍 도너리오름에서 분출해 흘러 내려간 용암의 끝에 자리하고 있다. 용암의 영향을 받은 땅인 만큼 지형이 특이하다. 들어간 곳과 튀어나온 곳이 명확하게 눈에 띄어 보는 재미가 있다.

바닥을 자세히 들여다보면 지층 무늬와 용암돔, 동굴도 보인다. 지표수가 지하로 스며드는 구멍인 '숨골'도 있다. 바위가 지열을 숨처럼 내뿜는다는 데서 지어진 명칭인데, 이렇게 나오는 지열은 환상숲의 온습도를 유지하는 역할을 해준다. 한여름에 환상숲을 거닐다가 선선한 숨골에 설치된 의자에 앉아 잠시 쉬면 땀이 금세 식는다.

다양한 생물이 산다는 점도 환상숲만의 특장점이다. 울퉁불퉁한 지형이 여러 가지 빛 조건을 만들어 다양한 식물이 자란다. 북방한계선 식물과 남방한계선 식물이 공존하고, 팔색조와 같이 멸종 위기에 처한 동물도 모습을 드러낸다.

육지에서 쉽게 볼 수 없는 자귀나무와 백서향, 마삭줄, 연리목을 환상숲에서 관찰할 수 있다. 나무와 바위를 뒤덮고 있는, 작은 잎사귀를 지닌 콩짜개덩굴도 환상숲의 마스코트 중 하나다. 가지에 뾰족한 가시를 품은 꾸지뽕나무도 가까이 다가가서 볼 수 있다. 덩굴 식물인 아이비와 도토리나무도 이곳에서는 아주 흔하다. 고사리도 130종 넘게 서식하고 있다.

환상숲은 문을 열기 전까지 오랫동안 사람의 발길이 닿지 않았던 천연 원시림이었다. 아무도 찾지 않던 숲을 치유 공간으로 만들기로 결심한 사람은 이형철 환상숲 대표다. 환상숲을 개척한 것은 목적은 '살기 위해서'였다고 이 대표는 말한다. 은행에서 일하던 그는 2000년대 초반 뇌경색으로 쓰러졌고, 몸의 절반을 쓸 수 없게 됐다. 과도한 업무와 각종 관계에서 쏟아져 나오는 스트

레스를 몸이 감당할 수 없었던 탓이다. 그의 나이 47세 때 일이었다. 자연 한가운데 살며 환상숲을 운영하는 지금은 건강을 완전히 회복했다. 이 대표는 "심신이 지친 도심 직장인들은 동식물이 가득한 환상숲에서 진정한 치유를 경험할 수 있다"며 "식물이 내뿜는 피톤치드를 들이마시고 가면 2주 정도는 몸이 가벼울 것"이라고 말했다. 이 대표의 딸 이지영 씨도 아버지와 함께 환상숲을 운영한다. 그는 아버지 일에 보탬이 되려는 마음에서 연구소를 휴직하고 제주로 내려왔다. 현재는 이지영 씨의 남편 노수방 씨도 숲 관련 일을 돕고 있다.

숲 해설부터 족욕까지, 풀코스 힐링

환상숲을 대표하는 프로그램은 숲 해설이다. 숲 해설가가 약 50분간 산책로를 같이 걸으며 숲의 이모저모를 설명해주는 프로그램으로, 도시민에게 인기가 많다. 이 대표나 이지영 씨가 직접 해설할 때도 있다. 산책로 가운데 숲 해설이 진행되는 코스는 600m다. 자유 산책 코스는 1.2㎞다. 숲 해설은 오전 9시부터 오후 5시까지 가능하며, 1시간 단위로 예약할 수 있다.

산책로는 생이소리(새소리)길, 갈등의길, 정글지대, 아바타길로 구분돼 있다. 갈등의길은 칡나무와 등나무가 함께 자라는 구역이다. 두 나무는 서로 반대 방향으로 휘감아 올라가며 복잡하게 뒤엉켜 자라는데, 이는 갈등이란 단어의 어원이 됐다. 숲 해설가는 갈등처럼 흥미로운 뜻을 가진 식물 명칭과 여러 나무의 특징에 대해

자세히 설명해 준다. 산책로를 걷다 보면 문구가 적힌 푯말이 나온다. '당신 자신답게 사세요' '세상의 기준이 정답이 아닐 때도 있습니다' '어제를 통해 배우고 오늘을 살고 내일을 보자' 등 격려의 말이 적혀 있는 판이다.

숲길을 걸을 때는 주의를 기울여야 한다. 나무뿌리가 좁은 산책로 위로 튀어나온 데다 돌도 많아 자칫하면 넘어질 수 있기 때문이다. 좋은 점도 있다. 나무뿌리를 밟고 돌을 만지면 신경계가 자극돼 몸이 건강해진다고 한다. 직장 생활을 하며 몸이 급격히 나빠졌던 이 대표가 건강을 되찾은 비결이 여기에 있다.

환상숲 산책로에는 흙이 있다. 하지만 처음부터 있었던 것은 아니다. 곶자왈 지대에는 원래 흙이 없는데, 방문객이 걷기 좋게 이 대표가 흙을 사다가 길을 채웠다.

족욕 체험도 인기 프로그램이다. 환상숲 입구 근처에는 음료를 마시면서 족욕을 할 수 있는 '담앙족욕카페'가 있다. 담앙은 '담아서'란 뜻의

제주어다. 물에 발을 담그고 피로를 풀 수 있다는 뜻이다. 족욕카페 이용 시간은 매일 오전 10시부터 오후 5시까지다.

통유리창을 통해 숲이 훤히 내다보이는 넓은 공간에 족욕기 110대가 설치돼 있다. 족욕기에 따뜻한 물을 받아 발을 담그고 한약재로 만든 허브 주머니를 넣으면 물이 분홍빛으로 변한다. 이곳에서는 족욕을 즐기며 한라봉·유자·청귤차를 마실 수 있다. 제주 흑보리로 만든 미숫가루와 커피, 아이스크림도 판매한다.

방문객들은 15분 정도 족욕을 즐긴 뒤 미용 소금으로 발바닥을 마사지한다. 발 각질 제거와 무좀 예방에 효과가 좋은 소금이다. 마사지 후 발을 깨끗이 씻고 수건으로 물기를 닦은 뒤 오일까지 바르고 나면 족욕 체험은 끝난다.

족욕카페 주변에 자라는 식물을 관찰하는 것도 흥미롭다. 카페 옆에 돌담이 있는데, 그 위로 잎이 풍성한 불두화와 다육 식물이 자란다. 카페 건너편에는 어린이들이 안전하게 뛰어놀 수 있는 놀이터도 있다.

자연을 활용해 여러 물건을 만드는 프로그램에 대한 도시민들의 관심도 크다. 프로그램 참여를 신청하면 나무 목걸이를 제작하거나 천연 염색을 해볼 수 있다. 현무암 위에 야생화를 착근시켜 만드는 석부작, 식물과 흙을 밀봉해 보관하는 테라리움을 꾸미는 것도 가능하다.

환상숲은 공연이나 만찬, 회의를 열 수 있는 이색 지역 명소(Unique Venue)로도 쓰인다. 이색 지역 명소는 MICE(기업회의·포상관광·컨벤션·전시) 산업 용어로, 각종 행사가 열리는 특별한 장소를 의미한다. 적게는 10명에서 많게는 200명까지 수용할 수 있으며, 자연에서 나는 농산물을 활용한 자체 생산 음식을 제공받을 수 있다. 음향 시설과 텐트, 천막도 갖춰고 있다. 환상숲이 이색 지역 명소로 활용된 사례는 다양하다. 2016년 제주국제청소년포럼이 환상숲에서 열렸고, 2017~2019년 제주 탐라교육원의 유치원 교사·교감 자격 연수가 진행됐다. 2019년에는 한국국제교류재단의 해외 대학 박사과정생 한국 문화 워크숍이 개최됐다.

환상숲은 BTS '화양연화 pt.2' 앨범 화보 촬영지이기도 하다. 화장품 브랜드 이니스프리 광고에도 등장했고, SBS 예능 프로그램 '정글의 법칙'에도 소개됐다.

방문객은 다양하다. 봄, 가을에는 체험학습을 위해 방문하는 학생팀, 방학 때는 가족 단위 팀, 그 외 기간에는 젊은 층이나 요양원 팀이 주로 방문한다. 방문 수요는 점점 많아지고 있다. 환상숲을 처음 개장했을 때는 6000평만 열어뒀지만, 방문객이 점점 많아져 2022년 6000평을 추가 개방했다. 환상숲은 2016년 '아름다운 숲 전국대회'에서 숲 지킴이상을 받았다.

숲 입장권은 성인 5000원, 어린이와 장애인, 국가유공자는 4000원이다. 제주도민은 3000원에 입장 가능하다. 입장권을 사면 숲 해설도 들을 수 있다. 족욕 체험 가격은 1만2000원이다. 프로그램은 모두 예약제로 운영된다. 일요일 오전은 휴무다.

제원하늘농원…감귤밭의 속삭임

제주 조천읍에 들어선 제원하늘농원은 제주만의 특성을 살린 치유 농장이다. 8500평 규모의 넓은 땅에 감귤나무가 빽빽하게 심겨 있고, 나무 사이에는 구불구불한 산책로가 이어져 있다. 바닥에는 구멍 뚫린 현무암이 모습을 드러내고 있다. 농장 전체에 바닷물을 머금은 바람이 감귤의 시트러스 향과 섞여 솔솔 불어온다.

농장 곳곳에는 치유 프로그램을 위한 공간이 널찍하게 마련돼 있다. 농장의 모든 공간은 제원

제원하늘농원은…

주소	제주특별자치도 제주시 조천읍 대흘북길 72-5
대표자	강성흡
연락처	010-9601-1788
교통편	제주버스터미널에서 260번 버스 승차, '대흘초등학교'에서 하차 후 도보 20분
주요 프로그램	소리(싱잉볼) 치유, 감귤 수확 체험, 감귤청 만들기
가격	프로그램 회당 2만5000원 안팎

하늘농원 공동대표인 강성흡·오순금 부부가 직접 관리한다. 제주 토박이인 이들은 40여 년 전 부모님으로부터 물려받은 농토를 '모두의 치유 공간'으로 만들면 좋겠다는 생각에 2021년 제원하늘농원을 세웠다.

제원하늘농원의 대표적인 치유 프로그램은 싱잉볼 명상이다. 싱잉볼은 티베트 승려들이 명상할 때 사용하는 그릇 모양 타악기로, 막대기로 두드리거나 손으로 문지르면 소리가 난다. 제원하늘농원에서는 금속으로 만들어진 싱잉볼과 크리스털 싱잉볼을 활용한다.

소재에 따라 조금씩 다르지만, 싱잉볼은 '둥, 둥, 둥' 하는 맑은 소리를 낸다. 드럼보다는 가볍고 마림바보다는 무거우며 울림이 깊은 소리다. 오 대표는 싱잉볼 명상 프로그램의 전문성을 높이기 위해 싱잉볼 치유자 자격을 취득했다.

오 대표가 프로그램 참가자들 앞에서 직접 싱잉

볼을 연주한다. 참가자들도 돌아가며 싱잉볼을 만지거나 연주해 볼 기회를 얻는다. 이들은 금속 싱잉볼과 크리스털 싱잉볼의 소리를 비교하며 음악 감상과 명상을 할 수 있다. 다만 참가자가 직접 연주해 볼 때 깨질 위험이 거의 없는 금속 싱잉볼만을 사용한다. 어린이도, 장애인도 쉽게 아름다운 소리를 낼 수 있다는 것이 싱잉볼의 매력이다. 누구나 자기 손으로 싱잉볼을 만져 진동과 소리를 만들어 내고, 이때 생기는 감각을 온전히 느낄 수 있다. 싱잉볼 연주 자체가 치유 과정이라는 게 두 대표의 설명이다.

싱잉볼 소리뿐 아니라 주변 경관도 참가자가 명상에 집중할 수 있도록 도와준다. 싱잉볼 명상은 농장 입구에서 산책로를 따라 10분 정도 걸으면 나오는 '블로비'에서 진행한다.

블로비는 투명한 돔 형태 구조물이다. 블로비의 문을 열고 들어가 앉아 돔 너머로 보이는 초록빛 나무와 잔디를 바라보며 마음의 평화를 얻을 수 있다고 오 대표는 설명한다. 블로비는 싱잉볼 소리를 더욱 깊고 풍부하게 만들어 주는 반사벽 역할도 한다. 블로비 내부에는 피아노도 설치돼 있어 싱잉볼과 함께 연주할 수도 있다.

날씨가 덥거나 춥지 않을 때는 블로비 안이 아닌 야외에서 싱잉볼 명상을 진행하기도 한다. 빼곡하게 자란 감귤나무 사이에 마련한 공터에 깔개를 깔고 둘러앉아 싱잉볼 소리를 듣는 것이다. 야외에서는 싱잉볼 특유의 부드러운 소리에 바람 소리가 더해져 색다른 느낌을 받을 수 있다. 농장 곳곳에 달린 풍경(風磬)이 바람에 부딪히는

소리까지 겹쳐 신비로운 분위기가 조성된다.

제주에서만 가능한 감귤 힐링

유기농 감귤을 중심으로 한 제원하늘농원의 푸드 테라피도 인기다. 가장 대표적인 것이 감귤 수확 체험이다. 감귤을 딸 수 있는 시기는 10월 초·중순부터 12월까지 2~3개월이다. 이때 제원하늘농원을 찾는다면 직접 감귤을 따볼 수 있다. 수확 방법은 간단하다. 양손에 장갑을 낀 뒤 꼭지를 1㎝가량 남기고 딴 다음 꼭지를 정리해 박스에 넣으면 된다.

감귤청과 감귤 마멀레이드 만들기 체험도 있다. 청과 마멀레이드는 7~9월 수확하는 하귤·풋귤로 만든다. 차로 만들어 먹거나 빵에 발라 먹으면 새콤한 맛을 극대화할 수 있다. 나무에서 딴 감귤로 쿠키나 케이크를 만들어 시식한 후 집에 가져갈 수도 있다. 감귤밭은 수확철이 아니더라도 사계절 내내 존재 자체로 힐링 경험을 선사한다. 4월에는 하얀 감귤꽃이 흐드러지게 피고, 늦가을에는 감귤 열매가 탱탱하게 익는다. 겨울에는 감귤나무에 눈이 쌓여 기막힌 설경이 펼쳐진다. 두 대표는 감귤나무 사이에 이층침대도 설치했다. 침대 2층에 올라가 누우면 감귤 향기와 바람을 느끼며 안정을 취할 수 있다.

제원하늘농원의 감귤농원은 농림축산식품부의 무농약, 우수 농산물 관리제(GAP), 저탄소 인증을 받았다. 제원하늘농원은 감귤 착즙 주스도 만들어 온라인을 통해 판매한다.

1년에 네 번 여는 치유 음악회도 제원하늘농원

의 시그니처 프로그램이다. 치유 음악회가 열리는 날이면 농장에는 색소폰, 트럼펫 등 다양한 악기 연주가 울려 퍼진다. 농장 인근 거주민이나 프로그램 참가자를 포함한 모든 이들이 음악회를 관람할 수 있다.

매년 10~11월 개최하는 제원하늘농원만의 '귤림풍악'이 특히 유명하다. 귤림풍악이란 명칭은 그림에서 따왔다. 원래 귤림풍악은 1702년 이형상 목사가 제작한 화첩 탐라순력도의 한 장면으로, 제주목사가 제주성의 북과원에서 풍악을 즐기는 장면을 그렸다. 귤밭에서 춤추고 노래하며 시름을 풀던 옛 제주도민의 모습을 잘 보여주는 그림으로 꼽힌다.

제원하늘농원의 귤림풍악에서는 이 그림 장면을 현대적으로 해석해 전통 기악과 무용에 스트리트 댄스를 결합한 공연이 진행된다. 공연은 보통 4개 장으로 구성된다. 1장은 귤나무의 새싹이 돋는 계절을 표현하고, 2장에서는 치유를 기원한다. 3장은 귤이 익어가는 과정을 보여주며, 마지막 장인 4장에서는 즉흥적인 감각을 기반으로 한 연주로 흥을 돋운다. 공연 내내 놀이패는 관람객 앞에서 익살을 부리며 활기차게 돌아다닌다. 관람객도 마음껏 추임새를 넣으며 공연을 즐길 수 있다. 귤림풍악은 농식품부와 제주도의 후원을 받아 2021년부터 열리기 시작해 지금까지 지역민과 관광객에게 사랑을 받고 있다.

장애인부터 직장인까지 누구나 참여

제원하늘농원 프로그램에는 누구나 참여할 수 있다. 현재까지 주요 대상은 다문화 가정 구성원들과 장애인, 환우와 그들의 가족이었다. 장애인이나 어린아이 팀이 올 때 지렁이 잡기처럼 비교적 쉽게 수행할 수 있는 프로그램을 주로 진행한다. 오이, 가지 등 계절에 따라 바뀌는 제철 농산물 수확 프로그램을 열기도 한다.

치유 프로그램은 팀 단위로 진행된다. 제원하늘농원에는 하루 평균 3~4개 팀이 방문한다. 한 팀은 10명 안팎으로 꾸려진다. 처음에는 다문화 가정과 장애인 등 사회적 약자로 구성된 팀이 농장을 주로 방문했지만, 코로나19 사태 이후 치유농업의 인기가 급부상하면서 힐링 경험을 찾는 도시민 단체가 늘었다고 두 대표는 설명했다. 2023년 9월 말 방문한 제원하늘농원에서는 자녀를 데리고 온 부모들을 만날 수 있었다. 당시 아이와 함께 농장에 온 구경석 씨는 제주 시내에 살면서 직장 생활을 하다가 주말이 되면 농장을 찾는다고 했다.

구씨는 "주말에 아이를 데리고 농장에 와 있으면 물리적인 시간과 정신적인 움직임이 모두 천천히 가는 기분이 든다"며 "자연을 있는 그대로 느낄 수 있다는 점도 참 좋다"고 말했다. 30개월 된 딸과 함께 온 안효빈 씨는 "농장에 오면 아이가 즐거워 보여서 기분이 좋아진다"고 말했다.

오 대표는 제원하늘농원을 '꿈꾸는 귤낭정원'이라고 부른다. 귤낭은 밭을 의미한다. 누구든 감귤밭에 와서 꿈을 꾸고 심신을 위로할 수 있으면 좋겠다는 것이 오 대표의 생각이다.

그는 하루에도 몇 번씩 농장을 걸어 다닌다. 감

귤나무가 지저분하게 자란 부분이나 더러워진 곳은 없는지, 방문객 동선은 편리한지, 몸이 불편한 사람들이 불편함을 느낄 만한 부분은 없는지를 살펴보기 위해서다. 현재 블로비나 체험 공간 위치도 방문객 입장을 고려한 오 대표의 고심 끝에 정해졌다. 오 대표는 제원하늘농원의 가구와 소품 하나하나도 감귤밭과 어울릴지 생각해보고 선택했다.

오 대표는 더욱 많은 사람이 농업을 통해 치유받는 경험을 했으면 좋겠다고 말한다. 그는 "흙과 풀과 돌이 있는 이곳에 오는 것 자체가 도시인들에게는 색다른 경험"이라며 "과일 따기나 자연의 소리 듣기와 같은 휴식형 치유 프로그램으로 힐링하는 사람이 점점 많아지고 있다"고 설명했다. 제원하늘농원은 문을 연 첫해인 2021년 2500명이 방문했지만 2022년에는 4000명이 방문했다. 2년 만에 방문객이 60% 급증했다. 이제는 치유농업이 하나의 트렌드로 자리 잡은 만큼 제원하늘농원 방문객이 앞으로 점점 더 늘어날 것으로 예상된다.

이색 프로그램…대표 웰니스 관광지

제원하늘농원은 치유 농장이면서 사회적 농장이기도 하다. 사회적 농업은 농업을 통해 건강, 재활, 공동체 활성화를 이뤄낸다는 개념으로, 치유농업과 연결돼 있다. 제원하늘농원에서는 소리 치유와 푸드 테라피를 통해 심신의 안정을 찾을 수 있고, 그룹 체험을 통해서는 공동체 의식을 기를 수 있다.

한국관광공사는 2023년 제원하늘농원을 웰니스 관광지로 선정했다. 웰니스는 웰빙(wellbeing)에 행복(happiness)과 건강(fitness)을 합친 말이다. 신체적·정신적·사회적 건강의 조화를 이룰 수 있는 장소로 인정받아야 웰니스 관광지에 선정될 수 있다.

한국관광공사는 전국 17개 광역지방자치단체로부터 우수 웰니스 관광지를 추천받아 평가한 후 심의위원회를 거쳐 제원하늘농원을 최종 선정했다. 제주의 특색 있는 자원을 활용한 이색 치유 프로그램이 높은 점수를 받았다고 한다.

제원하늘농원은 2022년 제주 농업기술원의 농촌 융복합 치유 농장 조성 시범사업 대상에 선정됐다. 시범 사업 결과 만족도 조사에 참여한 치유농업 관련 교육 이수생 중 88.3%가 프로그램에 만족한다고 답했다.

프로그램 가격은 1만원에서 3만원 사이다. 감귤 따기는 1만원, 싱잉볼 명상은 1만원, 감귤 쿠키·케이크 만들기는 2만5000원을 내면 참가할 수 있다. 싱잉볼 명상과 쿠키·케이크 만들기를 모두 할 경우 3만원이다. 프로그램 참가 예약을 하려면 전화로 문의하면 된다. 귤림풍악을 포함한 치유 음악회 정보는 제원하늘농원의 사회관계망서비스(SNS)에서 찾아볼 수 있다.

Ⅲ장

치유농업, 이제는 산업화다

노인 인구 1000만명…심해진 인구 지진

저출생·고령화로 인한 인구 감소 충격은 우리 사회의 가장 심각한 구조적 문제다. 특히 비수도권 지방의 경우 급격한 인구 감소에 지역 소멸이라고 하는 사상 초유 위기와 맞닥뜨렸다.

치유농업은 지방 소멸이라는 사회적 도전에 대응할 수 있는 좋은 정책적 수단이 될 수 있다. 교통·통신 발달로 인구 개념이 주민등록지에 기반한 전통적인 정주 인구에서 생활 인구(인구 이동성을 감안해 관광, 의료 등 목적으로 하루 3시간 이상 지역에 체류하는 인구)로 바뀌고 있는데, 치유 농장은 도시 인구가 지방으로 이동하는 길목에 있는 거점이기 때문이다.

인구 위기는 더 이상 감출 수 없는 사회 문제가 됐다. 세계에서 가장 빠른 저출생·고령화 속도에 2023년 합계출산율은 0.72명으로 사상 최저치를 기록했다. 정부는 2024년에는 합계출산율은 0.68명으로 0.7명 선마저 무너질 것으로 보고 있다. 통계청에 따르면 2023년 출생아 수는 23만명으로 1년 새 1만9200명(7.7%) 줄어 역대 최저치를 기록했다. 연간 출생아 수는

2017년 40만명이 무너진 후 급감하며 매년 사상 최저 기록을 쓰고 있다.

2023년 합계출산율은 전년(0.78명) 대비 0.06명 더 줄었는데, 갈수록 감소폭이 커지고 있다. 분기별 흐름을 보면 출산율 감소 속도는 더 빠르다. 2023년 1분기만 해도 0.82명이었던 합계출산율은 당해 4분기 0.65명으로 급감했다. 분기 기준 합계출산율이 0.6명대로 가라앉은 것은 처음 있는 일이다. 지방의 위기감은 더 크다. 서울(0.55명), 부산(0.66명), 인천(0.69명), 대구(0.7명)를 비롯한 대도시권 출산율 하락폭은 더 크기 때문이다. 특히 기초자치단체 가운데 부산 중구(0.31명), 서울 관악구(0.38명), 서울 종로구(0.4명)는 0.3~0.4명 선까지 주저앉아 인구 위기가 현실이 됐다.

이는 국제적으로 비교해도 전례가 없는 속도다. 경제협력개발기구(OECD) 38개 회원국 가운데 합계출산율이 1명 미만인 나라는 한국이 유일하다. 프랑스(1.8명), 미국(1.66명), 독일(1.58명)은 물론 한국에 앞서 초고령사회에 진입한 일

합계출산율 추이

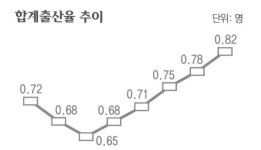

단위: 명

0.72 0.68 0.68 0.65 0.71 0.75 0.78 0.82

2023년 2024 2025 2026 2027 2028 2029 2030

*2024년 이후는 전망치.
*여성 1명이 평생 낳을 것으로 예상되는 신생아 수.
*자료: 통계청

장기 인구 전망

단위: 명

구분	총인구	생산연령인구	생산인구 비중(%)
2023년	5171만	3657만	70.7
2030년	5131만	3417만	66.6
2040년	5006만	2903만	58.0
2050년	4711만	2445만	51.9
2060년	4230만	2069만	48.9

*생산연령인구는 15~64세 연령층 대상. 중위추계 기준. *자료: 통계청

본(1.3명, 2021년 기준)과 비교해도 격차가 크다. 한국은 2013년부터 OECD 국가 중 합계출산율 꼴찌 기록을 이어가고 있다.

통계청은 국내 총인구가 2023년 5171만명에서 2072년 3622만명으로 1549만명 줄 것으로 봤다. 그나마 이는 합계출산율이 현재 0.7명 선에서 완만히 회복될 것을 가정한 중위 추계다.

중위 추계에서는 인구가 2041년(4985만명) 처음 5000만명 밑으로 가라앉지만, 출산율이 0.7~0.8명으로 정체된 최악의 시나리오(저위 추계)에서 5000만명 붕괴 시점은 불과 9년 뒤인 2033년(4981만명)으로 다가온다. 반

면 출산율이 현재의 두 배 수준(1.34명)으로 뛰어오른 낙관적 시나리오(고위 추계)에서 인구가 5000만명 이하로 떨어지는 시점은 2054년(4972만명)으로 늦춰진다.

문제는 우리 사회 경제 주축인 생산연령인구(15~64세)마저 급격하게 줄어들며 경제 규모가 쪼그라들고, 일손이 줄며 사회 활력이 급감하는 '축소 사회'가 도래했다는 점이다.

고용노동부는 2032년까지 정부가 예상한 경제성장률 전망치를 달성하기 위해 최대 89만 4000명의 추가 고용이 필요하다고 봤지만, 이보다 상황이 악화할 수 있다는 지적이 나온다. 인력 감소에 따라 애초 예상했던 성장 속도 자체가 급격히 둔화하고 있기 때문이다.

급격한 저출생·고령화 현상은 인구 감소를 야기해 일손 부족 사태를 심화시키고 있다. 매일경제신문이 OECD 장기 재정 전망 데이터를 분석한 결과, 한국의 잠재 취업자 증가율은 2010~2020년 연평균 1.15%씩 늘다가 2020~2030년 0.12%로 감소할 것으로 관측됐다. 경제가 잠재성장률만큼 성장했을 때 발생하는 고용 수준이 그만큼 줄어든다는 의미다.

2030~2040년 연평균 취업자 증가율은 -0.82%로 하락하고 2040~2050년 -1.35%, 2050~2060년에는 -1.41%로 더 악화할 것으로 추정됐다. 경제 주축인 생산연령인구도 동반 감소한다. 2010~2020년 연평균 0.55%씩 늘었던 잠재 생산가능인구는 2020~2030년 -0.21%, 2030~2040년 -1.1%, 2040~2050년 -1.41%,

2050~2060년 -1.39%로 하락할 전망이다. 일손 부족은 성장률에 직접적인 영향을 준다. OECD에 따르면 2010~2020년 연평균 3.09% 씩 늘었던 잠재성장률은 2030~2040년 0.69% 로 하락하고 2050~2060년에는 -0.03%로 경제가 후퇴 상태에 빠질 것으로 예상됐다.

한국은행은 최근 '초저출산 및 초고령사회: 극단적 인구구조의 원인, 영향, 대책' 보고서를 통해 "다양한 정책적 노력을 통해 출산율을 약 0.2명 만큼 끌어올릴 수 있다면 우리나라 잠재성장률은 2040년대 평균 0.1%포인트 높아질 수 있다"고 진단했다. 한국은행은 "청년의 어려움을 덜기 위한 '정책적 지원'과 노동시장 등의 문제점을 개선하는 '구조정책'을 일관되게 추진해 저출생·고령화에 따른 성장 잠재력 약화 문제를 완화해 가야 한다"고 처방했다. 하지만 현재 상황은 녹록지 않다. 총인구 감소세가 본격화하며 이미 2023년부터 취업자 부족 사태가 현실화했다.

매일경제신문과 한국경제연구원이 인구 시나리오에 따른 연도별 취업자 수를 추정한 결과 2023~2031년 취업자 감소 규모는 최대 200만7000명이 될 것으로 관측됐다. 줄어드는 취업자만큼 인력이 추가 투입되지 않는다면 생산 타격으로 이어질 개연성이 크다. 매일경제와 한국경제연구원은 2023년 발표된 한국고용정보원의 중장기 인력수급 수정 전망의 생산가능인구, 경제활동인구의 연평균 증감률을 사용해 연도별 생산 가능·경제활동인구 전망치를 추출했다. 세부적으로 실업률(실업자/경제활동인구)은 2022년 발표된 국회예산정책처 중기 경제 전망의 실업률을 활용해 연도별 실업자 수를 추산했다. 경제활동인구에서 실업자를 차감해 연도별 취업자 수를 구한 후 2023~2031년 취업자 감소 규모를 집계한 것이다.

인구 지진이 다가오는 속도가 점차 빨라지며 2040년대부터 국내총생산(GDP) 성장률은 0% 대로 뚝 떨어지기 시작한다. 국회예산정책처는 출산율이 개선되지 않으면 2020년대 연평균 2.2%, 2030년대 1.5% 성장했던 GDP가 2040년대부터 0.9%로 하락해 0%대 성장률이 굳어질 것으로 봤다. 일손 부족 사태가 심해지는 게 직접적인 원인이다. 2070년 취업자 수는 1864만명으로 지난해보다 33.6%(945만명) 줄어들 것으로 추정됐다.

인구 감소는 저출생과 고령화가 얽히면서 생긴 문제다. 특히 노인 인구 증가세가 가파르다. 통계청은 65세 이상 노인 인구가 올해 994만명으로 전체 인구의 19.2%에 달할 것으로 보고 있다. 내년에는 사상 처음으로 1000만명(1051만명)을 넘어서 전체 인구에서 차지하는 비중이 20.3%까지 올라간다.

노인 인구 비중은 이후 지속해서 늘어 2040년 30%대를 돌파하고, 2050년 40% 선을 넘어서 2072년이면 전체 인구 절반(47.7%)에 육박한다. 한국은 2000년 65세 인구 비중이 7% 이상인 고령화사회에 진입했고, 2018년 고령인구 비중 14% 이상인 고령사회에 들어섰다. 2025년에는 고령인구 비중이 20%를 넘어서 초고령사

경제활동하는 노인인구

단위: 만명

- ─□─ 경제활동 참가율(%)
- ■ 노인 경제활동인구

연도	경제활동 참가율(%)	노인 경제활동인구
2000년	29.6	100.4
2005	30.0	129.5
2010	29.7	159.0
2015	31.1	203.4
2020	35.3	287.9
2022	37.3	336.5
2023	38.3	362.3

*자료: 통계청

주요국 노인 고용률 비교

단위: %

구분	노인고용률	순위(위)
한국	34.9	1
아이슬란드	32.5	2
일본	25.1	3
미국	18.0	9
영국	10.3	22
프랑스	3.4	36

*순위는 경제협력개발기구(OECD) 38개국 대상 비교.
*자료: OECD, 한국경제인협회

회에 진입할 것이 유력하다.

한국이 고령사회에서 초고령사회에 들어가기까지 걸리는 시간은 7년으로 예상되는데 이는 미국(15년), 일본(10년), 영국(50년)을 비롯한 주요국과 비교해도 이례적으로 빠른 편이다.

상황이 이렇다 보니 국민 10명 중 7명(66%)은 단순 나이 기준으로 노인을 구분하는 대신 신체, 정신 기능 노화에 따른 새로운 노인 기준을 마련해야 한다고 생각하는 것으로 조사됐다. 국민 중 83.4%는 '초고령사회 진입이 자기 삶에 영향이 있을 것'이라는 반응을 보였다.

대통령직속 저출산고령사회위원회는 이화여대 연령통합고령사회연구소에 연구 용역을 맡겨

2023년 9~10월 전국 15개 시도 만 18~64세 국민 1535명을 대상으로 연령 인식을 조사했다. 그 결과 국민 중 66.1%는 노인 구분 기준을 묻는 질문에 '신체·정신의 기능적 노화가 돼야 한다고 응답했다. 종전대로 만 나이가 노인 기준이 돼야 한다는 응답은 17.5%에 그쳤다.

노인 시작 연령은 20대 이하는 65세, 70대 이상에서는 69세로 인식해 세대별로 차이가 있었지만, 평균 66.3세로 봐야 한다는 반응이 주류를 이뤘다. 이번 조사에서는 근로 능력이 충분한 60세 이상 고령자에게 일할 기회 제공해야 한다는 반응이 많았는데(5점 만점 중 4.19점), 법정 정년(60세)은 평균 66.7세까지 연장할 필요가 있다는 응답이 주류를 이뤘다.

현재 고령층을 인식하는 사회, 고용, 복지 제도 기준은 제각각이다. 법정 정년은 60세이지만 국민연금 수급 연령은 63~65세이며, 노인복지법상 노인 연령은 만 65세로 다르다. 급속한 저출생·고령화 속도에 경제 활동을 하는 노인도 크게 늘면서 고령층을 바라보는 국민 인식도 달라지고 있다. 보건복지부 노인실태조사(2020년)에서는 국민 중 절반 이상(52.7%)이 노년이 시작되는 나이대를 70세로 봤다. OECD도 한국의 실질 은퇴 연령을 이와 비슷한 72.3세로 보고 있다. 실제 매일경제신문이 통계청 데이터를 분석한 결과, 2023년 경제 활동을 하는 65세 이상 노인 인구는 362만명으로 역대 최고치를 기록했다. 노인들의 경제 활동 참여율(38.3%)도 마찬가지로 역대 가장 높은 수준으로 올랐다.

지방 소멸 위기는 더 크다

지방 소멸 우려 지역 50곳

- 인천 1곳
- 경기 2곳
- 충북 3곳
- 충남 2곳
- 전북 6곳
- 전남 11곳
- 강원 9곳
- 경북 5곳
- 울산 1곳
- 부산 2곳
- 경남 8곳

연천군 화천군 양구군 인제군 양양군 강화군 가평군 평창군 정선군 삼척시 영월군 태백시 단양군 울진군 태안군 보은군 의성군 영덕군 서천군 영동군 군위군 진안군 무주군 장수군 청도군 울산 동구 부안군 임실군 함양군 합천군 밀양시 울산 영도구 영광군 순창군 신청군 부산 서구 함평군 곡성군 하동군 고성군 부산 영도구 영암군 보성군 남해군 통영시 장흥군 해남군 강진군 고흥군 진도군 완도군

총인구는 2022년 처음으로 줄기 시작했고 인구 절벽으로 치닫는 속도는 빨라지고 있다. 문제는 지방이 이런 충격을 가장 먼저 맞기 시작하며 소멸 위기에까지 처했다는 점이다. 지역을 먹여 살릴 산업마저 사라지며 전국 228개 시군구 중 59곳(25.9%)이 소멸 위기에 처했다.

고령화 현상이 심각한 농어촌은 물론 부산 영도구, 울산 동구를 비롯해 지역산업 기반에 타격을 입은 대도시 인근 지역 역시 대거 소멸 위기에 봉착한 것으로 조사됐다.

매일경제신문과 산업연구원은 저출생·고령화 현상에 실물경제 흐름까지 반영해 지방 소멸 위기를 가늠할 수 있는 'K-지방소멸지수'를 산출했다. 지역 먹거리가 급속도로 사라지며 지방 소멸 위기감이 부쩍 커진 가운데 보다 정확한 현상 파악을 위해 인구 요인에 실물경제 흐름까지 참작한 새로운 지방소멸지수를 내놓은 것이다.

지금까지 정부와 각 연구기관은 노인과 가임기 여성 인구만을 반영한 지표(65세 이상 고령 인구 대비 20~39세 여성 인구)를 잣대로 삼아 지방 소멸 위기를 측정해왔다. 하지만 종전 지표는 출생과 사망 요인만 감안했기 때문에 정확한 지방 소멸 현상을 반영하는 데 한계가 있었다.

예컨대 종전 인구 기반 소멸 지수로 보면 경북 의성군은 0.15(2020년 기준)로 전국 228개 시군구 가운데 최하위를 기록하며 소멸 위험이 큰 것으로 분석된다. 하지만 정작 이 지역 합계출산율(1.6명)은 전국 10위로 상위권이다. 소멸 위험 2위인 전남 고흥(0.16)도 합계출산율(1.25명)이 전국 55위로 중상위권에 포진했다. 이들 지방자치단체는 소멸 위기 지역으로 분류됐지만 상대적으로 젊은 외국인 이주민이 유입돼 국제결혼이 많고, 전업주부 역시 많아 출산율은 높게 유지됐기 때문이다.

매일경제신문과 산업연구원은 이 같은 현실과의 괴리를 좁히기 위해 전국 지자체별로 △인구 증감률 △인구 1000명당 종사자 수 △1인당 지역내총생산(GRDP) △고부가가치 기업 진출률(총 사업체 대비 지식산업 비율) △최근 1년간 연구개발 지출 정도(1인당 경상 연구개발비) △

지역 내 다양한 산업군이 얼마만큼 분포했는지를 보는 지표(전 산업 다양성 지수)를 가중 평균해 K–지방소멸지수를 산출했다.

전국 평균을 1.0점으로 환산한 후 228개 시군구 소멸 위기 정도를 분석했는데 소멸 위기는 심각도에 따라 △소멸 무관 지역(소멸 지수 1.5 이상) △소멸 안심 지역(1.25~1.5 미만) △소멸 예방 지역(1.0~1.25 미만) △소멸 선제 대응 필요 지역(0.75~1.0 미만) △소멸 위기 지역(0.75 미만) 등 5개 단계로 구분했다. K–소멸지수로 측정하면 전남 고흥(0.675)과 경북 의성(0.678)은 각각 소멸 위기 36위, 37위로 인구만을 기준 삼아 분석한 종전 지표와 차이가 큰 것으로 조사됐다.

인구 소멸 위기는 비수도권뿐 아니라 일부 광역시와 수도권 지자체에도 닥친 현실이다. 산업연구원 분석에 따르면 전국 시군구 중 소멸 위험도가 가장 높은 위기 지역은 59곳으로 집계됐다. 전남 영암, 전북 장수, 경북 영덕 등 전통적으로 인구 유출이 많은 지자체는 물론 부산광역시 서구, 영도구와 울산광역시 동구, 인천광역시 강화군, 경기 가평, 연천군 등 광역시와 수도권 지역 6곳도 소멸 위기에 봉착한 것으로 분석됐다. 이들 대도시 인접 지역은 경기 침체에 지역 산업 피해가 커졌다는 공통점이 있다. 부산 영도구와 울산 동구는 2018~2020년 인구 감소율이 2.79%, 2.60%로 전국 평균(0.013% 증가)을 크게 밑돌았다. 이 지역은 모두 과거 조선업의 메카로 번성했으나 2010년대부터 조선업이 장기 침체하며 심각한 인력 유출을 겪고 있다.

곧 소멸 위기 단계로 진입할 가능성이 큰 소멸 선제 대응 필요 지역은 57곳에 달했다. 위기 지역과 선제 대응 필요 지역을 합하면 전국 지자체의 50.9%(116곳)가 사라질 위기에 직면한 것이다. 이는 행정안전부가 인구 감소 요인을 기반으로 2022년 분류한 위기 지역(89곳)에 비해 훨씬 많은 수치다. 총인구 감소에 지역 산업 공동화 현상까지 감안하니 전국 지자체 10곳 중 최대 5곳에서는 사람이 남아 있지 않을 수 있다는 '경고등'이 켜졌다는 말이다.

이에 정부가 단순한 인구 유출을 바탕으로 지방 소멸 정책을 처방할 게 아니라 지역 산업 활성화 대책을 병행해 대책을 세워야 한다는 분석이 제기된다. 허문구 산업연구원 지역균형발전연구센터 선임 연구위원은 "인구 소멸 위험 지역으로 분류된 지자체도 기업을 유치해 양질의 일자리가 창출되거나 주민 소득이 높아지면 위기를 극복할 수 있다"며 "결국 지역 생산 증대 전략을 통해 지방 발전 체계를 짜는 게 합리적인 대책의 첫걸음"이라고 강조했다.

지방소멸 위기별 지자체 분포

단위: 곳

구분	지자체 수
소멸 무관	15
소멸 안심	66
소멸 예방	31
소멸 선제 대응	57
소멸 위기	59
전체 지자체	228

*소멸 선제 대응 및 소멸 위기 지역으로 갈수록 위기 정도가 큼.
*자료: 산업연구원

농촌과 도시 사이 치유농업…
생활인구 증대 '첨병'

세계에서 가장 빠른 저출생·고령화로 총인구 감소 속도가 점점 빨라지고 있는 상황에서 정부의 인구 정책이 '정주 인구 늘리기'에 머물러 있으면, 결국 인접 지역 인구를 빼앗아 오는 결과밖에 나오지 않는다. '아랫돌 빼서 윗돌 괴는' 미봉책에 불과하다는 얘기다.

따라서 생활 인구를 늘려 지역 소멸을 막아야 할 현실적인 필요성이 커졌다. 여기서 농촌과 도시 사이에 있는 치유농업이 역할을 할 수 있을 것으로 기대된다.

실질적인 거주지는 대도시권에 있더라도, 치유농업 분야와 같은 새로운 정신·육체 활동을 장려해 국민의 경제 활동 권역을 넓히는 것은 지역 경제와 내수에 활력을 불어넣는 대안이 될 수 있기 때문이다.

실제 최근 국내에서도 지역 농어촌 발전에 따른 생활 인구 확충 '실마리'가 보인다. 젊은 층을 중심으로 해양 관광 산업 메카로 인기몰이를 한 강원도 양양과 농촌 유학 허브로 부각된 충북 단양이 대표적이다.

양양과 단양의 정주 인구는 각각 3만명에 불과하지만, 새로운 여가 활동 등을 위해 머무르는 MZ세대가 최근 크게 늘며 생활 인구는 각각 47만명, 27만명에 달했다.

최근 한국은행에 따르면 한국의 도시 인구 집중도(431.9)는 OECD 34개국 평균(95.3)보다 월등히 높다. 도시 인구 집중도는 인구 밀도(㎢당 인구)에 도시 거주 인구 비중을 곱한 수치로 그만큼 수도권 등 인구 집중 현상이 강하다는 뜻이다. 한국은행은 우리나라 도시 인구 집중도가 OECD 34개국 평균 수준으로 낮아질 때 출산율이 0.41명 상승할 수 있을 것으로 추정했다. 특정 지역에 대한 인구 집중 현상을 완화하는 것만으로도 주거 여건 개선 등을 통해 출산율에 긍정적인 효과를 줄 수 있다고 본 것이다.

한국은행은 "우리나라 인구 밀도는 ㎢당 530명

1인 가구 추이   단위: 만가구

■ 전체 가구   ■ 1인 가구

연도	전체 가구	1인 가구
2017년	1967.4	561.9 (28.6)
2018	1997.9	584.9 (29.3)
2019	2034.3	614.8 (30.2)
2020	2092.7	664.3 (31.7)
2021	2144.8	716.6 (33.4)
2022	2177.4	750.2 (34.5)

*괄호 안은 전체 가구 중 1인 가구 비중(%). *자료: 통계청

1인 가구 여가 활동 비중

단위: %

구분	비중
동영상 콘텐츠 시청	77.9
휴식 활동	73.4
컴퓨터 게임 · 인터넷	23.7
취미 · 자기계발 활동	17.2
문화예술 관람	12.7
관광 활동	12.2
스포츠 활동	11.4

*복수 응답. 2023년 기준. *자료: 통계청

으로 여타 OECD 회원국들의 평균치(123명) 에 비해 4배 이상 높으며, 도시에 거주하는 인 구 비중 역시 81%로 여타국 대비 높아 도시 인 구 집중도가 매우 높다"며 "인구 밀도 자체를 낮 추는 것은 쉽지 않지만, 특정 도시에 인구가 집 중되는 현상은 정책 여하에 따라 일정 부분 완화 가 가능할 것"이라고 진단했다.

사회적 이동 성향이 강한 젊은 층 중심의 1인 가 구가 대도시권에 거주하고 있다는 것도 향후 인 근으로 생활 인구가 확대될 여지가 크다고 볼 수 있는 대목이다.

통계청에 따르면 2022년 기준 1인 가구의 42.6%는 서울과 경기도에 사는 것으로 조사됐 다. 주로 직장에 인접한 대도시 권역에 모여 사 는 흐름이 강했다. 세부적으로 경기도(21.8%) 에 사는 1인 가구가 가장 많았고 서울(20.8%), 부산(6.8%), 경남(6.2%)이 뒤를 이었다. 1인 가구 중에서도 2030세대는 서울 · 경기 · 부산 에 가장 많이 거주했다.

서울 거주 1인 가구 가운데 30대 이하 비중은

49.6%로 가장 높았다. 반면 전남에 사는 1인 가구 중 52%는 60대 이상으로 집계됐다. 급속 한 저출생 · 고령화 현상에 1인 가구도 연령대별 로 거주 지역이 달라지고 있다.

생활 인구 확대와 함께 소비 성향이 강한 1인 세 대가 늘고 있다는 점은 향후 치유농업 배후 시장 이 더 커질 수 있다는 점을 시사한다.

이미 열 집 가운데 세 집이 홀로 사는 1인 가구 가 됐다. 통계청에 따르면 2022년 기준 1인 가 구는 750만2000가구로 전년 동기 대비 33만 6000가구 늘어 역대 최대로 증가했다. 전체 가 구에서 1인 가구가 차지하는 몫도 34.5%까지 불어났다. 2005년까지만 해도 1인 가구 비중은 20% 선에 그쳤지만 2019년에 처음으로 30% 를 돌파한 후 매년 급증하고 있다.

이 같은 추세가 계속된다면 1인 가구 비중은 2050년에는 40%에 육박할 것으로 관측된다. 1인 가구는 2030세대와 60대 이상 노년층으 로 양극화하는 흐름을 보이고 있지만, 전체적으 로 놓고 보면 젊은 층 비중이 크다. 1인 가구 중 29세 이하 비중이 19.2%로 가장 많았고 70세 이상(18.6%), 30대(17.3%), 60대(16.7%)가 뒤를 이었다.

1인 가구의 경제 환경은 전체 평균에 비해 낮지 만, 돈을 쓰는 씀씀이는 소득에 비해 크다. 2022년 1인 가구 연 소득은 3010만원으로 전 체 가구의 절반(44.5%) 수준에 그쳤고, 1인 가 구 자산(2억949만원) 역시 전체 가구의 39.7% 에 머물렀다. 다만 1인 가구의 소득 증가율은

김천 치유의숲

11.1%로 전체 평균(4.5%)보다 2배 이상 높았고, 연간 지출(2068만원)은 10.6% 늘었다. 전체 가구 평균 지출(4276만원)이 같은 기간 5.6% 늘어난 것과 비교하면 소비 성향이 훨씬 큰 것이다.

이들이 쓰는 돈 중 상당수는 여가 생활과 여행에 집중됐다. 2023년 1인 가구의 주된 여가 생활로는 동영상 콘텐츠 시청이 77.9%로 가장 많았지만, 휴식(73.4%), 취미·자기계발(17.2%) 등도 적지 않았다. 특히 19세 이상 1인 가구가 노후를 보내고 싶은 방법으로는 취미 활동(46.2%)이 가장 많았고, 여행, 관광 활동(26.2%)이 상위권을 꿰찼다.

이은희 인하대 소비자학과 교수는 "젊은 층에서 혼인율이 낮아지고, 고령화로 사별하는 가구는 늘며 앞으로 청년과 노인층 위주로 1인 가구는 계속 늘어날 것"이라며 "의식주 전반에서 변화 속도가 빨라질 전망"이라고 분석했다.

소비 성향이 왕성한 경제활동인구가 지방에 체류하도록 하되, 치유농업처럼 이들이 경험할 수 있는 고부가가치 서비스업을 발굴해 도시에서 지역으로 사회적인 부(富)가 흐르도록 하는 전략이 시급해졌다. 최근 정부가 추진하는 '농촌 체류형 쉼터'를 대폭 확대해 이를 지역 생활 인구 확보의 한 수단으로 활용하는 것도 방법이다.

농촌 체류형 쉼터는 도시에 거주하는 사람들이 큰 비용을 들여 농촌에 집을 사지 않아도 잠깐 머물며 쉴 수 있는 컨테이너나 조립식 주택을 뜻한다. 체류형 쉼터는 주택 수에 포함되지 않기 때문에 취득세나 재산세 같은 세금 부담이 없다. 농림축산식품부는 현행 규정상 20m² 크기를 넘길 수 없는 농막보다 체류형 쉼터를 더 크게 만들어 농지에 지을 수 있도록 2024년 안에 농지법령을 개정한다는 방침이다.

체류형 쉼터는 도시인들이 시골 생활을 맛볼 수 있는 중간 단계라는 점에서 치유 산업 발전에 활용할 수 있는 여지가 충분하다. 지역별로 치유 프로그램이 잘 갖춰진 우수 치유 농장을 선정해 거점형 농장으로 키우되, 주변에 체류형 쉼터와 도시인들이 농촌 생활을 체험할 수 있는 거주 시설을 같이 설치하는 방안을 추진할 만하다. 민간 여행사에 대한 정책 지원을 통해 지방자치단체별 치유 산업 테마 상품을 만들어 웰니스 관광을 살려보는 대안도 병행할 필요가 있다.

지역 사정을 잘 알고 있는 지자체에 지방 개발 재량권도 더 많이 부여해야 한다. 기존에 중앙정부가 설정했던 지역 개발 제한을 지자체가 조례를 통해 완화할 수 있는 재량을 더 많이 부여해야 한다.

최근 산지 개발 완화를 놓고 일부 이런 움직임이 가시화했다. 정부는 2024년 중으로 산지법 시행령을 고쳐 89개 인구 감소 지역에 한해 지자체의 개발 권한을 강화하기로 했다. 세부적으로 인구 감소 지역 지자체의 산지 전용 재량권 범위가 10%에서 20%로 늘어난다.

예컨대 현행 법령상 평균 경사도가 25도 이상인 산 등은 관광 시설 등 다른 용도로 바뀌 개발하는 게 불가능하다. 다만 지자체는 조례를 통해 허가 기준을 10%인 27.5도까지 늘릴 수 있다. 정부는 앞으로 지자체 재량권을 더 늘려 평균 경사도가 30도 이하인 산까지도 전용이 가능하도

록 한다는 구상이다.

인구 감소 지역 중에서도 생활 인구 확보가 쉬운 대도시 권역 지자체에 대해서는 보다 많은 재량권을 부여하는 방향 설정이 필요하다. 인구 감소 지역은 고령화율과 출산율을 감안해 행정안전부가 지정한 인구 소멸 위기 지역으로 경기 연천, 강원 삼척, 충남 공주, 전북 고창, 전남 강진을 비롯한 지방은 물론 부산 동구, 대구 남구 등 대도시 권역도 포함됐다.

대도시 권역 인구 감소 지역은 개발 제한을 완화할 수 있는 재량권을 더 강화해 생활 인구 유입을 촉진할 수 있도록 해야 한다.

인구 위기 지역을 대상으로 각종 입지 제한을 완화하는 기회발전특구를 적극 지정하는 것도 한 방법이다. 종전에 지역 개발을 가로막고 있던 입지 규제를 기회발전특구 지정을 통해 우회해 치유 산업과 같은 고부가가치 서비스업이 성장할 수 있는 기반을 확보해야 한다.

김창길 대통령 소속 농어업·농어촌특별위원회 위원은 "최근 전남 강진군, 충남 예산군, 경남 창녕군을 비롯한 지자체에서 생활 인구를 늘리기 위해 농촌 민박과 농촌 체험으로 일정 기간 지역에 머무르며 힐링하는 생활 관광 프로그램을 운용하여 상당한 성과를 거둔 것으로 나타났다"며 "치유농업과 생활 인구는 긴밀한 관계에 있으므로 휴식과 건강 증진이 필요한 도시민들에게 쉽게 접근할 수 있는 농촌 관광 마을에 치유적 공간을 제공하면 해당 지역의 생활인구 확보에 이바지할 수 있을 것"이라고 분석했다.

한·중·일도 동반 인구 소멸, 경제 최대 변수로 부각

시야를 좀 더 넓혀 보면 동아시아 역내 교류를 밑천 삼아 성장했던 한국, 중국, 일본이 인구 충격 동반 위기를 맞았다는 점이 심각하다.

2025년 한국은 65세 이상 인구 비중이 20% 이상인 초고령사회에 발을 디딘다. 동시에 2007년 이미 초고령사회에 진입한 일본은 2025년 노인 인구가 30%를 넘으며 '초초고령사회'로 접어들 전망이다. 14억명 인구 대국으로 세계 경제를 이끌었던 중국은 2023년 신생아 출생(902만명)이 역대 최저로 떨어졌다. 한국, 일본의 기술력과 중국의 값싼 노동력, 풍부한 내수 시장으로 시너지를 내며 발전했던 한·중·일 경제권역이 인구 감소로 최대 위기를 맞은 것이다.

유엔 인구 데이터에 따르면 2023년 한·중·일 인구는 16억 74만명으로 전 세계 인구(80억4500만명) 비중 19.9%를 기록했다. 유엔이 관련 통계를 내놓은 1950년 이후 한·중·일 인구 비중이 20% 밑으로 가라앉은 것은 이번이 처음이다. 한·중·일 인구는 1950~2000년까지만 해도 연평균 25.4%를 보이며 안정적인 수준을 유지했지만 2000년대 중반부터 가파르게 감소하기 시작했다.

한국과 일본에 이어 중국에서까지 저출생·고령화 현상이 빠르게 확산한 게 직접적인 원인이다. 중국 인구 비중은 1950년 21.8%에서 지속적으로 하락해 2023년 17.7%까지 줄었다. 중국 국가통계국에 따르면 2023년 중국 총인구는 14억67만명으로 2년 연속 줄고, 신생아 수는 사상 두 번째로 1000만명 밑으로 떨어졌다. 인구 충격 사태에 중국 성장이 정점에 이르렀다는 '피크 차이나' 논쟁이 불붙었다.

그동안 한국과 일본은 중국의 풍부한 노동력과 내수 시장을 이용해 역내에 생산기지, 소비 시장을 구축하며 성장했다. 중국도 한국과 일본에서 우수한 중간재를 들여와 세계 교역 지분율을 높여왔다.

세계무역기구(WTO)와 세계은행에 따르면 한·중·일 3국 상품 수출액은 5조240억달러(2022년 기준)로, 한·중·일은 전 세계의 20.2%를 차지하는 교역 대국으로 성장했다. 세계에서 한·중·일 국내총생산(GDP)이 차지하는 비중도 23.5%로 꾸준히 늘었다.

전문가들은 인구 위기에 지금까지 세계 경제를 견인했던 한·중·일 3국 위상이 흔들릴 위험성이 커졌다고 경고했다. 이강호 카이스트 문술미래전략대학원 교수는 "한·중·일이 출산율은 줄고 기대수명은 늘어나는데 해외 이민 비중은 작다는 공통 문제를 안고 있다"며 "인구 감소 충격이 심해지며 종전 한·중·일 성장 공식을 변경하는 일이 시급해졌다"고 분석했다. 그는 "각국이 생성형 인공지능(AI) 기술 개발 등 생산성을 획기적으로 높일 수 있는 부문에서 같이 협력하는 방식으로 생산연령인구 감소에 대비해야 한다"고 말했다.

후카가와 유키코 일본 와세다대 교수는 매일경제신문과 인터뷰를 통해 "한국 스타트업이 일본의 고령화 데이터를 잘 활용하면 고령화 리스크를 어느 정도 보완할 수 있을 것"이라며 "내수의 힘을 키워야 하는 한국이 한일 협력을 늘려 일본을 한국 내수로 확장하는 전략도 대안이 될 수 있다"고 강조했다.

문제는 인구 감소에 시달리는 한·중·일과 달리 세계 인구는 꾸준히 늘며 경제 격차가 커지고 있다는 점이다. 2023년 80억4500만명을 기록했던 세계 인구는 인도, 아프리카 등 신흥국 증가세로 2030년 85억4600만명, 2040년 91억8800만명, 2050년 97억950만명으로 불어난다. 세계 인구는 2058년 사상 처음 100억명을 돌파하며 성장세가 계속될 전망이다. 반면 한국은 2025년 초고령사회에 들어서면서 학교·국방·고용 분야 곳곳에서 누수가 커질 전망이다.

일본 상황도 다르지 않다. 최근 일본 민간 지식인으로 구성된 인구전략회의는 현재 1억2300만명 수준인 일본 인구가

한·중·일 세계인구 비중

단위: %

*자료: 유엔(UN) 인구추계

한·중·일 출산율 추이

단위: 명

*자료: 유엔(UN) 인구추계

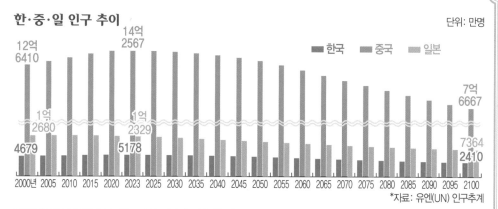

한·중·일 인구 추이

단위: 만명

한국 중국 일본

12억
6410

14억
2567

1억
2680

1억
2329

7억
6667

4679

5178

7364

2410

2000년 2005 2010 2015 2020 2023 2025 2030 2035 2040 2045 2050 2055 2060 2065 2070 2075 2080 2085 2090 2095 2100

*자료: 유엔(UN) 인구추계

2100년이면 6300만명으로 반 토막 날 것이라는 섬뜩한 전망을 내놨다. 이들은 2100년 최소 8000만명의 인구를 유지하기 위해서는 2060년 기준 합계출산율을 2.07명으로 높여야 한다는 연구 보고서를 기시다 후미오 일본 총리에게 전달하기도 했다.

일본 정부는 출산 시 현금 지원 강화, 어린이집·유치원 등 보육 시설 확대, 일·가정 양립을 위한 중소기업 지원 강화 대책을 잇달아 내놓고 있다. 정책을 보다 짜임새 있게 시행하기 위해 2023년 4월에는 11개 부처에 흩어져 있던 저출생 관련 기능을 하나로 모은 '어린이가정청'을 발족시켰다.

중국 역시 인구 감소 문제로 골머리를 앓고 있다. 2023년 중국 총인구는 14억67만명으로 1년 새 208만명 줄었다. 2022년 이후 2년 연속 인구가 줄면서 세계 인구 1위 국가 지위를 인도에 내줬다.

중국 국무원 발전연구센터는 최근 '중국 발전 보고 2023' 보고서를 내고 중국 인구가 장기적인 감소세에 접어들었다는 추계를 내놨다. 출산율도 계속 낮은 수준에 머물 것으로 봤다. 가임 연령 여성 수가 향후 15년 동안 해마다 286만명씩 줄고, 실제 가임 연령인 20~40세 여성은 연평균 191만명씩 감소할 것이라고 봤다.

중국은 2016년 두 자녀 정책을 전면 도입했고, 2021년부터는 부부당 세 자녀 출산까지 허용하는 정책 변화를 시도했다. 지방 정부들은 육아수당이나 장려금을 지원하며 출산율을 높이기 위해 안간힘을 쓰고 있다.

이강호 카이스트 교수는 "한·중·일 3국이 세계 경제를 이끌어 가는 지역으로서의 위상이 흔들릴 가능성이 커졌다"며 "인간의 지적 노동까지 대체할 수 있는 인공지능 기술 등 공조에 나서 고령사회에 적극 대비할 필요가 있다"고 말했다.

국제적으로 비교해도 인구 확보는 경제 선진국을 유지하기 위한 필수 요건으로 손꼽힌다. 동반 인구 감소 충격에 휩싸인 한

국·중국·일본과 달리 인도, 이집트 등 인구 강국은 탄탄한 내수 시장과 값싼 노동력을 바탕으로 경제 대국으로 성장할 채비를 갖췄다. 현재 세계 3위의 경제 대국 일본은 인구 문제와 함께 2075년에는 10위권 밖으로 밀려날 것이라는 분석이 나온다.

최근 글로벌 투자은행(IB) 골드만삭스가 2075년 전 세계 국내총생산(GDP) 상위 10개국을 예측한 결과 중국, 인도, 인도네시아, 나이지리아, 파키스탄, 이집트, 브라질 등 7개 신흥 경제국이 약진할 것으로 나타났다.

이들 신흥 경제국의 공통점은 총인구 1억명 이상의 인구 대국이라는 점이다. 인도 인구는 14억4171만명으로 이미 중국을 추월했다. 인도네시아(2억7979만명), 파키스탄(2억4520만명), 나이지리아(2억2915만명), 이집트(1억1448만명)도 모두 인구가 1억명 이상이다. 골드만삭스는 "향후 신흥 경제국의 경제성장률이 선진국을 앞설 텐데, 이는 생산성보다는 인구통계학적 요인이 절반 이상을 차지할 것"이라고 밝혔다.

이 같은 강점을 앞세워 현재 세계 경제 규모 5위인 인도는 2050년 3위, 2075년 2위 경제 대국으로 발돋움할 전망이다. 인도네시아도 2050년부터 세계 4위의 경제 규모를 유지할 것으로 관측됐다. 2075년에는 나이지리아(5위), 파키스탄(6위), 이집트(7위) 등 현재 상위권 그룹에 속하지 않는 국가 다수가 상위 10위 안에 들 것으로 전망됐다. 반면 현재 세계 3위 일본은 저출생·고령화 등 요인과 함께 2050년 6위, 2075년 12위로 밀려날 것으로 분석됐다.

갈수록 인구가 경제에 미치는 영향력이 커질 것이라는 얘기다. 이상호 한국경제인협회 경제산업본부장은 "경제 대국은 개별 국민의 소득 수준보다는 전체 경제 규모와 비례한다"며 "한국이 단순한 부국이 아닌 경제 대국으로 가기 위해선 인구 수 유지는 필수 요건"이라고 말했다.

농촌 자원 활용해 관광…
31조 농촌 융복합 산업 육성 필요

국내 산업은 제조업과 서비스업이라는 양 날개로 난다. 수출 위주로 국내 경제가 발전하는 동안 제조업 경쟁력은 크게 높아졌다.

문제는 제조업 날개는 강하게 펄럭이지만, 취업자 대다수가 나오는 서비스업 경쟁력은 만성적으로 뒤처지며 한국 경제가 균형감 있게 발전하지 못하고 있다는 것이다.

서비스 업종이 도소매, 음식, 숙박업에 편중된데다 부가가치가 높거나 지식을 기반으로 하는 서비스 산업 비중은 작기 때문이다. 기획재정부에 따르면 2022년 국내 총부가가치 가운데 서비스 산업 비중은 62.5%로 10년째 60%대를 보이며 정체 상태에 빠졌다. 미국 서비스업의 부가가치 비중은 80.5%이며 영국이 79.9%, 독일이 79.4%, 일본이 70.1%에 달한다는 점에 비추어 보면 20%포인트가량이나 차이가 난다.

서비스업 취업자는 전체 취업자의 70.7%에 달하지만, 생산성은 바닥권이다. 한국생산성본부에 따르면 국내 제조업 취업자당 노동생산성은 13만8000달러로 OECD 6위에 이르지만 서비스업 생산성은 6만6000달러(27위)로 하위권을 맴돌고 있다.

제조업 중심 성장이 한계에 봉착한 상황에서 신성장동력을 발굴하기 위해서는 서비스 산업 육성이 중요해졌지만 서비스 산업 발전은 제자리걸음이다. 실제 1991년~2000년 연평균 9.4%에 달했던 제조업 성장률은 2011~2022년 3.0%로 급격히 동력이 약화되고 있고, 서비

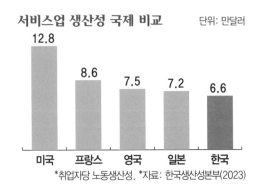

서비스업 생산성 국제 비교　단위: 만달러

미국	프랑스	영국	일본	한국
12.8	8.6	7.5	7.2	6.6

*취업자당 노동생산성. *자료: 한국생산성본부(2023)

농촌 융복합 산업 현황   단위: 억원

■ 2020년   ■ 2022년

농촌 융복합 경영체 매출액: 23조2564 (2020년), 31조1677 (2022년)

종사자 수(명): 32만7645 (2020년), 38만3525 (2022년)

*자료: 농림축산식품부

스업도 이 기간 7.4%에서 3.4%로 연평균 성장률이 둔화하며 동반 부진에 빠졌다.

추광호 한국경제인협회 중소기업협력센터 소장은 "노동생산성을 끌어올리려면 제조업에 비해 생산성이 낮은 서비스업의 고도화가 필요하다"고 말했다. 이런 측면에서 치유농업은 차기 서비스업 발전을 이끌 수 있는 충분한 잠재력을 갖췄다는 평가가 많다. 단순한 농작물 생산을 넘어 부가가치가 높은 서비스 산업으로 육성할 수 있기 때문이다. 농촌 자원에 치유 프로그램과 식품 제조, 관광업을 접목하면 농촌 융복합 산업으로 자리매김할 수 있을 것으로 관측된다. 이 같은 추세를 반영해 최근 농촌 융복합 산업 시장이 급성장하고 있다. 농촌 융복합 산업은 농촌 지역 농산물이나 자연, 문화 등 유·무형 자원을 이용해 식품 가공과 같은 제조업이나 유통, 관광 등 서비스업을 결합해 부가가치를 창출하는 것으로, 차세대 농촌 발전 모델로 손꼽힌다.

최근 농림축산식품부가 발표한 '2023 농촌 융복합 산업 기초 실태 조사' 결과에 따르면 2022년 기준 농촌 융복합 산업체의 총 매출액은 31조1677억원으로 전년 대비 34%(7조9113억원)나 급증했다. 매출액 유형을 세부적으로 살펴보면 1차 산업 매출액이 11조5629억원으로 가장 많았고, 3차(10조102억원), 2차 산업(9조5946억원)이 뒤를 이었다. 경영체당 연평균 매출액은 3억900만원으로 1년 새 30%나 불어났다.

이 분야의 고용 효과도 점차 커지고 있다. 농촌 융복합 산업 종사자는 2022년 기준 38만3525명으로 전년 대비 17% 늘어 경영체당 3.8명을 고용하고 있는 것으로 조사됐다. 유형별로는 법인이 8.2명, 농가가 3.2명으로 집계됐다.

다만 아직 농촌 융복합 산업은 1차 산업 매출액이 많아 추가로 고도화할 여지가 충분하다. 농촌 자원을 활용해 도시인들이 직접 물품을 제작하고, 치유 효과를 누리며 제조업과 서비스업을 오갈 수 있는 치유농업은 농촌 융복합 산업을 한 단계 발전시킬 수 있는 포석이 될 수 있을 것으로 평가된다.

실제 농촌 융복합 산업을 업종별로 쪼개 보면 1차와 2차, 3차 산업을 융합한 업체가 71.3%로 가장 많았다. 1차와 3차(19.1%), 1차와 2차(9.6%)를 융합한 산업이 그 뒤를 이었다. 충남대에 따르면 산림, 원예 등 농촌 자원의 경제적 편익에 치유농업 활동에 대해 국민이 낼 의향이 있는 지급 의사 금액(WTP·willing to pay)을 조사해 분석한 결과, 치유농업의 사회·경제적 가치는 4조원에 육박한 것으로 추정됐다. 농가 소득 증대와 서비스업 고도화, 농촌 융복합 산업 발전의 교집합에 서 있는 치유농업의 발전 잠재력이 그만큼 크다는 의미다.

치유농장 대표들이 말하는 산업화 필요성

치유농업은 농촌 경제를 살리고, 부가가치를 높여 농촌 융복합 산업으로 거듭날 수 있는 핵심 포석이다. 이를 위해서는 어떤 액션 플랜이 필요할까. 전국 주요 치유 산업 현장을 찾아가며 일선에서 치유 농장을 이끄는 이들의 말을 들어봤다. 이들은 "치유농업은 다른 사람의 신체에 영향을 주는 특수 분야이기 때문에 농업에 대한 전문성이 필수"라며 "전문성을 높이려는 정책적인 노력과 저변 확대가 필요하며 지역별 거점 농장을 육성해 선택과 집중 전략을 통해 산업 파이를 키워가야 한다"고 공통적인 목소리를 냈다.

한소진 뜰안에힐링팜 대표는 "치유 농장을 운영한다는 것은 농업을 이해하게 하는 통로가 될 수 있지만, 동시에 자연이 주는 메시지를 제대로 도시인들에게 전달해야 한다는 점에서 참으로 어려운 작업"이라며 "치유 농장을 운영하면서 사람들을 치유할 수 있는 요소를 찾으면서, 자기가 재배하는 작물에 대해 완벽히 이해하고 있어야 한다"고 운을 뗐다.

발달 장애인과 치매 노인 프로그램을 발전시키며 현장 농업에 대한 지식을 쌓아갔던 한 대표는 "교육 농장을 하던 사람들이 치유 농장으로 바꾸는 경우가 많은데, 준비가 제대로 되지 않은 상태에서 업종을 변경하다 보니 단순 체험 교육인지, 치유 활동인지 개념이 명확하지 않은 경우가 많다"고 꼬집었다.

치유농업계의 전문성이 아직은 부족한 단계라는 지적이다. 한 대표는 "대상자 상담을 통해 목표를 정하고, 그 목표를 실현해 참여자의 건강이 실질적으로 개선돼야 진정한 치유농업이라 할 수 있다"며 "일회성이나 단기성 치유농업 프로그램은 효과가 없으며, 중장기적으로 계획을 잡고 치유 목적을 달성할 수 있는 프로그램이 필요하다"고 강조했다. 그는 "결국 현장에서 부딪쳐 보면서 전문적인 교육을 쌓은 사람이 필요한데, 현재의 치유농업사 자격증으로는 부족하다"며 "치유 농장에는 치유농업사가 최소 1명 이상 있어야 하는데, 전문가를 채용하기에는 경제적 여건이 안 돼서 농장주들이 직접 따야 하는 경우가 많은 게 현실"이라고 지적했다.

귀농·귀촌인이 치유 농장을 운영하는 일이 늘다 보니 농업에 대한 이해가 부족한 상태에서 창업하는 것도 문제라는 지적이다. 한 대표는 "식물에 대한 기본적 지식을 바탕으로 치유적 요소를 찾아 설명할 수 있어야 하며, 치유 농장 프로그램 참여자에 대한 이해와 사전 지식이 반드시 있어야 한다"고 조언했다.

박명수 장풍이체험학교 대표 역시 "보통 귀농·귀촌하는 분들은 치유농업을 블루오션으로 생각하지만, 단순히 쉬었다 가는 일회성 힐링 체험만을 위한 공간이 아니다"며 "치유 효과가 객관적인 검사 등을 통해 확인돼야 진정한 치유농업"이라고 고언을 했다.

정성희 천연쟁이꽃뜰 대표는 "주요 대상자인 정신 장애, 발달 장애에 대해 깊은 이해가 필요하다"며 "자폐성과 저능을 구별할 수 있어야 하고, 발작 시 대응법도 알아야 하는데, 쉬운 일이 아니다"고 전했다. 정 대표는 "일반인 대상 농장과 특수 대상자를 위한 농장은 이원화돼야 한다"며 "일반인 대상 농장은 문화·관광 분야와 함께 갈 수 있겠지만 특수 대상자를 위한 농장은 다른 방식으로 접근할 필요가 있다"고 평가했다.

치유농업이 웰니스 관광으로 발전하는 과정에서 지역 경제를 발전시킬 수 있는 징검다리 역할을 충실히 할 수 있다는 평가도 나왔다. 다만 아직 치유농업의 홍보 수단이 활발하지 않기 때문에 초기 발전 단계에서는 정부나 지방자치단체가 홍보 지원에 정책적인 노력을 기울일 필요가 있다는 분석이 주류다.

오순금 제원하늘농원 대표는 "도시에서 농촌으로 가는 로망을 품는 이들이 많아진 때인데, 치유농업을 산업으로 크게 키워주는 게 농촌을 살리는 길"이라며 "이렇게 되면 도시 사람이 농촌을 오가며 경제에 활력을 줄 수 있는 계기를 제공할 수 있다"고 진단했다.

오 대표는 "정부나 지방자치단체에서 주요 지역 치유 농장을 전략적으로 관리할 필요가 있다"면서 "무엇보다 필요한 건 홍보"라고 설명했다. 그는 "치유 농장을 운영하는 사람들은 농장 일과 치유 프로그램 개발로 바빠서 크게 홍보할 여력이 없는 경우가 많다"며 "젊은 세대는 SNS를 통해 농장의 존재를 알 수 있지만, 정작 치유 프로그램이 많이 필요한 노인 세대는 지자체 등의 직접적인 홍보가 없으면 존재를 모르는 경우가 대다수이기 때문에 정부에서 이 부분에 대해 지원해주면 시너지 효과가 날 수 있을 것"이라고 강조했다.

이형철 환상숲곶자왈 대표 역시 "가장 정책적인 지원이 필요한 부분은 홍보와 치유 프로그램을 질적으로 관리하는 것"이라며 "소비자 만족도가 떨어지면 치유농업 산업화에 역효과가 날 수 있고, 소비자 안전 문제도 불거질 수 있다"고 말했다. 그는 "치유농업의 산업화는 바람직한 방향"이라며 "치유 농장의 목적은 농촌 자원이 있는 사람들이 자연을 이용해 사람들에게 힐링할 수 있는 곳을 제공하는 것인데, 소비자 관점에서 선택지를 더 늘릴 필요가 있다"고 역설했다.

소비자 선택지를 늘리면서 치유 프로그램의 질적 향상을 꾀하기 위해서는 치유 프로그램 품질 인증 제도를 도입해야 한다는 평가다.

이 대표는 "치유 프로그램 인증 제도는 교육 농장에 대해서는 운영 중"이라면서도 "치유 농장에 대해서도 질 높은 프로그램을 만들 수 있도록 지원하는 방안이 필요하다"고 지적했다.

한상미 국립양평치유의숲 센터장은 "신체적·정신적 치유가 많이 필요한 시대에 다양한 치유 산업이 생기는 것은 주목할 부분"이라며 "산림, 해양, 농업 등 치유를 분야별로 차별화해 사람들이 다양한 치유를 경험할 수 있도록 해야 하며 치유 분야를 대상자가 선택할 수 있도록 도와줘야 한다"고 역설했다.

치유 프로그램 참여자를 더 다각화하는 데 정책적인 노력을 기울여야 한다는 목소리도 나온다. 서영준 목장053 대표는 "지금까지 치유 농장은 치매 어르신이나 거동이 불편한 사람으로 대상이 집중됐다"며 "이 때문에 아픈 사람만 하는 것 아니냐는 인식이 퍼져 있는 현상이 아쉽다"고 지적했다. 서 대표는 "보다 대중적이고 친근하게 다가가기 위해서는 정부 차원에서 '치유 농장=아픈 사람을 치료하는 농장'이란 고착된 이미지를 씻어주는 게 중요하다"고 말했다.

한상미 센터장은 "치유농업이 산업화한다면, 질적 부분에 대한 정부 차원 관리가 요구된다"며 "일례로 산림치유사는 국가자격증화돼 있지만, 해양치유사는 제도상 아직 자격증 제도가 확립돼 있지 않다"고 꼬집었다. 그는 "정부가 치유 산업 관련 근로자에 대한 교육을 지속해야 한다"며 "우후죽순 치유 시설이 생기다 보면 서비스가 비전문화될 공산이 크기 때문에 산업 관리 차원에서 정부가 접근할 필요가 있다"고 말했다.

양재순 모이라농장 대표는 "치유농업 프로그램을 소방서, 경찰서, 복지관, 학교 교직원을 비롯한 기관에서 적극 이용 가능하도록 연계할 수 있는 저변을 제도적으로 마련해주면 시너지 효과가 클 것 같다"며 "사회의 가장 중요한 지점에서 일하는 분들은 마음의 여유와 치유가 가장 필요한 분들이기도 하므로 치유 농장과 연계해 적극적으로 프로그램에 참여할 수 있도록 한다면 치유 산업이 더 좋은 방향으로 발전할 수 있을 것"이라고 설명했다.

치유 산업의 도심 접근성이 개선돼야 한다는 의견 역시 힘을 얻는다. 김영숙 고은원예치료센터 대표는 "사람들이 쉽게 찾아올 수 있는 도심 권역 근교에 치유 농장이 많이 생길 필요가 있다"며 "작게라도 정원을 갖고 있거나 농지가 있어서 치유 농장을 열 수 있는 분들, 공동체를 통해 가치를 공유하고 싶은 분들이 함께하면 좋을 것"이라고 전했다. 도심을 벗어난 공간에 규모는 작더라도, 많은 치유 농장을 조성해 사람들이 공원에 가듯 편하게 접근할 수 있도록 치유 산업의 저변 확대가 필요하다는 뜻이다.

김 대표는 "국가에서 정책적으로 적극적으로 지원해주면 농장 입장에서도 안정된 수익 구조를 유지할 수 있다"며 "지금은 농촌에서 서비스를 제공할 수 있는 역량 있는 시대가 됐다. 생산과 가공 판매가 전부가 아니며, 서비스로 특화해 사람들과 소통하도록 융합 산업으로 발전할 수 있는 농장이 더 늘어나야 한다"고 말했다.

정성훈 슬로푸파머 대표는 "정부가 종전 시설을 활용하면 더 쉽게 치유 시설을 구축할 수 있으므로 체험 농장이나 교육 농장을 변화시켜 치유 농장을 확대하려 하고 있다"면서 "하지만 치유 농장은 운영주의 철학이 매우 중요하기 때문에 단순히 양적으로 개수를 늘리는 것보다도 현재 잘 운영하는 농장을 거점 농장으로 육성하고, 그 농장을 중심으로 치유 농장과 체험 농장, 교육 농장을 연계하는 방식의 성장 전략이 필요하다"고 분석했다.

개인 농장 형태로 운영되는 치유 농장은 설비 투자 부문에서 정책적 지원을 요청하는 기류가 강하다. 윤계자 물사랑교육농장 대표는 "기반 시설에 대한 지원이 없는 게 힘들었다"며 "개인 투자가 선행돼야 하는 것은 맞지만, 조금 더 고도화한 지원 사업이 있으면 더 잘할 수 있을 것 같다"고 전했다. 매년 일회성으로 단행되는 산발적 지원이 아니라 선택과 집중 전략을 통해 제대로 지원해 거점 농장을 만들어 보자는 제언도 나왔다. 윤 대표는 "정부나 지자체가 치유 농장별로 맞춤형 지원 사업을 매칭해주면 농장을 체계적으로 관리할 수 있을 것"이라며 "거점별 모델 농장을 구축해 다른 농장들이 그 농장을 보고 벤치마킹하는 것도 방법"이라고 전했다. 도시인들이 돈을 지급하고 치유 활동에 만족감을 얻어갈 수 있도록 지급 가능 금액(WTP)을 높이는 질적 제고 노력 역시 필요하다는 처방이다.

조동순 더자람교육농장 대표는 "진짜 치유농업이 발전하려면 일반인이 자기 돈을 내고 와서 돈을 쓰고 갈 수 있는 시스템이 돼야 한다"며 "다양한 서비스와 편의 시설까지 운영해 도시민들의 만족도를 높일 수 있는 자체 노력이 필요하다"고 분석했다.

김진숙 국립대관령치유의숲 센터장은 "치유농업이 산업화하지 않으면 결국 경제적 효과로 이어질 수 없다"며 "결국 산업화로 가는 길로 원만하게 이어져야 지속 가능한 산업이 될 수 있다"고 내다봤다.

김남순 허브뜨락 대표는 "한국의 전통과 문화, 사회에 대한 이해와 정서 등을 고려한 치유농업 정책이 필요하다"며 "치유 농장에 대해서는 규제나 통제가 아닌 지원과 특수성을 살리는 정책이 필요하고, 자칫 외국의 선행 사례들을 짜깁기하는 정책만 나와서는 곤란하다"고 꼬집었다.

송미나 드림뜰힐링팜 대표는 "도시민들의 쉼터 역할을 할 수 있는 치유농업이 더 확산하면서 농촌에 오고 싶고, 농촌의 평안함을 느낄 수 있도록 하는 방안이 정책적으로 도출됐으면 좋겠다"고 말했다.

김창길 농어업·농어촌특별위원회 위원은 "치유농업이 활성화하려면 정부가 치유농업 프로그램을 지원하며 산업으로서 안정적으로 성장할 수 있도록 지원할 필요가 있다"면서 "치유농업을 실행할 수 있는 농장, 정원, 숲 등 기반 시설을 구축하고, 치유농업 전문가를 양성해 프로그램을 효과적으로 운영할 수 있도록 지속적인 교육과 훈련도 필요하다"고 설명했다. 그는 "지역 사회의 병원, 학교, 사회복지기관 등과 연계해 치유농업 프로그램을 활용할 수 있는 방안도 마련돼야 한다"고 강조했다.

치유농업사 되고 싶다면

치유 농장에 대한 사회적 관심이 많아지면서 직접 농장을 창업하고자 하는 수요도 늘 것으로 관측된다. 치유 농장 운영의 핵심은 치유농업에 대해 체계적인 교육부터 받는 것이다. 체계적인 교육을 받을 수 있는 가장 좋은 방법은 치유농업사 자격증을 따는 것이다.

치유농업사는 치유농업법 시행령(제2조 1항)에 근거를 둔 국가 공인 자격증으로, 자격을 취득하면 치유농업 프로그램을 개발하고, 치유농업 서비스를 기획·경영하는 데 전문성을 발휘할 수 있다.

지방 정부나 공공기관에서 일할 기회도 있다. 치유농업법 시행령상 농촌진흥청 소속 기관이나 지방자치단체 소속 농촌진흥기관에서 치유농업 서비스나 교육 관련 업무를 전담하는 부서에는 치유농업사를 1명 이상 배치하도록 되어 있기 때문이다.

치유농업사는 1급과 2급으로 구분하는데, 1급 치유농업사는 △치유농업 프로그램의 개발 및 실행 △치유농업 서비스의 기획 및 경영 △치유농업 서비스의 운영 및 관리 △치유농업 분야 인력의 교육 및 관리 △치유농업 자원 및 치유농업 시설의 운영과 관리 등 업무를 할 수 있다.

반면 2급 치유농업사는 △치유농업 프로그램의 개발 및 실행 △치유농업 서비스의 운영 및 관리 △치유농업 자원 및 치유농업 시설의 운영과 관리 등으로 1급에 비해 업무 영역이 제한적이다. 1급은 2급 자격을 갖춘 뒤 5년의 실무 경력을 쌓으면 응시할 수 있다.

치유농업사가 되는 데 관심이 있다면 농촌진흥청장 또는 시도지사가 대통령령으로 정하는 지방 농촌 진흥기관 또는 대학인 전담 양성 기관에서 교육을 받고 국가자격시험을 치러야 한다.

먼저 2급 치유농업사가 되기 위해서는 이론 94시간, 실습 48시간 등 총 142시간을 이수해야 한다. 현재 전국에는 치유농업사를 배출하는 전국 양성 기관이 18곳 지정돼 운영되고 있다.

먼저 시도별 양성 기관에 교육을 신청하고 프로그램을 이수해야 하는데, 2급 치유농업사의 경우 총 142시간 중 80% 과정을 이수하면 이수증이 발급된다.

교육 이수 증명서가 있어야 2급 치유농업사 시험 응시 자격이 부여된다.

시험은 1차와 2차로 구분되는데 1차 시험은 매년 9월 △치유농업과 치유농업 서비스의 이해 △치유농업 자원의 이해와 관리 △치유농업 서

전국 치유농업사 양성기관

구분	기관	소재지	연락처
1	서울특별시 농업기술센터	서울특별시 서초구 헌인릉1길 83-9	02-6959-9350
2	농협대학교 산학협력단	경기도 고양시 덕양구 서삼릉길 281	031-960-4368
3	한경국립대학교 평생교육원	경기도 안성시 중앙로 327	031-670-5548
4	성결대학교 평생교육원	경기도 안양시 만안구 성결대학로 53	031-467-8074
5	가톨릭관동대학교 산학협력단	강원도 강릉시 범일로 579번길 24	033-649-7530
6	충북대학교 평생교육원	충청북도 청주시 서원구 구룡산로 351	043-261-2066
7	단국대학교 천안캠퍼스 평생교육원	충청남도 천안시 동남구 단대로 119(안서동)	041-529-6278
8	전주기전대학	전라북도 전주시 완산구 전주천서로 267	063-280-5284
9	전남도립대학교 산학협력단	전라남도 담양군 담양읍 죽녹원로 152	061-380-8615
10	대구한의대 평생교육원	경상북도 경산시 한의대로1	053-819-7708
11	대구가톨릭대학교 평생교육원	경상북도 경산시 하양읍 하양로 13-13	053-850-3277
12	동양대학교 산학협력단	경상북도 영주시 풍기읍 동양대로 145	054-630-1301
13	부산경상대학교 산학협력단	부산광역시 연제구 고분로 170(연산동)	051-850-1188
14	부산과학기술대학교	부산광역시 북구 시랑로 132번길 8	051-330-7351
15	신라대학교	부산광역시 백양대로 700번길 140	051-999-5662
16	경상국립대학교 농업과학교육원	경상남도 진주시 진주대로 501	055-772-1815
17	영산대학교	경상남도 양산시 주남로 288	055-380-9536
18	제주한라대학교 산학협력단	제주특별자치도 제주시 한라대학교 38 제주한라대학교 지관 203호	064-741-7476

비스의 운영과 관리 과목에서 나오며, 90분 안에 사지선다형 75개 문제를 풀어야 한다. 과목당 100점 만점으로 각 과목 점수가 40점 이상이며 평균 60점을 넘으면 합격이다.

2차 시험은 1차 시험 합격자나 1차 시험 면제자를 대상으로 매년 10월 치유농업의 운영과 실무 과목에서 제출된다. 논술형 2개 문제, 약술형으로 10개 문제가 나온다. 120분 안에 주관식 12개 문제를 푸는 과정으로 구성됐다. 100점 만점에 과목 점수가 60점 이상이면 합격 처리된다.

1차 시험에 합격한 사람은 합격한 날로부터 2년간 1차 시험이 면제된다. 다만 1차 시험에 합격한 날부터 2년간 2차 시험이 2회 미만 시행됐을 때 그다음에 이어서 시행되는 1차 시험을 1회 면제하게 돼 있다.

자격 시험 일정과 장소, 응시 원서 제출 기간은 시험일 60여 일 전에 농촌진흥청 인터넷 홈페이지(www.rda.go.kr)에 게시된다.

시골의 재발견, 치유농업
지친 도시인들을 위한 힐링 가이드

초판 1쇄   2024년 5월 3일

지은이   매일경제 편집국 경제부 김정환 · 이윤식 · 이진한 · 이희조
펴낸이   허연
펴낸곳   매일경제신문
디자인   정제혁 · 김경훈 · 이근지
등록   2003년 4월 24일(No. 2-3759)
주소   (04557) 서울시 중구 퇴계로 190 매경미디어센터 (04627)
판매 문의   02)2000-2606
인쇄 · 제본   ㈜M-print 031)8071-0961

ISBN 979-11-6484-683-2 (03320)